2. Auflage 2014

www.conbook-verlag.de
www.fettnaepfchenfuehrer.de

Projektleitung und Lektorat: Christiane Barth
Einbandgestaltung und Satz: David Janik
Foto Einband: David Frogier de Ponlevoy
Illustrationen Innenteil: Anemi Wick
Druck und Verarbeitung: CPI – Ebner & Spiegel GmbH, Ulm

Printed in Germany

ISBN 978-3-943176-50-6

FETTNÄPFCHENFÜHRER

Anemi Wick und David Frogier de Ponlevoy

VIETNAM

Wo der Büffel zwischen den Zeilen grast

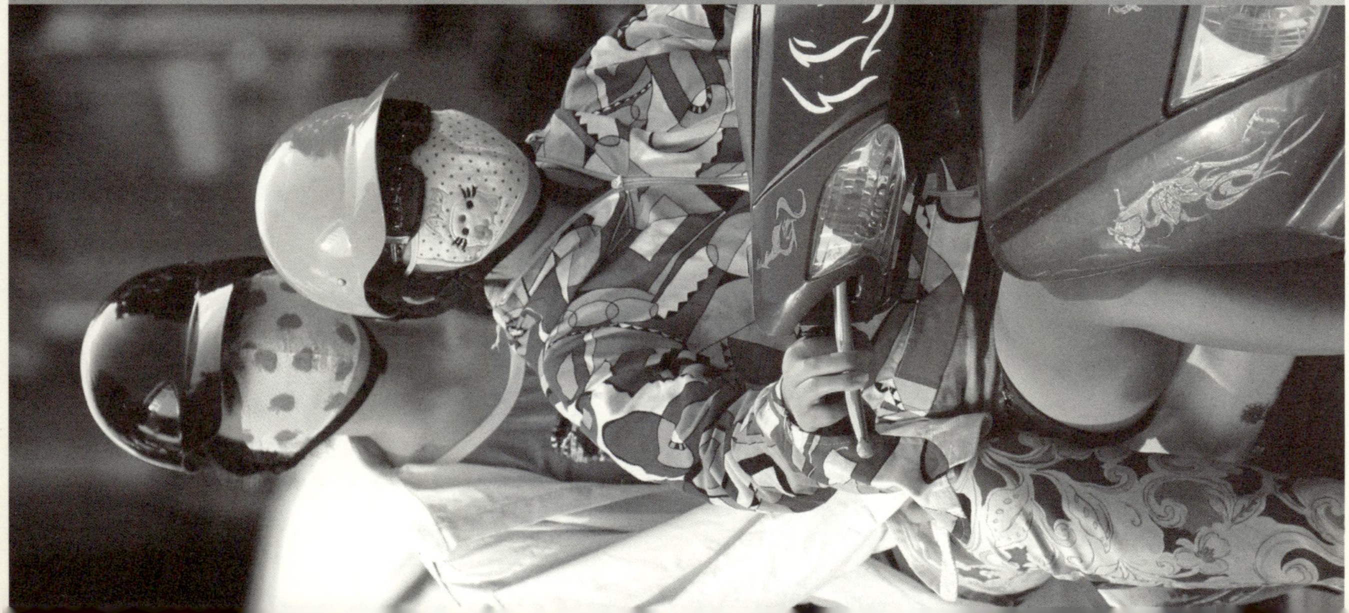

Wissen Sie, wieso man in Vietnam Geld verbrennt? Weshalb Sie hier geradeheraus auf Ihre Körperfülle angesprochen werden, ansonsten jedoch meist um den heißen Brei herumgeredet wird? Warum Sie keiner versteht, wenn Sie versuchen, Vietnamesisch zu sprechen, es aber sehr gut sein kann, dass der Taxifahrer plötzlich auf Deutsch antwortet? Wissen Sie, warum selbst in der Oper Mobiltelefone klingeln? Wie Blutpudding schmeckt und wie *mam tom* riecht? Und wie es Ihnen gelingt, durch den vietnamesischen Verkehr hindurch lebend auf die andere Straßenseite zu kommen?

In diesem Buch begleiten Sie Nina, die in Hanoi für eine deutsche Entwicklungsorganisation arbeitet, und Florian, der Vietnam als Tourist besucht, durch das Labyrinth des vietnamesischen (Großstadt-)Dschungels. Dabei führen wir Sie vorbei an den häufigsten Fettnäpfchen, Irrtümern und Missverständnissen und entdecken bemerkenswerte Besonderheiten. Kommen Sie mit auf eine turbulente Reise durch das Wunderland des rasend schnell aufsteigenden Drachens, des proaktiv-fröhlichen Hupens, des vieldeutigen Lächelns und trickreichen Feilschens!

Die Schweizerin **Anemi Wick** ist seit Anfang 2009 in Vietnam und Südostasien unterwegs – als Journalistin, Kolumnistin, Multimedia-Produzentin, Medien- und Kommunikationsberaterin, Zeichnerin, Reisende, Studentin, (Computerspiel-)Übersetzerin und Expertin für alles Mögliche. Ihre Heimat verlassen hatte sie jedoch schon früher: 2002 kam sie als Austauschstudentin nach Berlin, wo sie dann hängen blieb und sechs Jahre als freie Journalistin arbeitete, unter anderem für die *Berliner Morgenpost, Die Welt* und die *Welt am Sonntag.* Sie studierte Soziologie und Publizistik- und Medienwissenschaften in Zürich und Berlin und ist Absolventin der Schweizer Journalistenschule MAZ und des Diplomstudiengangs *Multimedia Journalism* am Konrad Adenauer Asian Center for Journalism.

David Frogier de Ponlevoy ist in Worms aufgewachsen und hat in Marburg, Paris und Freiburg Geschichte und Politik studiert. Sein Volontariat machte er bei der Tageszeitung *Heilbronner Stimme.* Von da aus war es semantisch gesehen nur ein kleiner Sprung zum vietnamesischen Staatsradio *Stimme Vietnams,* für das er fünf Jahre lang Journalisten in Hanoi ausgebildet hat. Er folgte damit den Spuren seines Urgroßvaters, der 1886 nach Vietnam ausgewandert war und eine Vietnamesin geheiratet hatte. Derzeit arbeitet er in Vietnam als freier Journalist und Journalistentrainer sowie als Reiseführer für *Hanoi Kultour.* In seiner Freizeit spielt er auf Hanoier Bühnen Theater.

Danke

Anemi möchte sich bedanken bei Hùng, Phương, Lan, Liên, Nga, Mạnh, Cường, Tú, Tuấn, Vu, Chan, Thúy, Nga, Hằng, Đức, Hải Vân, Hoa, Dung, Nhân, Nora, Sascha, Daria, Oliver, Philipp, Jenni, André, Stefanie, Doug, Mathias, Geno, Helen, Malte, Marleen, Amber, Mandy, Jamir, Pippa, Erin, Gitta, Ashley, Dana, Lucas, Andreas, Jonas, Anna, Dave, Karen, Anne, Katharine, Jelena, Evee, Jessica, Julia.

David möchte sich bedanken bei Thu Hà, Song Hà, Hạnh, Hoàng Anh, Ngọc, Châu, Thơ, Hải, Hà, Mai Lan, Laura, Vân, Christian, Joe, Tilo, Elke, Sam, Hiền, Marc, Thu, Peter, »Tante« Bác Minh und »Onkel« Bác Kiên, seinen Schwiegereltern, Cô Thơm, dem unbekannten Motorradmonteur und ganz vielen anderen namenlosen Verkäufern, Handwerkern, Taxifahrern, Busgästen und Menschen im Park, die in einem kurzen Gesprächsmoment mehr erklärt haben als hundert Bücher.

Hinweis: Einheimische und Ausländer unterhalten sich in Vietnam meist auf Englisch (wenn nicht auf Vietnamesisch). In diesem Buch wurden solche Gespräche eingedeutscht. Ebenfalls eingedeutscht wurden der Einfachheit halber einige geläufige vietnamesische Ortsnamen (zum Beispiel Vietnam und Hanoi). Vietnamesische Namen von Personen wurden in ihrer vietnamesischen Schreibweise belassen. Deswegen erhält Hồ Chí Minh die vietnamesischen Tonalzeichen, Ho-Chi-Minh-Stadt jedoch nicht.

Inhalt

Inhalt

Inhalt

Vorwort

In einem Café in Hanoi, im Sommer 2013

David: »Die Episode über die Schweineschwänze gefällt mir echt gut, aber dass die gleichzeitig gedämpften Hund servieren, ist etwas übertrieben – da sollten wir vielleicht was ändern.«

Anemi: »Die Szene ist Wort für Wort wahr ... Aber deine Betel kauende alte Frau im Pyjama, die an dem Baby herumzerrt, die find ich zu arg klischeehaft.«

David: »Klischeehaft? Die hab ich eins zu eins aus dem Gedächtnis kopiert, nachdem ich vor zwei Wochen mit meiner Tochter unterwegs war. Die war absolute Klasse, die Frau! Und was machen wir jetzt mit dem Schmatzen beim Essen?«

Anemi: »Hmmm ... Lass uns noch eine Rundmail verschicken.«

Manche Anekdoten konnten wir uns gegenseitig selbst nicht glauben – wenn sie nicht wahr wären, wären sie schlecht erfunden. Dieses Buch enthält Erlebnisse, Begegnungen und Erinnerungen, die wir in unseren Jahren in Vietnam gesammelt haben. Die Protagonisten in diesem Buch, Nina, Florian und Phương, sind frei erfunden. Zahlreiche ihrer Abenteuer aber haben wir selbst so erlebt, ergänzt haben wir sie durch Erzählungen aus unserem Freundeskreis. Die Erklärteile zu den Episoden setzen sich zusammen aus Gesprächen, aus Fachliteratur, aus Medienberichten und aus unseren eigenen Erfahrungen und Einschätzungen. Wir haben zusammengetragen, hinterfragt, ergänzt, wir haben oft gelacht, immer wieder gestaunt, uns gewundert, ab und zu geschimpft, und manchmal sind wir nachdenklich geworden. Aus all dem entstand dieses Buch.

Damit hoffen wir, Ihnen ein spannendes Land ein bisschen näher bringen zu können. Wir laden Sie ein auf eine turbulente Reise durch das Wunderland der Reisschnapsgläschen, der Hautbleich-Cremes, des allgegenwärtigen Drängelns, der neugierigen Handwerker und komplizierten Anredepronomen.

Anemi Wick und David Frogier de Ponlevoy
Hanoi, im Jahr der Schlange

1 Die Welt umarmen?

Begrüßungsrituale und Körperkontakt

Nina hört das Taxi in die Gasse rollen. Sie tritt auf ihre Dachterrasse und spürt auf der Haut die unsichtbare, dicke Wand aus feuchtheißer Luft, auf der ein dunstig grauer Himmel sitzt. Der Himmel über Hanoi – der Sechs-Millionen-Einwohner-Stadt, der Hauptstadt Vietnams im Norden des Landes.

Es ist noch früh, kurz nach sieben Uhr. Phương, Ninas Kollegin aus dem Büro, hatte schon vor einer halben Stunde unten geklingelt. Sie hatte Drachenfrüchte, Mangostanfrüchte und Rambutans zum Frühstück mitgebracht. Nachher wollen sie gemeinsam zu einem Termin beim Arbeitsministerium fahren. Nina und Phương arbeiten bei einer deutschen Entwicklungsorganisation. Es ist Ninas erste Stelle in Südostasien, nach einem Aufbaustudium in Internationalem Management.

Hanoi hat Nina von der ersten Sekunde an in ihren Bann gezogen und auf ganz besondere Weise provoziert. »Man liebt sie oder man hasst sie, diese Stadt. Oder manchmal auch beides gleichzeitig. Kalt lässt sie kaum jemanden«, hatte sie auf Skype zu Florian gesagt.

Nina sieht, wie Florian unten vor dem Haus aus dem Taxi steigt und sich einen riesigen Rucksack auf den Rücken wuchtet. Dann wendet er sich dem Taxifahrer zu, faltet die Hände feierlich vor der Brust und verbeugt sich zum Abschied ein paarmal.

Die Bewegung erinnert Nina an einen dieser kleinen Wackeldackel fürs Auto. Nina lächelt. Florian ist ihr bester Freund seit Kindertagen und gerade fertig mit seinem Informatikstudium. Er kommt sie besuchen und will durch Vietnam reisen. »Aber dir gefällt's doch in Vietnam, oder?«, hatte Florian sie auf Skype gefragt. »Ja«, hatte Nina gesagt. Und dann geschwiegen. Wie kann man jemanden in drei Sätzen auf Vietnam vorbereiten, oder allein schon auf Hanoi? Florian, dachte sie, wird mir ohnehin nicht glauben. Nina rennt die drei Stockwerke hinunter und öffnet erst die Haustür und schließlich das große Eisentor. Florian, der jetzt vor ihr steht, scheint wie aus einer anderen, fernen Welt zu kommen, mit seinen Berlin-Turnschuhen, dem Hipster-Shirt und der teuren Sonnenbrille. Eine Welt, die in den vier Monaten, seit Nina selbst in Vietnam angekommen ist, in ihrem Kopf weit in den Hintergrund gerückt war. Nina kann sie fast riechen, die Welt der pünktlichen Verabredungen und funktionierenden Automaten, der 24-Stunden-Deos, der leeren Bürgersteige, der kurz gemähten Wiesen, der Wartenummern und Fußgängerzonen, als die beiden sich mit großem Hallo in die Arme fallen.

»Und das hier ist Phương«, stellt Nina ihre vietnamesische Kollegin vor. Florian drückt auch Phương herzlich an sich. Dann schaut er sich um, im geräumigen Eingangsbereich mit Steinplattenboden, einer großen Küche, einem massiven Holztisch, einer Helmablage aus Bambus und Gemälden an den Wänden. Eine breite Treppe aus dunklem Holz führt in die oberen Stockwerke. »Wow!«, sagt Florian. »Dafür, dass du in einem Drittweltland lebst, lässt du es dir aber ziemlich gut gehen.«

Wen Sie wie und wo berühren dürfen

Willkommen in Vietnam! Mit der Begrüßung fängt alles an: Sollte man dieses Land knuddeln, es umarmen, ihm erst mal schüchtern zuwinken oder sich verbeugen? Wie sagt man sich in Vietnam hallo?

Phương wurde von Florians stürmischer Begrüßung wohl ein bisschen überrumpelt. Die **Umarmung** ist in Vietnam nicht besonders verbreitet. Ebenso befremdend kann es wirken, wenn Ausländer mit einem Wangenküsschen-Gruß auffahren.

Auch die **Verbeugung** mit vor der Brust gefalteten Händen, wie man sie vielleicht aus anderen asiatischen Ländern wie Thailand kennt, werden Sie in Vietnam sehr selten antreffen. Hier besteht eine Begrüßung im Allgemeinen aus einem freundlichen, respektvollen leichten **Kopfnicken**.

Händeschütteln ist in Vietnam inzwischen vor allem im Geschäftsleben weitverbreitet, es handelt sich hierbei um einen Import aus westlichen Ländern. Aber bitte sanft – nicht quetschen! Wer einer um einiges älteren Person die Hand reichen möchte, umfasst als Zeichen des Respekts die rechte Hand dieser Person zum Gruß mit beiden Händen.

Auch das Überreichen und Entgegennehmen von Dingen wie Geld oder Visitenkarten darf mit beiden Händen geschehen. Dies gilt als besonders höflich. Eine zackig-auffordernd hingestreckte Hand hingegen könnte unter Umständen, gerade gegenüber älteren Personen, zu forsch wirken.

Abgesehen davon gibt es in Vietnam **zwischen Frauen und Männern,** die kein Paar sind, im Allgemeinen keinen Körperkontakt. Dies sollten Sie im Umgang mit vietnamesischen Freunden oder Kollegen nicht ganz außer Acht lassen. Auch in sehr ungezwungener Atmosphäre, etwa auf Partys, könnte es Ihrem Gegenüber vom anderen Geschlecht unangenehm sein, wenn Sie vermeintlich harmlose, freundschaftlich-vertraute Gesten wie etwa Umarmungen, Schulterklopfen, Hand auf die Schulter oder Berührungen der Hand oder am Arm verteilen. Insbesondere in der Öffentlichkeit rücken Sie Ihre vietnamesischen Bekannten damit möglicherweise unwissentlich in ein falsches Licht.

Umso mehr gehören Berührungen **zwischen Frauen** sowie von **Mann zu Mann** in Vietnam zum Alltag: Befreundete Frauen haken sich auf der Straße beim Gehen häufig unter, berühren einander beim Reden am Arm, und auch Ausländerinnen werden von Frauen oft sehr ungezwungen berührt. Eine amerikanische Bekannte in Hanoi zum Beispiel wird von der vietnamesischen Haushaltshilfe regelmäßig am Po getätschelt. Auch unter Männern kommt es in Vietnam weit häufiger als bei uns in der Öffentlichkeit zu zärtlichen Berührungen – sie halten sich gerne mal brüderlich umschlungen. Einem männlichen Ausländer kann es durchaus passieren, dass ihm ein vietnamesischer Bekannter oder Geschäftspartner in einer Kneipe nach ein paar Bier eine Hand auf den Oberschenkel legt. Unter Männern ist eine solche Geste nicht anzüglich gemeint, sondern normaler Umgang. Wenn Sie dagegen eine Frau sind, müssen Sie solche Berührungen von Männern nicht tolerieren – sie sind gegenüber Frauen jenseits von Sitte und Anstand.

Und wie halten es **Paare** in der Öffentlichkeit? Zwischen vietnamesischen Pärchen und Ehepartnern ist der öffentliche Körperkontakt zurückhaltend. Küsse, auch flüchtige, sind so gut wie gar nicht zu sehen. Wer aber in den Städten jugendliche Pärchen aneinandergekuschelt auf Parkbänken sitzend oder umschlungen auf Motorrollern fahrend sieht, merkt, dass das Austauschen von Zärtlichkeiten zumindest bei der jüngeren Generation kein komplettes Tabu darstellt. Das vietnamesische Gesellschaftsleben ist zwar eher konservativ, jedoch nicht über alle Maßen prüde. Wenn Sie als Paar unterwegs sind, müssen Sie liebevolle Berührungen untereinander nicht gänzlich unterdrücken. Aber vielleicht sparen Sie sich innige Küsse für besondere Momente auf, in denen Sie unter sich sind.

»Drittweltland« Vietnam?

Vietnam ist kein Entwicklungsland mehr: Seine Wirtschaft wuchs zwischen 1990 und 2010 im Durchschnitt jährlich um 7,3 Prozent, und das Pro-Kopf-Einkommen hat sich in dieser Zeit verfünffacht. Gemäß Weltbankdefinition ist Vietnam seit Beginn des Jahres 2011 ein **Schwellenland** *(lower-middle-income country)* – ein rasend schneller Aufstieg für ein Land, das in den 1980er-Jahren noch zu den ärmsten Ländern der Welt gehörte. Vietnam will bis 2020 den Status eines Industrielandes erreichen.

Seit 1990 hat Deutschland Vietnam fast 1,8 Milliarden Euro **Entwicklungshilfe** zur Verfügung gestellt. Allein für 2012 wurden nach offiziellen Angaben des deutschen Bundesministeriums für wirtschaftliche Zusammenarbeit und Entwicklung (BMZ) 144,6 Millionen Euro staatliche Mittel für Entwicklungszusammenarbeit in Vietnam verwendet. Für 2013/14 gab das BMZ eine Summe von 63,2 Millionen an, wobei hier noch weitere Summen hinzukommen könnten, etwa aus Töpfen für den Klimaschutz, hieß es im Juni 2014 auf Anfrage. Schwerpunkte der Zusammenarbeit sind Umwelt, Energie und Berufliche Bildung.

Die Schweiz wendet für den Zeitraum 2013 bis 2016 123 Millionen Franken (entspricht etwa 101 Millionen Euro) für Entwicklungszusammenarbeit in Vietnam auf (80 Millionen CHF waren es in der vorausgegangenen Vierjahresperiode), den größten Teil davon für wirtschaftliche Entwicklungszusammenarbeit. Die Europäische Union hatte in ihrer Strategie 2007–2013 Hilfe bei der **Armutsreduktion** und dem Erreichen der **Millenniumsziele** als Prioritäten erklärt und dafür für diesen Zeitraum 300 Millionen Euro bereitgestellt. Für den Zeitraum 2014 bis 2020 soll der Betrag der EU für die Entwicklungszusammenarbeit »signifikant erhöht« werden. Schwerpunkte sollen die Sektoren Governance, Energie und Klimaveränderung bilden.

Vietnam zählt heute zu den weltweit größten Exporteuren von **Reis, Kaffee und Pfeffer**. Zu den wichtigsten Exportprodukten gehören zudem Textilien, Rohöl, Telefone und Ersatzteile, Schuhe, Fisch und Meeresfrüchte. Vietnams Exportindustrie ist stark von Importen abhängig und darauf spezialisiert, Inputs zu verarbeiten. 48 Prozent der Bevölkerung sind in der **Landwirtschaft** tätig, 21 Prozent im Industrie- und 31 Prozent im Dienstleistungssektor. Das jährliche **Pro-Kopf-Einkommen** betrug 2013 nominal 1.960 US-Dollar (kaufkraftbereinigt: ca. 4.100 US-Dollar).

Mit dem Übergang zum Schwellenland wird langfristig die Entwicklungshilfe der internationalen Geber auslaufen. An ihre Stelle treten neue Finanzierungsinstrumente des **Klimaschutzes**; Vietnam gilt aufgrund seiner 3.444 Kilometer langen Küste und seiner zwei Deltaregionen als eines der Länder, die vom Klimawandel am meisten betroffen sein werden.

Eckdaten Vietnam

Fläche: 331.210 Quadratmeter

Einwohner: 92,4 Millionen

Klima: Subtropisch im Norden mit Regenzeit von Mai bis September und Trockenzeit von Oktober bis März oder April. Die Temperaturen können zwischen Dezember und Februar bis auf 12 Grad sinken; im Sommer um die 32 Grad. Tropisch im Süden mit Regenzeit von Juni bis Oktober, die Temperaturen bewegen sich zwischen 21 und 34 Grad.

2 Vietnam, ungebremst

Überlebenstraining für Fußgänger

Florian möchte nochmals einen Blick auf den Stadtplan werfen, aber stehen bleiben ist unmöglich, da ihm gleichzeitig eine Frau, schwer beladen mit zwei großen Tragekörben, entgegenkommt, eine zweite ihm frittierte Teigtaschen verkaufen will und jemand direkt neben ihm einen Motorroller auf den Gehsteig fährt. Florian macht einen Schritt zur Seite, um nicht in einen am Boden stehenden Korb voller knallroter Chilischoten zu treten. »*Shoe shine?*«, fragt ihn ein Schuhputzer von der Seite. Florian atmet aus. Er kommt gar nicht hinterher mit Neinsagen und Abwinken.

Nina hat ihn auf dem Weg zur Arbeit in der Altstadt abgesetzt, wo Florian sich an seinem ersten Tag in Hanoi etwas umsehen will. Vor ihm liegt eine große, weite Straßenkreuzung. Da musst du jetzt durch, denkt er. Ampeln sieht er keine. Aus allen Richtungen fließen endlose, brummende Schwärme von Motorrollern ineinander, durcheinander hindurch und wieder auseinander. Dazwischen hupende Taxis und eine Frau mit Strohhut, die einen Handwagen voll beladen mit T-Shirts und Plastiklatschen durch das Verkehrsgewirr schiebt. Auf einem Motorroller sitzt eine fünfköpfige Familie samt Baby, dessen Kopf in ein Moskitonetz gehüllt ist. Auf einem weiteren Roller duckt sich ein mittelgroßer Hund vorne im Fußraum und hält seine Schnauze in den Fahrtwind. Eine junge Frau in pinkfarbenem Kleid fährt auf einer Vespa vorbei und spricht dabei in ein Smartphone mit weißen Häschenohren.

Florian schaut auf die Uhr. Sie zeigt noch die Zeit in Deutschland. Fünf Uhr früh. In Vietnam ist es bereits zehn Uhr morgens. Florians Hemd ist durchgeschwitzt. Er steht noch immer am Straßenrand und hofft auf eine Lücke im Verkehr, um diese Kreuzung zu überqueren. Aber da kommt keine Lücke. »*Motobye?*« Ein Motorrollertaxi bleibt vor seinen Füßen stehen. »Nein!«, sagt Florian und macht um den Motorroller herum ein paar Schritte vorwärts auf die Straße. Jetzt oder nie. Auf beiden Seiten tost der Verkehr. Ein schwarzer Toyota kommt direkt auf ihn zu. Florian macht einen Schritt zurück. Der Fahrer blinkt wild mit der Lichthupe. Florian hebt kurz dankend die Hand und nimmt dann drei schnelle Schritte vorwärts. Der Autofahrer bremst brüsk vor ihm ab, ein Motorroller knattert mit einem Schlenker vor Florian vorbei und verfehlt ihn um Haaresbreite. Florian hält die Luft an. Er kommt sich vor wie in einem Traum, den Kopf noch vom Jetlag benebelt.

Florian steht jetzt mitten auf der Straße, weder vor noch zurück hält er für eine gesunde Option, aber auch stehen bleiben erscheint ihm selbstmörderisch. Ganz kurz fragt er sich, ob er nicht fürs Erste einfach bei Nina zu Hause auf der Couch hätte bleiben sollen. Ein Buch lesen. Oder schlafen. Da taucht plötzlich neben ihm eine alte, bucklige Frau in einem violetten Pyjama auf. Ohne nach rechts und links zu schauen, schiebt sie sich mit kleinen Schritten durch den Verkehrsstrom, der geschmeidig an ihr vorbeifließt. Knallhart, die Oma!, schießt es Florian durch den Kopf. Dann wittert er die Gelegenheit, schließt sich an die alte Frau an und trippelt mit ihr durch den rollenden Wahnsinn.

Zwei Schritte noch. Geschafft. Florian erreicht mit seinem unfreiwilligen Schutzengel endlich die andere Straßenseite, das rettende Ufer. Während die alte Frau, ohne ihn eines Blickes zu würdigen, schnurstracks weitergeht, schaut er sich etwas ratlos um. Er hat vergessen, wo er eigentlich hinwollte.

»Na, Flo, wie war dein erster Tag in der Altstadt?«, fragt ihn Nina später am Abend.

»Gut«, sagt Florian, »mir hat eine alte Frau über die Straße geholfen.«

Wie Sie lebend auf die andere Straßenseite kommen

Loslaufen. Schritt für Schritt. Nicht stehen bleiben, vorwärts blicken, gleichmäßig gehen, weder zögern noch hasten. Was wie eine alte vietnamesische Lebensweisheit klingt, ist in Wirklichkeit schlicht eine Anleitung, wie Sie etwas auf den ersten Blick Unmögliches schaffen: eine Straße zu überqueren. Wer in Vietnams Großstädten am Straßenrand stehen bleibt und auf die nächste Lücke im Verkehr wartet, darf sich auf eine sehr lange Wartezeit gefasst machen. An manchen verkehrsreichen Ecken würden Sie vielleicht sogar den ganzen Tag warten.

Stattdessen tauchen Sie ein. Der Verkehr wird Sie umfließen wie ein Fischschwarm. **Motorroller bremsen kaum**, sie weichen normalerweise aus und fahren meist hinter dem Fußgänger vorbei. Die Fahrer achten nämlich durchaus auf andere, auch wenn es manchmal nicht so aussehen mag. Wenn jedoch das »Hindernis«, also der Fußgänger, plötzlich die Geschwindigkeit oder Richtung ändert oder stehen bleibt, stört er dieses eingespielte Umfahrmanöver und riskiert Zusammenstöße.

Bei den etwas weniger beweglichen Fahrzeugen, den Autos, Bussen und Lastwagen, empfiehlt es sich je nach deren Geschwindigkeit jedoch deutlich häufiger, abzuwarten, statt einfach loszumarschieren; hier könnte es gefährlich werden. Die

Lichthupe ist in Vietnam zudem kein Signal dafür, dass der Fahrer Vorfahrt gewährt, wie das Florian missverstanden hat – sondern für das Gegenteil: dass er hier jetzt geradewegs durchfahren möchte!

Das Straße-Überqueren ist in Hanoi und Ho-Chi-Minh-Stadt eine Art Pfadfindertaufe für Neuankömmlinge. Die große Kreuzung am Nordende des Hoàn-Kiếm-Sees im Zentrum von Hanoi, wo Florian seine Erstüberquerung meisterte, ist dafür während der Stoßzeiten besonders berüchtigt. Wenn Sie sich in den Gebäuden rund herum in eines der Cafés ein paar Stockwerke höher setzen, können Sie diese legendäre Kreuzung von höherer Warte aus beobachten und werden unter anderem feststellen: Der Rechtsverkehr wird auf Vietnams Straßen zuweilen höchst flexibel interpretiert. Und Kreisverkehr-Mittelinseln werden in beide Richtungen umfahren.

Im Touristenviertel von Ho-Chi-Minh-Stadt werden in den Shops T-Shirts verkauft, auf denen die **Regeln beim Überqueren der Straße** aufgedruckt sind: »keinen Augenkontakt, kein Stoppen, keine unberechenbaren Bewegungen, kein Warten, kein Nudelsuppe-Essen, keine Panik, kein Händchenhalten, kein Hinterfragen, kein Zurück«. Ein Journalist der *New York Times* berichtete von einem Merkblatt, das in einem Hanoier Hotel an Touristen ausgehändigt wird und ihnen rät: »Seien Sie entspannt und selbstbewusst.« Und »gehen Sie bewusst langsam«. Die Boulevardzeitung *Toronto Sun* verglich das Überqueren der Straße in Vietnam treffend mit dem alten Videospiel *Frogger,* in dem man einen Frosch über eine fünfspurige Straße führen muss.

Als Einstieg in die Kunst des Straße-Überquerens eignet sich der **Windschatten-Trick**, der auch Florian aus der Bredouille half: Heften Sie sich einfach dem nächstbesten erfahrenen Städter an die Fersen.

Und falls Sie sich dann doch noch nicht trauen: In den Großstädten ist es meist auch möglich, bis zur nächsten **Ampel** zu laufen. Hier sei allerdings zur Vorsicht gemahnt: Halten Sie beim Überqueren immer nach Fahrern Ausschau, die die Sache mit den Ampeln nicht so eng sehen und bei Rot durchbrettern. Auch Rechtsabbieger kommen einem dabei häufig in die Quere. Ach ja, und manchmal funktionieren die Ampeln nicht. Es gibt auch vereinzelt **Zebrastreifen** ohne Ampeln. Diese sind rein dekorativ und werden komplett ignoriert. Und noch ein Tipp: Schauen Sie generell vor dem Überqueren jeweils nach beiden Seiten. Auch bei Einbahnstraßen.

Sie werden auch feststellen, dass **Gehsteige** nur beschränkt als eigentliche Fußgängerzonen gelten: Zwischen all den Menschen, die dort kochen, Dinge verkaufen, Babys füttern, Häuser bauen, Suppe essen, Stempel schnitzen, Bambuspfeife rauchen, auf winzigen Plastikhockern sitzend Grüntee trinken und ihre Fahrzeuge parken, ist oft kaum ein Durchkommen. Der Gang durch die Stadt ist kein Spaziergang, sondern ein Zickzack- und Hürdenlauf, der den Status einer Olympiadisziplin verdient hätte.

Selbst Motorrollerfahrer machen hier den Fußgängern den Platz streitig: Bei Staus rinnt der Verkehr oft einer geplatzten Ader gleich über die Gehsteige. Kein vietnamesischer Fußgänger würde sich übrigens über hupende und drängelnde Motorroller auf dem Gehsteig beschweren.

Da für sie auf dem Gehsteig offensichtlich kein Platz mehr ist, weichen einheimische **Fußgänger** mit stoischer Ruhe auf die Straße aus. Deutsche hingegen kämpfen anfangs bisweilen mit dem Gefühl, etwas Unerlaubtes zu tun und möglichst schnell wieder von der Straße verschwinden zu müssen.

Sie werden jedoch, einmal abgesehen von den Touristen und den Straßenverkäufern, gar nicht viele Menschen antreffen, die zu Fuß unterwegs sind. Die Mehrheit der Vietnamesen bewegt sich auch für kleinste Strecken per Motorroller von A nach B, und den vielen Motorradtaxifahrern, die Ihnen auf Schritt und Tritt eine Fahrt auf dem Rücksitz anbieten, ist es meist völlig unverständlich, weshalb Sie sich denn auf Teufel komm raus zu Fuß durch die Straßen quälen wollen.

Der Tod auf der Straße

Vietnam hat eine sehr traurige Bilanz von je nach Statistik 10.000 bis **21.000 Verkehrstoten pro Jahr** bei rund 90 Millionen Einwohnern. Generell ist das Fahren außerhalb der Städte gefährlicher als der langsamere Innenstadtverkehr. 91 Prozent der tödlichen Verkehrsunfälle weltweit geschehen laut Weltgesundheitsorganisation in Ländern mit niedrigem und mittlerem Einkommen, obwohl diese nur über rund die Hälfte der Fahrzeuge verfügen.

Das Auswärtige Amt rät in seinen allgemeinen Reiseinformationen für Vietnam zu größtmöglicher Vorsicht im Straßenverkehr und warnt nachdrücklich davor, während des Urlaubsaufenthaltes angemietete Pkw oder Mopeds eigenhändig in dem ungewohnten Verkehr zu steuern. Vietnamesische Zeitungen haben berichtet, dass laut Fachleuten bis zu 80 Prozent der **Helme** in Vietnam im Ernstfall gar nicht vor Kopfverletzungen schützen würden. Insbesondere Leuten, die längere Zeit in Vietnam verbringen, empfehlen wir, etwas mehr Geld in einen teureren, stabilen Vollhelm zu investieren.

3 Geld verbrennen am Straßenrand

Über Religion, Glücksbringer und Wahrsagerei

Vor Staunen hätte Nina beinahe einen Lastwagen gerammt. Als sie mit dem Motorroller zur Arbeit fährt, sieht sie, wie eine junge Frau am Straßenrand kauert und bündelweise Geldnoten ins Feuer wirft.

Eigentlich wollte Nina ihre Kollegin fragen, was es damit auf sich hat. Aber im Büro sind gleich wieder so viele Dinge zu tun, dass Nina die Sache beim Eintreten bereits vergessen hat. »Sag mal, Phương, kommst du am Dienstag auch zu diesem Workshop über kapazitätsbildende Fördermaßnahmen auf der Gemeinde-, Dorf- und Provinzebene?«, fragt Nina mit Blick auf ihren Smartphone-Terminkalender.

»Dienstag? Ich muss schauen, ob das ein guter Tag für mich ist«, sagt Phương und klickt sich durch eine Website.

»Hast du dann schon andere Termine?«

»Nein«, sagt Phương. Dann sagt sie: »Am Dienstag kann man ganz viele Dinge tun. Auch zum Arzt gehen zum Beispiel. Am Tag darauf sollte man jedoch nicht weit verreisen.«

»Redest du vom Wetterbericht?«, fragt Nina. »Und was hat das mit dem Arzt zu tun?« Manchmal wird sie aus Phương nicht ganz schlau.

»Kein Wetterbericht«, antwortet Phương. Sie hat gerade in einem Mondkalender-Horoskop nachgeschaut.

»Und was sagt dein Horoskop? Ist Dienstag nun ein guter

Tag für kapazitätsbildende Wasauchimmer?«

»Fördermaßnahmen. Ja, ein guter Tag«, sagt Phương.

»Heißt das, du würdest ernsthaft nicht hingehen, wenn es kein guter Tag wäre?«

Phương lächelt in den Bildschirm hinein. »Ach, ich mach das nur so aus Spaß.«

»Was denn nun?«, fragt Nina.

»Nun ja«, sagt Phương, »wenn ich etwas wirklich Großes vorhätte, etwa eine Reise in den Süden, würde ich sie verschieben, wenn dafür kein guter Tag wäre.«

Nina grinst. »Kann es sein, dass du ein bisschen abergläubisch bist?«, fragt sie Phương. Und dann fällt ihr ihre seltsame Beobachtung von der Hinfahrt wieder ein. »Phương, sag mal, verbrennst du eigentlich auch dein Geld?«

Warum in Vietnam auch iPads in Flammen aufgehen

An bestimmten Tagen, meist am 1. und 15. Tag nach dem Mondkalender, sieht man in Vietnam viele Leute auf der Straße **Geld verbrennen**. Auch Mobiltelefone, iPads und ganze Tankstellen gehen zuweilen in Flammen auf. Es handelt sich um Opfergaben für die Ahnen, verstorbene Familienmitglieder. Solche Gaben werden in Privathäusern und Geschäften auch auf kleine Altäre gelegt. Nun kann es sich natürlich kaum jemand leisten, bündelweise echtes Geld ins Feuer zu werfen. Es sind unechte Noten, Geld für das **Jenseits**, das es in den Städten überall zu kaufen gibt. Auch bei den iPads und anderen Wohlstands- und Luxusgütern, die verbrannt werden, handelt es sich um Attrappen aus Papier, die in speziellen Läden zu kaufen sind.

Ein Freund in Hanoi erzählte uns, dass das Jenseits, die Welt, in der die Verstorbenen sich befinden, sehr ähnlich der unsrigen, irdischen aussieht; dass man sich dort genauso Dinge kaufen und sich durch einen Alltag kämpfen muss, dass man Hitze, Kälte oder Hunger verspürt, sich also nicht einfach auf einer Wolke ausruhen kann. Deswegen ist es für die Hinterbliebenen so wichtig, ihren verstorbenen Ahnen nützliche Gegenstände zukommen zu lassen – oder das entsprechende Geld, um sich diese Sachen im Jenseits kaufen zu können.

In Vietnam trifft man auf eine ganze Reihe von **Glaubensrichtungen**, Philosophien, Bräuchen, Traditionen und Ritualen, die koexistieren und zum Teil auch stark ineinanderfließen und vermischt werden.

Zwar lässt sich Zensus-Ergebnissen von 2009 entnehmen, dass sich nur gut 18 Prozent der Bevölkerung einer Religion zugehörig fühlen, nämlich rund 8 Prozent Buddhisten, 7 Prozent Katholiken, 1,7 Prozent Hòa Hảo, knapp 1 Prozent Cao Đài, knapp 1 Prozent Protestanten und 0,1 Prozent Muslime. Das mag aber daran liegen, dass wesentliche Glaubensrichtungen wie der Ahnenkult oder der Konfuzianismus nicht erhoben oder angegeben werden und dass spirituelle Praktiken oft wie erwähnt eine Mischform aus verschiedenen Strömungen darstellen. Ein realistisches Bild bietet diese Statistik deshalb kaum.

Die **Ahnenverehrung** ist in Vietnam weitverbreitet. In den allermeisten Haushalten und Geschäften befindet sich ein Ahnenaltar, auf den Opfergaben wie Früchte, das erwähnte Papiergeld, Papiergegenstände, Obst, ein Schälchen mit Reis und oft auch Schnaps und Zigaretten gelegt werden. Am Ahnenaltar wird regelmäßig, vor allem an Feiertagen und an jedem 1. und 15. Tag des Mondkalenders, zu den verstorbenen Verwandten gebetet, ihnen berichtet und sie um Rat gefragt. Dem Ahnenaltar sollte, wenn möglich, nicht der Rücken zugekehrt werden. Darüber hinaus werden auch **Schutzgötter** verehrt, unter anderem der Küchengott, der Dorfgott oder der Gott des Meeres.

Der **Konfuzianismus**, der auf die Lehren des chinesischen Denkers Konfuzius zurückgeht, dominierte in Vietnam während der Lê-Dynastie im 15. Jahrhundert und prägt noch heute stark die vietnamesische Gemeinschaft und Gesellschaft. Konfuzianismus ist eine eher philosophisch-moralische Glaubensrichtung, die auf Tugenden basiert wie Menschenliebe, Bildung, Gehorsam gegenüber den Eltern (dazu gehört auch die Ahnenverehrung), Untertanentreue und Harmonie in der Familie, im Dorf, in der Provinz und im Staat durch streng hierarchische Über- und Unterordnung.

Hurra, es ist ein Junge! Der Status der Frau in Vietnam

Obwohl in Vietnam die **Gleichstellung** von Mann und Frau seit 2006 im Gesetz verankert ist, sind konfuzianische Werte in der Bevölkerung immer noch prägend. Diese sehen für die Frau Unterordnung gegenüber dem Vater, nach der Heirat gegenüber dem Ehemann und als Witwe gegenüber dem erwachsenen Sohn vor. Ein Bericht der Weltbank stellt fest, dass in Vietnam nicht nur viele Männer, sondern auch Frauen es ablehnen, dass Frauen Führungspositionen übernehmen.

Als Karrierehindernis führt der Bericht zudem die **Doppelbelastung** durch Beruf und unbezahlte Arbeit auf, da Männer immer noch unverändert signifikant weniger Hausarbeit übernähmen. Frauen machen in Vietnam 48,6 Prozent der erwerbstätigen Bevölkerung aus, dies gilt als eine der höchsten Quoten in der Region. Die Ungleichheit der Einkommen ist geringer als in vielen anderen ostasiatischen Staaten (Frauen verdienen durchschnittlich rund 75 Prozent des Gehalts von Männern). Verstärkt von **Armut** betroffen sind Witwen und alleinerziehende Mütter. Deutlich verringern konnte Vietnam geschlechtsspezifische Ungleichheiten in den Bereichen **Bildung und Gesundheit**. Die Müttersterblichkeit ging stark zurück.

Zu den neueren Gesetzen zur Gleichstellung gehört auch eines, das **häusliche Gewalt** unter Strafe stellt. Der Weltbankbericht bemängelt die Durchsetzung dieser Gesetze als »äußerst unzureichend« und bezeichnet sie als »Lippenbekenntnisse«. 32 Prozent der vietnamesischen Frauen, die verheiratet sind oder waren, haben laut einem Bericht der Vereinten Nationen körperliche Gewalt durch ihren Ehemann erfahren.

In der patriarchalischen vietnamesischen Gesellschaftsordnung wird von den **Söhnen** erwartet, die Familienlinie zu erhalten und sich um ihre Eltern und die Ahnenverehrung zu kümmern. Frauen hingegen verlassen bei der Heirat ihr Elternhaus und leben traditionell fortan im Haus der Schwiegereltern. Somit kommt einer Tochter ein minderwertiger Status zu, Paare wünschen sich spätestens bei der zweiten Schwangerschaft sehnlichst einen Sohn. Ein bekannter Satz, der oft Konfuzius zugeschrieben wird, lautet: »Mit einem Sohn hast du einen Nachkommen, mit zehn Töchtern hast du nichts.«

Diese Geschlechtspräferenz führte zu **Abtreibungen weiblicher Föten** und damit zu einem kontinuierlich steigenden Ungleichgewicht des Geschlechterverhältnisses in der Geburtenstatistik. Diese wies 2009 laut dem Weltbankbericht 112 Knaben- zu 100 Mädchengeburten auf (biologischer Durchschnitt: 105:100). Im Nordosten des Landes lag die Quote bei 120:100, im Bevölkerungsfünftel mit dem höchsten Einkommen und daher leichteren Zugang zu Ultraschalluntersuchungen und Abtreibungen bei 133:100. Sofern keine »drastischen Maßnahmen« ergriffen würden, könnte es nach Regierungsprognosen bis im Jahr 2030 rein aufgrund des Geschlechterungleichgewichts für rund drei Millionen vietnamesische Männer schwierig werden, überhaupt eine Frau zum Heiraten zu finden.

Der **Taoismus** (oder Daoismus; »der Weg«) ist ebenfalls eine Weltanschauung aus China, die auf den Lehren des Laotse beruht. Eine ihrer Kernelemente ist die »Zweiheit« der Welt, das Wechselspiel von Licht und Schatten. Eines der bekanntesten

Symbole ist das schwarz-weiße Yin-und-Yang-Zeichen. Über vielen Hauseingängen hängen achteckige Spiegelamulette mit solchen Zeichen, sie sollen Geister abwehren. Taoistische Elemente erscheinen oft in Verbindung mit dem Mahayana-Buddhismus und dem Konfuzianismus.

Der **Cao-Daismus** ist eine sehr junge vietnamesische Glaubensrichtung aus dem 20. Jahrhundert, die ein großes Spektrum an Religionen, Philosophien und historischen Persönlichkeiten fusioniert – von Buddhismus und Konfuzianismus über Christentum und Islam bis zu Shakespeare, Lenin und Victor Hugo. Das zentrale Symbol ist das göttliche Auge im Innern eines Dreiecks, oft mit Strahlen verziert.

Der **Hòa-Hảo**-Buddhismus hat seine Ursprünge im Mekongdelta als »Buddhismus für die Bauern«. Die Glaubenspraxis zu Hause und im Herzen und die Hilfe für Bedürftige wird über aufwändige, teure Zeremonien und Tempel gestellt.

Die vietnamesische **Astrologie** unterscheidet sich von der in westlichen Ländern verbreiteten. Die Tierkreiszeichen im vietnamesischen Mondkalender sind beinahe identisch mit den chinesischen, außer dass in Vietnam die Katze anstelle des Hasen steht. Die insgesamt zwölf Zeichen (Ratte, Büffel, Tiger, Katze, Drache, Schlange, Pferd, Ziege, Affe, Huhn, Hund und Schwein) wechseln im Jahresturnus, sie wiederholen sich also alle zwölf Jahre einmal. Ähnlich wie im westlichen Horoskop werden Kindern je nach Tierkreiszeichen besondere Eigenschaften zugeordnet.

Der Gang zu einem **Wahrsager** ist insbesondere vor der Heirat oder vor dem Neujahrsfest *(Tết)* beliebt. Manche Wahrsager nehmen Kontakt mit Verstorbenen auf, manche benutzen Karten oder bedienen sich der Astrologie oder des Handlesens. Die

Wahrsagerei wird aber auch kritisiert. So schreibt Minh Huong in der staatlichen englischsprachigen Tageszeitung *Viet Nam News* in einem Kommentar, sie sei »weit davon entfernt«, der Wahrsagerin ihrer Freunde den geringsten Glauben zu schenken. Die Autorin berichtet unter anderem von einer Mutter zweier Töchter, die von ihrem Ehemann verlassen wurde – auf Anraten eines Wahrsagers, der ihm nahelegte, eine andere Frau zu heiraten, die ihm dann einen Sohn gebären würde. Sie zitierte außerdem einen Psychologen damit, dass Wahrsager die Rolle eines Therapeuten innehätten und den Leuten Hoffnung und Mut schenken würden, um ihre Alltagsprobleme zu überwinden.

Es ist möglich, dass Sie in Vietnam hin und wieder mit Glücks- und Pechträgern aus dem **Volksglauben** konfrontiert werden. Etwa dann, wenn Sie eines Morgens, wenn Sie einen Laden betreten, gebeten werden, doch bitte später wiederzukommen. So geschehen in einem teuren Geschäft in einem luxuriösen Shoppingcenter am Hanoier Westsee. Denn wenn der erste Kunde am Morgen nichts kauft, bringt das Unglück. »Ein Schaufensterbummel am frühen Morgen in Hanoi ist nicht das Angesagteste«, sagte uns eine junge Vietnamesin halb im Spaß, halb im Ernst. Manche Verkäufer sagen auch einfach hoffnungsvoll: »Sie sind mein erster Kunde«, und erwarten, dass Sie dann wissen, welche Verantwortung auf Ihnen lastet. Weitere Dinge, die Unglück bringen, sind das Essen von Eiern oder anderen Nahrungsmitteln, die der Zahl Null ähneln, wenn eine wichtige Prüfung bevorsteht; Haare schneiden vor einem Examen; die Zahl Vier; oder am Morgen beim Verlassen des Hauses als Erstes eine Frau anzutreffen. Glück bringen unter anderem die Zahlen Zwei und Acht (die Glückstelefonnummer 0988888888 wurde für unglaublich viel Geld an einen reichen Vietnamesen verkauft), die Farbe Rot, eine Schlange auf der Straße und mit dem rechten Fuß zuerst aus dem Haus zu treten.

Laut Wikipedia wird die Bezeichnung **Aberglaube** »abwertend auf Glaubensformen und religiöse Praktiken angewandt, die nicht den eigenen, meist orthodoxen Lehrmeinungen entsprechen. Er wird im allgemeinen Sprachgebrauch mit Unvernunft und Unwissenschaftlichkeit gleichgesetzt.« Wahnsinnig sensibel hat sich Nina ihrer Kollegin Phương gegenüber offenkundig nicht verhalten. Fragen zur Spiritualität sind jedoch nicht tabu, und es ist interessant und aufschlussreich, sich von vietnamesischen Freunden die unterschiedlichen Bräuche und Praktiken erklären zu lassen. Dies funktioniert dann am besten, wenn sie sich nicht belächelt fühlen.

4 Runter kommen sie nicht alle

Alles hat seinen Preis – die Frage ist, welchen

»Wenn der Verkäufer dir einen Preis nennt, halbiere ihn und nimm das als Verhandlungsbasis.« So stand es im Reiseführer. So hat es auch Nina Florian erzählt. Man will sich ja, auch wenn man Tourist im Land ist, nicht völlig blamieren. Vor einem Geschäft gleich neben der Straße, die er gestern überquert hat, lässt sich Florian von Nina absetzen, um einen kleinen Tagesrucksack zu kaufen.

In dem engen Laden stapeln sich Taschen, Rucksäcke und Koffer bis an die Decke. An die meisten kommt Florian gar nicht heran. Er zeigt auf einen Rucksack und dreht sich zu der Verkäuferin, die in einer Ecke steht und auf einem kleinen Fernseher gerade einen Film verfolgt. »Wie viel kostet der denn?« Die Verkäuferin schaut hoch, mustert kurz Florian, dann den Rucksack. »500«, antwortet sie.

500 ... was? Dong? Oder 500.000 Dong? Oder 500 Dollar? Florian rechnet: 500.000 Dong, das wären ungefähr 20 Euro als Einstiegspreis. Davon dann die Hälfte ...? In Deutschland müsste er für einen solchen Markenrucksack sicherlich 40 bis 50 Euro hinlegen. Mindestens. Also vielleicht doch eher Dollar? »Dong oder Dollar?«, fragt er. Die Verkäuferin schaut ihn an. »Dollar«, antwortet sie. Florian schluckt. Hatte er doch befürchtet: ein Wucherpreis! Und das alles bestimmt nur, weil er Ausländer ist.

Nein, da will er lieber gar nicht erst handeln. Florian dreht sich wortlos um und verlässt den Laden fluchtartig. Die Frau ruft ihm noch etwas hinterher, das Florian nicht versteht. Nächster Taschenladen eben. Gibt ja zum Glück so viele hier.

Dein Konkurrent, der Nachbar

In der Hanoier Altstadt reihen sich auffällig viele Läden mit dem exakt gleichen Angebot in denselben Straßen. Es gibt also eine »Kleiderstraße«, eine »Computerstraße« oder eine »Briefkastenstraße«. Das hat historische Gründe, weil schon vor Jahrhunderten die Bewohner verschiedener Handwerksdörfer gemeinsam in die Hauptstadt zogen und sich dort niederließen. Aber nicht nur dort wohnen heute Konkurrenten nebeneinander. In zahlreichen vietnamesischen Städten ist es üblich, bestimmte Waren direkt in einer Reihe von Läden zu verkaufen. Für die Verkäufer hat das durchaus Vorteile: Die Kunden wissen genau, wo sie zu finden sind, das kann sich tatsächlich auszahlen. Manchmal arbeiten einige dieser Konkurrenten auch zusammen, zum Beispiel bei der Bestellung von Rohstoffen oder Materialien.

Diesmal wird er sofort freundlich begrüßt, eine Frau drängt ihn förmlich in ihren Laden, deutet auf verschiedene Modelle, holt mit einer Stange einen Rucksack nach dem anderen vom Haken und drückt sie ihm in die Hand.

Florian schwitzt. Er stolpert zwei Schritte rückwärts. »Dieser da. Was kostet der denn?«, fragt er schließlich, halb zwischen zwei Koffern eingequetscht.

Die Verkäuferin streckt ihm einen Taschenrechner entgegen: »800.000 Dong«.

Florian holt tief Luft. »400.000!«, erwidert er. Die Verkäuferin schüttelt den Kopf und tippt: »750.000.«

»450.000«, sagt er. »700.000«, tippt sie.

»500.000.«

»650.000. *Where you from?*«

»Was? Ach so. *Germany.* 550.000.«

»*Beautiful.* 600.000.«

»550.000!«

»600.000!«

Florian schwitzt noch mehr. Wie viel ist das jetzt eigentlich? Allein diese galaktisch hohen Zahlen machen den Vergleich so unglaublich kompliziert. Etwa 25 Euro müssten das sein. Eigentlich ein fairer Preis für einen Rucksack, denkt er. Er willigt ein, wirft den Rucksack wie ein erlegtes Tier über die Schulter und stolziert aus dem Laden.

»Du, ich hab heute wie ein Boss gefeilscht«, erzählt er Nina eine Stunde später beim Kaffee. »Die sind ja hier total krass drauf. Man hat die ganze Zeit das Gefühl, dass die dich taxieren und glauben, dir quillt das Geld aus den Taschen. Außerdem sind die Händler hier alle irgendwie so muffelig. Oder sie finden immer alles *beautiful!* Verhandeln hab ich mir irgendwie romantischer vorgestellt. Mehr wie in diesen Geschichten aus Arabien, wo man dann laut klagt, dass der Onkel gestern seine Kamelherde verloren hat, und so.«

»Wasserbüffelherde würde hier tendenziell etwas glaubwürdiger rüberkommen«, grinst Nina. »Du schaust zu viele komische Filme, Flo. Welchen Schnäppchenpreis hat denn nun der Boss für den Rucksack erzielt?«

»600.000 Dong«

»Waas? 600.000?! Haha, du Anfänger! Ich hab so 'nen Rucksack vor zwei Monaten auf läppische 350.000 Dong heruntergehandelt«, sagt Nina.

Nina überschätzt sich ja gerne ein bisschen, denkt Florian. »Ich bin sicher, Phương hätte sich über dich totgelacht, weil sie nur 150.000 Dong bezahlt hätte!«, schleudert er ihr entgegen.

Nina zuckt mit den Schultern: »Ich fand, 350.000 Dong ist ein fairer Preis, da hab ich dann drauf bestanden. Alles andere ist mir egal.«

Florian gibt ein Schnauben von sich. »Und weißt du was?«, sagt er. »Zehn Minuten, nachdem ich den Laden verlassen hab, klemmte der Reißverschluss!«

Wie Sie das Spiel des Feilschens spielen

Zwei Dinge passieren Ausländern in Vietnam beim Einkaufen besonders häufig: Entweder sie zahlen **Mondpreise**, die jenseits der Realität sind, oder sie nehmen die Einladung zum Handeln so ernst, dass sie dabei verkrampfen, noch um kleinste Beträge feilschen und am Ende trotzdem unzufrieden sind, weil sie spüren, dass sie mehr gezahlt haben als die Einheimischen. Und seien es auch nur umgerechnet 50 Cent, es geht dann für sie »ums Prinzip«.

Beides hat damit zu tun, dass es gerade für Mitteleuropäer oft schwer ist, die Grundhaltung der Vietnamesen beim Handeln zu verstehen. Handeln gleicht einem Spiel, einem »Ich versuche es mal, vielleicht klappt es ja«-Gedanken. Europäer, die die **Vorstellung von festen Preisen** gewohnt sind, gehen an Verhandlungen oft mit dem Gedanken heran, es gehe darum, den eigentlich wahren, festen Preis zu erreichen. Für viele vietnamesische Händler aber gibt es keinen »wahren« Preis. Es gibt eine Preisspanne, mit der sie leben können und die einen Gewinn für sie bedeutet. Und dann gibt es noch Glückspreise, die besonders hoch sind, weil der Kunde sich offenbar nicht auskennt oder besonders wohlhabend und spendabel ist. Ausländer zum Beispiel.

»Halbiere als Verhandlungsbasis den Preis, den dir der Verkäufer vorschlägt«, ist im Alltag eigentlich eine passable Faustregel. Das Problem an der Sache ist aber, dass Verhandeln sich nicht so recht in Regeln pressen lässt. Denn Händler sind natürlich auch nicht dumm – wenn sie wissen, dass alle Ausländer bei der Hälfte des Preises anfangen, dann setzen sie den Einstiegspreis eben gleich etwas höher. Der beste Tipp lautet: Versuchen Sie, vorher herauszufinden, **was der Gegenstand ungefähr wert ist**. Das ist natürlich nicht immer ganz einfach. Vor allem Lebensmittel, Kleidung und vielerlei Arten von Souvenirs sind in Vietnam oft deutlich günstiger, als es in Deutschland der Fall wäre. Wer sich beim Einkauf an den Preisen in Berlin oder Frankfurt orientiert, zahlt am Ende vermutlich zu viel. Florians Rucksack ist möglicherweise ein günstig in Vietnam hergestelltes echtes Markenprodukt – ebenso wahrscheinlich aber ist es eine Billigkopie mit gefälschtem Markenlogo.

Handeln ist eine **Abwägung zwischen Zeit und Geld**. Wer gerade wenig Zeit hat, zahlt am Ende sicherlich etwas drauf. Wer aber das Gefühl bekommt, trotz aufwändigen Feilschens am Ende immer unzufrieden zu sein, sollte vielleicht von vorneherein lieber den gelassenen Weg einschlagen: nur überhöhte Preise konsequent abschmettern, den Rest mit minimalem Aufwand etwas herunterhandeln und sich nicht davon verrückt machen lassen, dass »andere« vielleicht noch weniger zahlen. Nina hat da eine deutlich gelassenere Haltung als Florian.

Daraus ergibt sich auch: Verhandeln sollte man generell mit einem **Lächeln** auf den Lippen. Wer handelt schon gerne mit verkrampften, erzürnten, wetternden Ausländern? Es fängt bereits bei der Körpersprache an. Viele Ausländer fühlen sich unwohl, wenn sie Verhandlungen beginnen. Sie fürchten von der ersten Sekunde an, ausgenommen zu werden, so wie Florian.

Viele Verkäufer schämen sich auch überhaupt nicht, **gegenüber Touristen** mal das Fünffache oder das Zehnfache zu verlangen – versuchen kann man es ja mal. Wer das dann zahlt, hat offenbar das Geld. Der »unverschämte Preis« ist deswegen in den Augen des Straßenhändlers oder des Cyclofahrers kein Betrugsversuch und eben auch keine Unverschämtheit. Er versteht nicht, warum der Ausländer anschließend sauer ist. Wenn der Kunde zahlt, war es ihm die Sache ja offenbar wert. Wir empfehlen, Preise immer vorher zu verhandeln, und nicht im Nachhinein, um schwierige Situationen zu vermeiden.

Aus all diesen Gründen sollte übrigens auch **immer in Dong** verhandelt werden und nicht in Fremdwährungen. Wer Fremdwährungen besitzt, ist ganz offenkundig reich. Es hilft auch, ein paar Brocken Vietnamesisch zu beherrschen, zumindest die Zahlen von eins bis zehn, oder ein paar einfache Verhandlungsbegriffe wie »Zu teuer!«. Ausländer, die Vietnamesisch können, machen schon mal deutlich, dass sie vermutlich ein klein wenig Ahnung vom Land und seinen Preisen haben.

Oje, so teuer! Ein paar Sprüche beim Handeln

Viele Vietnamesen finden es grundsätzlich sympathisch, wenn Ausländer überraschend mit Vietnamesisch daherkommen. Und sei es nur, dass dies die Händler zum Lachen bringt – das lockert die Stimmung.

Đắt quá! – Zu teuer! (gesprochen: Datt quaaa!)

Đắt ơi là đắt! – Oje, so teuer! (gesprochen: Datt oi la datt!)

Ối giời ơi! – Um Gottes willen! (gesprochen: Oi ssoi oooooi!), auch: *Trời ơi!* (Tschoi ooooi).

Hết tiền rồi! – Ich habe kein Geld mehr! (gesprochen: Hät tien ssooooi!)

Außerdem spielen Ort und Umfeld eine große Rolle: Wenn es darum geht, an einem Touristenort handgefertigte Souvenirs zu kaufen, darf man gerne voll auf Verhandlungskonfrontation gehen. Die alte Obstfrau am Marktstand in Hanoi aber bietet möglicherweise von Anfang an einen durchaus fairen Preis an und wird eher beleidigt sein, wenn man plötzlich nur die Hälfte davon zahlen will. Generell gilt es, einen Weg zu finden vom »Ach, das ist ja nicht viel Geld!« (und übers Ohr gehauen zu werden) zum »Ach, das ist ja nicht viel Geld!« (und zu beschließen, nicht um 50 Cent zu feilschen).

Feilschen bedeutet übrigens auch nicht immer, dass beide Verhandlungspartner kontinuierlich die Preise ändern, bis sie sich in der Mitte treffen, so wie das Florian gemacht hat. Ganz allgemein empfiehlt es sich, **von seinen Geboten nicht allzu schnell abzurücken.** Wer nicht zu schnell nachgibt, unterstreicht, dass er sich offensichtlich Gedanken gemacht hat und nicht einfach versucht, den Preis zu erraten. Einige Vietnamesen erreichen ganz wunderbare Ergebnisse, indem sie auf ihrem Eingangsangebot beharren, also eben *nicht* verhandeln.

Oft hilft auch ein bisschen **Schauspieltalent**. Sie haben eine ganz tolle Tasche im Auge? Lassen Sie sich bloß nicht anmerken, dass Sie diese unbedingt haben wollen! Setzen Sie stattdessen Ihr bestes »Ich weiß nicht so recht«-Gesicht auf.

Wenn das auch nichts hilft und der Preis immer noch zu hoch ist – pokern Sie hoch! Tun Sie so, als wollten Sie **den Laden**

verlassen. Jetzt geht es um alles oder nichts: Gibt der Verkäufer nach, ruft Sie in letzter Sekunde zurück und geht mit dem Preis herunter? Oder lässt er Sie davonziehen? Das ist dann natürlich Pech. Aber vielleicht finden Sie genau dieselbe Tasche auch im nächsten Laden, und das Spiel geht von vorne los.

Wer gar nicht handeln möchte: Es gibt in Vietnam immer mehr Supermärkte und Läden mit **angeschriebenen Preisen.** Die meisten Dinge des täglichen Bedarfs lassen sich mittlerweile (ohne zu handeln) an solchen Orten beschaffen. Die kurze Umfrage im Bekanntenkreis ergab übrigens auch: Vietnamesen, die regelmäßig auf den Markt gehen, haben dort »ihre« Verkäuferinnen, die sie kennen und mit denen sie allenfalls gelegentlich ein bisschen handeln. Handeln ist keine in Stein gemeißelte Pflicht in Vietnam.

Handeln und Geld – Frauensache?

Historisch gesehen waren die Händler in Vietnam tatsächlich traditionell Frauen, weil diese für den Verkauf der Ernte zuständig waren. Ein wenig davon hat sich bis in die heutigen Tage erhalten. Zum Beispiel geht in Vietnam das geflügelte Wort um, dass die Frau die Hand auf der Haushaltskasse hat. Wenn der Mann Geld haben möchte, muss er seine Frau darum bitten. Die Realität ist zweifellos etwas differenzierter, aber dass die Frauen zumindest den besseren Überblick über die Haushaltskasse haben, hört man auffällig oft. Ähnlich häufig fällt der Satz, dass die Frauen vor allem deswegen das Geld hüten, weil die Männer es sowieso nur verspielen und vertrinken würden. Davon leitet sich übrigens auch der Begriff der »schwarzen Kasse« ab. Damit bezeichnen die Vietnamesen nicht etwa illegale Parteispendengelder, sondern das Geld, das der Mann seiner Frau verschweigt. Meistens, um es für Dinge auszugeben, mit denen sie nicht einverstanden wäre: Alkohol, Glücksspiel – oder auch die Liebhaberin.

5 Ist da der Wurm drin?

Essen auf der Straße

Sie sind hellblau, gelb oder dunkelrot – und sehen ein bisschen aus wie Kindergartenmöbel: Vietnams winzige Plastikstühle, die überall das Straßenbild beherrschen. Florian lässt sich auf einem solchen Stuhl nieder. Er setzt sich leicht schräg hin, da seine Beine nicht unter den kleinen Plastiktisch passen, und schaut sich um. Die Straßenfront wird fast komplett eingenommen von einer steinernen Feuerstelle, auf der ein gusseiserner Kessel Suppe kocht. Zwei junge Frauen und ein Teenager schneiden Kräuter klein und befüllen routiniert Suppenschalen mit weißen Nudeln, Brühe und Fleisch.

Nina hat ihm beschrieben, wo man gute *phở* bekommt, die berühmte vietnamesische Nudelsuppe. Nach einer eher ernüchternden Erfahrung in einem überteuerten Touristenrestaurant in Hanois Altstadt wagt sich Florian heute erstmals in eine Suppenküche.

Eine Frau wischt einmal schnell mit einem feuchten Lappen über den Plastiktisch und befördert die darauf liegenden Nudelreste und Zitronenkerne auf den Boden. »Haben Sie eine Speisekarte?«, fragt Florian. Die Frau schaut ihn fragend an.

Oje. Ohne Sprachkenntnis wird die Nahrungsbeschaffung hier wohl schwierig. Florian versucht es mit Zeichensprache: Er deutet auf die Suppe eines Mannes am Nebentisch, und dann gleich noch auf eine im Regal stehende Coladose. »*Có quầy không?*«, fragt die Frau. Keine Ahnung, denkt Florian, nickt und lächelt. Die Frau nickt ebenfalls und verschwindet, und Florian wartet gespannt, was als Nächstes passiert.

Kurz darauf kommt die Frau schon mit der Getränkedose und einem Glas mit Eiswürfeln zurück. Eiswürfel? Florian hatte irgendwo gelesen, dass in tropischen Ländern Eiswürfel brandgefährlich sein können. Er beschließt, seine Cola lieber aus der Dose zu trinken. Sicher ist sicher.

Als er gerade versucht, sich mit der Cola auf Körpertemperatur anzufreunden, wird ihm, keine zwei Minuten, nachdem er bestellt hat, schon die dampfende Suppenschüssel vor die Nase geschoben: Lange, weiße Nudeln schwimmen in einer heißen Brühe mit Fleischstücken, darüber liegt ein Teppich aus grünen Frühlingszwiebeln und Kräutern. Dazu hat ihm die Frau einen weiteren Teller auf den Tisch gestellt – mit frittiertem Gebäck, das ihn vage an Hunde-Kauknochen erinnert. Ob das wohl eine Vorspeise oder der Nachtisch ist?

Florian starrt in die Schüssel. Die *phở* duftet hervorragend. Fleisch und Brühe lassen ihm das Wasser im Mund zusammenlaufen – aber wie lässt sich das jetzt mit Stäbchen und Löffel essen? Als Florian versucht, die Nudeln mit dem Löffel aus der Schüssel zu schöpfen, schlängeln sie sich widerspenstig wieder zurück in die Suppe. Florian schielt verstohlen über den Schüsselrand und sieht, wie andere Gäste die Nudeln mit Stäbchen in den Mund schieben. Er fischt sich zwei Stäbchen aus dem Behälter. Ob die wohl sauber sind?, fragt er sich kurz, aber der Hunger ist stärker. Mutig setzt er zum zweiten Angriff an. Was folgt, ist ein harter Kampf: Florian, mit Stäbchen bewaffnet, gegen ein Rudel glitschiger, rutschiger Nudeln. Fettige Spritzer sprenkeln sein T-Shirt, was Florian im Eifer des Gefechts zunächst nicht einmal bemerkt; die *phở* ist wahnsinnig lecker. Spontan entwickelt Florian die Kampftechnik, die Nudeln irgendwie in den Mund zu schaufeln und dann abzubeißen. Und schlürfen, schlürfen hilft.

Florian schaut kurz hoch und sieht, wie zwei Frauen an einem anderen Tisch die ominösen Gebäckstücke in die Suppe tunken. Er packt eines der brettharten Dinger mit den Stäbchen, quetscht es in seine Schüssel und lässt es dort ein bisschen aufweichen. Nicht schlecht!

»Tolle Sache, diese *phở*«, sagt er am Abend zu Nina. Gleich nach dem Nachhausekommen hat er rasch sein T-Shirt gewechselt, um die Fettspritzer vor ihr zu verbergen. So viel Selbstrespekt muss sein.

Eine her*phở*rragende Suppe

Phở ist für viele Vietnamesen das »perfekte Essen« und gleichzeitig ein »Straßenessen«. Das ist kein Widerspruch, sondern der eine Teil bedingt den anderen. Der französische Chefkoch Didier Corlou hob in einem Interview hervor, die besonderen beiden Eigenschaften der Nudelsuppe seien: »deliziös und günstig«. Entscheidend ist die Brühe. Diese ist das Ergebnis stundenlangen Kochens, angereichert mit allen möglichen Zutaten, vor allem Gewürzen. »Erwarte niemals, dass eine *phở* aus zwei verschiedenen Küchen gleich schmeckt«, schreibt der *Phở*-Blogger Cuong Huynh *(www.lovingpho.com)*. Anschließend kommen Nudeln, Fleisch und Kräuter hinzu. Liebhaber schwärmen bei dieser Kombination von den zahlreichen Gegensätzen der Zutaten: weich und bissfest, warm und kühl. Im Unklaren liegt die Herkunft. Die meisten Wissenschaftler sind sich einig, dass *phở* ungefähr aus der Zeit der französischen Kolonisation stammen muss. Der Hinweis: Vor Ankunft der Franzosen wurden in Vietnam Büffel und Rinder nicht geschlachtet, sondern nur als Arbeitstiere verwendet. Heute ist die nordvietnamesische Rindfleisch-*phở* der Klassiker unter den Gerichten.

Was Sie schon immer über Straßenessen wissen wollten

Das Essen in Straßenküchen gehört mit zu den schönsten Erlebnissen der vietnamesischen Kultur, finden wir. Das Land ist für seine herausragende Küche weltberühmt, und nirgends begegnet man ihr authentischer als in diesen Garküchen, deren kleine Plastiktische und -stühle in groß gewachsenen Europäern dieses Lulatsch-Gefühl erwecken. Manche dieser Küchen wirken auf den ersten Blick schmuddeliger, als sie wirklich sind, völlig auszuschließen sind **Gesundheitsrisiken** jedoch nie. Einige Westler werden selbst nach jahrelangem, höchst unbekümmertem Verzehr von Straßenessen nie krank, andere erwischt es schon in der ersten Woche, einige verzichten ganz. Selbst das allerdings ist keine Garantie: Auch bei besseren Restaurants besteht eine gewisse Gefahr, dass Hygienestandards nicht immer lückenlos eingehalten werden. Was also tun?

Bis das Essen in der Schüssel landet, gibt es haufenweise Möglichkeiten der **Verunreinigung**: Undichte Behälter, falsche Aufbewahrung von rohen oder halb garen Zutaten und all die ungewaschenen Hände, die damit hantiert haben, sind nur einige davon. Mit am größten ist die Infektionsgefahr bei rohem oder ungenügend erhitztem Fleisch, Geflügel, Fisch und Meeresfrüchten, Eiern sowie rohem, ungeschältem Obst, Gemüse und frischen Kräutern. Diese Nahrungsmittel können mit Bakterien und Parasiten kontaminiert sein.

Je nach **Infektion** machen sich Symptome wie Magenschmerzen, Durchfall oder Erbrechen wenige Stunden bis mehrere Tage nach dem Verzehr der kontaminierten Nahrung bemerkbar. Es ist deswegen mitunter schwierig festzustellen, welche Mahlzeit die Infektion verursacht hat. Halten die Symptome länger an, besteht die Gefahr, dass der Körper zu viel Wasser verliert. Im Zweifelsfall ist ein Arzt aufzusuchen. Das vietnamesische Gesundheitsministerium hat allein zwischen 2004 und 2009 mehr als 1.000 Fälle von **Lebensmittelvergiftung** festgestellt, die sowohl von Krankheitserregern als auch von chemischen Stoffen herrührten. Mehr als 25.000 Personen seien davon betroffen gewesen, etwa 300 Menschen starben.

Das Ministerium hat immer wieder neue Dekrete erlassen, mithilfe derer man die Straßenküchen strenger kontrollieren will, und nicht nur die vietnamesischen Medien fragen sich, ob das mehr sein könne als **Symbolpolitik**. Die Wahrheit ist: Es ist aktuell unmöglich, bei den Straßenköchen zu kontrollieren, ob das Fleisch, die Kräuter, das Wasser oder das Öl den vorgeschriebenen Hygienestandards entsprechen. Vietnam hat bis heute immer wieder **Lebensmittelskandale**. Allein zwischen 2012 und 2013 wurden in verschiedenen Fällen Eier und Sojasprossen mit Chemikalien gemeldet, vergammelte Tierorgane verkauft, Babymilch gepanscht und falsch deklariert oder pestizidbelastete Äpfel gefunden. Bemerkenswert ist in diesem Zusammenhang auch eine Bäuerin, die einem westlichen Journalisten gestand, dass sie ihr eigenes Gemüse nicht esse, weil sie für den schnelleren Ertrag Tonnen von Pestiziden und chemischen Düngemitteln verwende. Einer der bekanntesten und immer wieder zitierten Skandale ist **Formaldehyd in der *phở*-Suppe**. Damals wurde vor allem den Behörden massives Versagen vorgeworfen: »Obwohl wir eine Lebensmittelbehörde haben, die die Qualität überwachen soll, sind die Menschen beim Essen bis heute verunsichert und misstrauisch«, klagt die Zeitung *Thanh Niên* in einem im März 2013 erschienenen Artikel. Auch in Blogs und Onlineforen werden Lebensmittelskandale diskutiert, die Benutzer tauschen sich aus und geben sich gegenseitig Tipps.

So scheußlich das alles klingt, sind es aber nun gerade die risikobehafteten Zutaten, die den vietnamesischen Straßenküchen ihren besonderen Geschmack verleihen. Eine Nudelsuppe würde ohne Kräuter schlichtweg fad schmecken. Und mit den **frischen Kräutern** hebt sich das vietnamesische Essen von anderen asiatischen Straßenküchen ab.

Der Autor Mark Lowerson, selbst leidenschaftlicher Straßenküchenkunde und **Food-Blogger**, stellt in seinem Asienreiseblog auf *www.travelfish.org* ein wenig ratlos fest: »Selbst nach zehn Jahren in Vietnam, die ich alle mit Stäbchen in der Hand auf der Straße verbracht habe, kann ich keine allgemeine Empfehlung abgeben. Die Hygienestandards vor Ort würden westliche Inspektoren sicherlich schreiend davonlaufen lassen.« Seine Beobachtungen können jedoch als Anhaltspunkte dienen.

- Wenn Straßenköche Plastikhandschuhe verwenden, sei das zumindest ein Zeichen dafür, dass sie ein grundsätzliches Bewusstsein für Hygiene haben. Ein paar Vertrauenspunkte können bei Lowerson auch Verkäufer sammeln, die gepflegt aussehen.
- Eine Packung feuchter Tücher dabeizuhaben, um Gläser und Schüsseln abzuwischen, schade nie.
- Straßenküchen mit zahlreichen Gästen lieferten zwei wichtige Hinweise: Zum einen genießen sie offenbar zumindest das Vertrauen der Einheimischen. Zum anderen sorgen die vielen Kunden dafür, dass die Zutaten schneller aufgebraucht sind: Das rohe Fleisch liegt kürzer in der Sonne herum.

- Vertrauenerweckend seien jene Küchen, die schließen, wenn die Zutaten aufgebraucht sind. Das ist vor allem bei den Ständen der Fall, die Frühstück servieren und gegen Mittag ausverkauft sind. An diesen Orten würden die Zutaten fast immer morgens frisch gekauft.

Generell empfiehlt sich auch Vorsicht bei **Eiswürfeln**. Das Einfrieren von Wasser vermag nicht alle Krankheitskeime abzutöten, und vietnamesisches Leitungswasser entspricht nicht deutschen Hygienevorstellungen. Manche vietnamesischen Familien und Restaurants bauen sich eigene Wasserfilter in die Küche ein, die meisten dieser modernen Filter arbeiten mit Umkehrosmose. Häufiger wird das Leitungswasser aber vor dem Gebrauch einfach abgekocht.

Eine Studie des Londoner Tropeninstituts stellte vor einigen Jahren fest: »Das Wissen über Hygiene ist relativ hoch – die praktischen Folgen daraus aber sehr gering.« Noch immer waschen sich **viel zu wenige Menschen die Hände**, und die Wissenschaftler kamen in Interviews zu der Erkenntnis, dass viele Vietnamesen dies offenbar nur dann tun, wenn die Hände tatsächlich sichtbar dreckig sind. In vietnamesischen Büro- und Restauranttoiletten sind **Seifenspender** häufig leer, und eine Möglichkeit zum sauberen Händetrocknen fehlt. Wer möchte, kann unterwegs ein Fläschchen Handdesinfektionsmittel mitbringen, das es in Supermärkten zu kaufen gibt.

Vietnamesen putzen ihre Stäbchen und Schälchen vor dem Essen oft mit trockenen Papierservietten nach. Ähnlich ritualhaften Charakter hat die Angewohnheit, Gläser vor dem Trinken kurz mit einem kleinen Schuss des Getränks **auszuspülen** und dann auf den Boden zu kippen. Das trägt nicht zur Sauberkeit des Bodens bei, befreit die Gläser und Tassen aber von Staub. Übrigens befinden sich auch in den weitverbreiteten Essenszutaten wie Limette, Essig, Ingwer oder Galgant Inhaltsstoffe, die in geringem Maße bakterien- und entzündungshemmend wirken. Ein Hinweis darauf, dass diese Zutaten im Laufe der Jahrhunderte nicht allein wegen ihres Geschmacks den Weg in traditionelle Rezepte gefunden haben.

David mag besonders gerne *phở* mit halb garem Rindfleisch und glaubt, dass Eiswürfel, die eine gleichmäßige Form haben, vertrauenerweckend sind, weil sie aus der Eismaschine stammen müssen. Er hat sich in acht Jahren Vietnam nur zweimal eine schwere Magen-Darm-Erkrankung zugezogen und hält das für eine akzeptable Quote. Außerdem ist er überzeugt, dass mindestens eine davon aus einem sehr teuren, westlich angehauchten Restaurant stammt.

Anemi ernährt sich im Wesentlichen von der Cholesterinbombe *bún chả* und starkem vietnamesischem Kaffee mit viel gesüßter Kondensmilch. Zudem ist es ihr im Nachhinein ein Rätsel, wie sie so lange ohne *bún bò Huế* leben konnte. Ab und an wird sie von dem heimgesucht, was im Volksmund der in Hanoi lebenden Ausländergemeinschaft *24-hour bug* genannt wird: Man kotzt sich ein paar Stunden lang die Seele aus dem Leib, und am nächsten Tag ist wieder alles gut.

Ein Wort zum **Bestellen in Straßenküchen**: Sehr häufig sind solche Straßenrestaurants spezialisiert und bieten tatsächlich nur ein einziges Gericht an – deswegen gibt es auch keine Speisekarte. Was es zu essen gibt, steht stattdessen groß über dem Lokal. Erwähnt werden müssen allenfalls kleinere Variationen: Manche Vietnamesen essen ihre *phở* gerne mit Sehnen oder Kutteln. Eine beliebte Beigabe ist außerdem das frittierte Teigstück *quẩy*, das die Form eines Hundeknochens hat. Man tunkt es in die Brühe, um es aufzuweichen.

Wenn Sie sich in Straßenküchen besonders *street smart* aufführen wollen, greifen Sie, wenn das Essen serviert wird, zwei **Stäbchen** aus dem Behälter, halten diese kurz nebeneinander und prüfen mit Kennermiene, ob sie A) gleich lang und B) nicht krumm sind.

Lange **Nudeln mit Stäbchen und Löffel** zu essen, ist eine Kunst für sich. So machen es die Vietnamesen: Die Nudeln mit den Stäbchen fassen und entweder mit dem Löffel unterstützen oder die Nudeln ganz auf den Löffel legen. Oder, bei großer Eile, die Nudeln einfach schlürfend in den Mund ziehen. Nudeln abzubeißen gilt vor allem unter älteren Vietnamesen als böses Omen für ein kurzes Leben.

Phở-Blogger Cường ist ebenfalls Abbeißgegner, allerdings aus anderen Gründen: »Mir geht es nicht um den Aberglauben. Wenn man Nudeln abbeißt, werden die Nudeln in der Schüssel immer kürzer. Am Ende hat man lauter sehr kurze Stücke in der Suppe schwimmen. Das ist für *phở*-Enthusiasten wie mich einfach nicht akzeptabel.«

Gà, bún, bò & Co. – kleines Straßenküchen-ABC

Vietnamesische Straßenküchen bieten eine Vielzahl Spezialitäten an, mit denen man ein komplett eigenes Buch füllen könnte. Häufig bilden sie eine Kombination aus einer Nudelsorte mit Zutat. Hier lassen sich aus einem halben Dutzend Zutaten und verschiedenen Nudelsorten unzählige Kombinationen bilden:

Zutaten

gà – Huhn

bò – Rind

heo/lợn – Schwein (im Norden werden fette Schweineteile *chả* genannt)

tôm – Garnele

cá – Fisch

hải sản – Meeresfrüchte (Garnelen, Muscheln, Tintenfisch)

Nudeln

phở – dicke, weiße Reisnudeln

miến – Glasnudeln aus Mungbohnenpulver

bún – dünne, runde Reisnudeln

mỳ/mì – Eiernudeln (beliebt auch als Trockenpaket: Heißwasser hinzufügen, fertig)

Miến bò sind also Glasnudeln mit Rindfleisch, während *phở gà* eine Reisnudelsuppe mit Huhn ist. Vietnamesische Straßenküchen verkünden auf großen Schildern meist, was sie anbieten: *Phở – bún – gà – bò* bedeutet, dass es hier sowohl *phở*- als auch *bún*-Nudeln gibt, mit Rind oder Huhn.

Bún chả ist eine nordvietnamesische Spezialität, eine Reisnudelsuppe mit gegrilltem Schweinefleisch und frischen Kräutern, die nur mittags erhältlich ist, *bún bò Huế* eine Nudelsuppenspezialität mit Rind, die aus der zentralvietnamesischen Stadt Hue stammt.

Besonders häufig sind auch noch zwei weitere Spezialitäten, die zunächst einmal nichts mit Nudeln zu tun haben: Hinter *cơm rang* versteckt sich gebratener Reis, und hinter dem Begriff *nem* Frühlingsrollen. Auch die gibt es aber mit Nudeln: *Bún nem* ist eine Menü-Kombination aus *bún chả* und Frühlingsrollen.

6 Dings, etwa so groß

Sprachlos beim Einkaufen

»Findest du in vielen Läden«, hatte Phương gesagt, als Nina sie fragte, wo sie einen Schraubenzieher herkriege. Sie braucht so ein vierkantiges Modell. Und so lässt sich Nina durch die Brandungswellen aus Mopeds und Autos auf die andere Straßenseite spülen, zum erstbesten Allerleiladen.

Da sie keine Schraubenzieher sieht, stellt sie sich vor den Verkäufer hin und fragt: *»Tô vít?«* Auch das hatte ihr Phương beigebracht: wie man »Schraubenzieher« auf Vietnamesisch sagt. Die beiden hatten das geübt. *»Tô vít?«* Die Augen des Mannes weiten sich vor Furcht.

Er holt seine Frau.

Bei ihr versucht es Nina erst auf Vietnamesisch und dann auf Englisch. *»Tô vít. Screwdriver.«* Die Frau versucht Ninas Blick zu folgen, der durch die Regale irrt, und zieht als Vorschlag eine Chipstüte hervor.

»Nein, *S-C-R-E-W-D-R-I-V-E-R.* Etwa so groß«, sagt Nina und nimmt beide Zeigefinger zuhilfe. Die Frau versucht es mit einem Herrenrasierer.

Nina versucht's mit Vorturnen, hält sich mit ausladender Gestik eine imaginäre Schraube vors Gesicht, setzt voller Konzentration mit dem imaginären Schraubenzieher an, schraubt und wirbelt. Die Frau lässt Nina stehen und verschwindet nach hinten. Sie kommt wieder mit getigerten Ohrwärmern.

»Nein …« Nina zeichnet mit dem Finger einen Schraubenzieher in den Staub auf einer Kartonpackung. Die Frau nickt und zeigt abwechselnd auf Bananen und Räucherstäbchen. Nina schüttelt den Kopf.

Die Frau ruft ihren Sohn.

Der Sohn seufzt laut. Er ist 15 und mit einem Computerspiel beschäftigt, und überhaupt. Vielleicht, denkt Nina, sollte sie einfach erst mal die Bananen nehmen, das wäre für alle Beteiligten das Einfachste, und morgen sehen wir weiter.

Der Sohn ruft nach seiner zehnjährigen Schwester, die über ihren Hausaufgaben sitzt. »*How can I help you?*«, sagt diese, und sie klingt sehr professionell. Nina fühlt sich ihrem Ziel greifbar nahe. Mutig versucht sie es nun nochmals auf Vietnamesisch. »*Tô vít?*« Die Tochter nickt. Sie nimmt Nina am Arm, führt sie nach hinten durch die enge Wohnung der Familie, zeigt auf eine Tür und sagt freundlich: »*Toilet.*«

Wie Sie bekommen, was Sie wollen

Wir möchten Sie auf keinen Fall entmutigen: Werden Sie nicht müde, Vietnamesisch zu sprechen oder es wenigstens zu versuchen. Irgendwann wird man Sie verstehen. Rechnen Sie jedoch damit, dass am Anfang Ihre Bemühungen in dieser Sprache nicht einmal als solche erkannt werden und dass Sie beim Versuch, Vietnamesisch zu sprechen, ein »*Sorry, no English*« zur Antwort bekommen. Rechnen Sie auch damit, dass es einige Wörter gibt, bei denen es Ihnen erst nach dem 100. Mal gelingen wird, sie richtig auszusprechen.

Bis dahin könnten Ihnen vielleicht folgende Tricks hilfreich sein:

Die altmodische Variante: Lassen Sie sich das Wort von jemandem aufschreiben. Führen Sie ein kleines Notizbuch bei sich mit Wörtern, die Sie im Alltag immer wieder brauchen. Sie können es bei Bedarf hervorholen und auf das Wort zeigen. Hat den Vorteil, dass Sie dadurch die Begriffe in Wort und Schrift lernen.

Die moderne Variante: Bevor Sie sich auf die Jagd nach Schraubenziehern, Bettbezügen oder Stangensellerie begeben, laden Sie aus dem Internet ein Bild des Gegenstands auf Ihr Smartphone. Funktioniert ohne fremde Hilfe.

Die Künstlervariante: Falls weder vietnamesische Hilfe noch Internetverbindung greifbar sind, versuchen Sie es mit Zeichnen.

Die Schleudersitzvariante: Sollte all dies fehlschlagen und auch im sechsten oder siebten Laden partout niemand verstehen, was Sie wollen, gönnen Sie sich etwas anderes Schönes. Zum Beispiel getigerte Ohrwärmer. Zumindest hatten Sie einen interessanten Nachmittag.

Mehr über Aussprache, Tonhöhen und weshalb es so schwierig ist, auf Vietnamesisch verstanden zu werden, erfahren Sie in Kapitel »Thuy oder Thuy?« ab Seite 168.

7 Lacht sie etwa über meine Unterhosen?

Die Sache mit der Putzfrau

Die Putzhilfe, die drei Mal die Woche in Ninas WG kommt, heißt *cô* Bích – Tante Bích. Irgendwann brachte Bích ungefragt eine zweite Frau mit, seither putzen sie zu zweit. Nina weiß den Namen von Bíchs Kollegin immer noch nicht.

Bích und die Kollegin reden, sehr laut, über zwei Stockwerke hinweg. Und sie lachen. Sie lachen über mich, denkt Nina. Über ihre Unterwäsche auf der Wäscheleine, die sie ungefragt falten. Über den Inhalt ihres Küchenschranks. Den lächerlich hohen Preis auf dem Glas mit der importierten italienischen Arrabiata-Sauce.

Und sie lachen bestimmt auch über das, was sie in Ninas Abfalleimer finden. Unten, in der Küche, sitzen sie am Boden und sind gerade dabei, den Müll zu durchstöbern. Statt sich einen Kaffee zu kochen, flieht Nina rückwärts die Treppe hoch.

Sie beschließt im Stillen, nie wieder zu Hause zu arbeiten an den Tagen, an denen Bích kommt. Sie fühlt sich im eigenen Haus als Eindringling und ein bisschen auch wie ein kleines Kind, das von seiner Mutter beim Herumkleckern ertappt wurde.

Klar ist es praktisch, dass sie sich hier eine Putzhilfe leisten kann. Sie kann sich mittlerweile nur noch vage daran erinnern, wie sie das zu Hause in Deutschland alles selbst geschafft hat. Klo putzen? Den Müll hinuntertragen? Geschirr spülen? Auch wenn dies ihre Freunde zu Hause, die partout immer noch denken, sie wohne in einer Strohhütte inmitten von Reisfeldern, befremdet: Was, du hast eine Putzfrau?! Und es ist ihr auch selber manchmal ein bisschen unangenehm, dass hier jemand hinter ihr herputzt. Dass hier zweimal pro Woche jemand in ihre Privatsphäre eindringt, sich beim Badezimmerputzen die Haare mit ihrem Shampoo wäscht (und denkt, dass Nina es nicht merkt), ab und an heimlich ein Nickerchen in Ninas Bett einlegt, ihre Hausschuhe benutzt und eigentlich viel lieber im Vorhof, wo die Mopeds geparkt stehen, auf den Baum klettert und Sternfrüchte pflückt, statt zu putzen. Und dass sie alles über Nina weiß.

Aber Nina mag Bích. Sie ist die freundlichste Person auf Erden. Sie ist klein und zierlich, und trotzdem macht sie irgendwie den Anschein, als würde sie weder Tod noch Teufel fürchten. Wenn Nina irgendetwas sagen will, dann strahlt Bích sie auf diese entwaffnende Weise an, nickt und tätschelt ihr den Arm. Nina kann dann nichts mehr sagen, auch wenn sie sich eigentlich beschweren will.

Bích spricht kein Englisch und ihre Kollegin auch nicht. Einmal, es war kurz vor *Tết,* dem Neujahrsfest nach Mondkalender, blieb Bích in der Küche stehen, als sie fertig war mit der Arbeit, und blickte Nina erwartungsvoll an. Nina blickte fragend zurück. Bích sagte einige Worte, immer wieder, und zeigte in die Ferne. Nina war ratlos. Sie eilte die Treppe hoch, um Phương anzurufen und um Übersetzungshilfe zu bitten. Derweil tigerte Bích in Ninas Schlafzimmer auf und ab und blieb suchend vor dem Regal stehen. Dann griff sie kurzerhand nach Ninas Kajal und begann, sich damit etwas auf die Handfläche zu kritzeln. Phương ging nicht ran. Nina nahm Bích sanft den Schminkstift aus der Hand.

Bích lächelte. Irgendwann nahm sie ihr Fahrrad, zog von dannen und tauchte erst nach drei Wochen wieder auf.

Warum Haushaltshilfen manchmal spurlos verschwinden

Nicht nur in Vietnam lebende Ausländer, sondern auch eine Vielzahl der einigermaßen wohlhabenden vietnamesischen Familien in den Städten beschäftigen eine Haushaltshilfe. So gut wie alle Mütter sind Vollzeit berufstätig. Es gibt in Vietnam höchstens sechs Monate gesetzlichen Mutterschaftsurlaub. Je nach Vereinbarung übernehmen die Haushaltshilfen das Putzen, Kochen und Einkaufen und kümmern sich um die Kinder oder die pflegebedürftigen Großeltern. Oft sind es Frauen aus weniger wohlhabenden Verhältnissen, die aus ländlichen Gebieten kommen und deren Kinder aus dem Kindergartenalter heraus sind.

Dem Job als **Putz- oder Haushaltshilfe** mag inzwischen weniger ein Stigma anhaften als in der Vergangenheit, als ernsthafter Beruf werde er jedoch noch nicht betrachtet, wie die *Viet Nam News* schreibt. In einem Artikel wird eine Frau mit einem Abschluss in Wirtschaftswissenschaften zitiert, die seit 16 Jahren Vollzeit für Ausländerfamilien als Haushaltshilfe arbeitet und damit ein Monatseinkommen von mehr als 300 US-Dollar erzielt – was in Vietnam weit über dem allgemeinen monatlichen Durchschnittseinkommen von 185 US-Dollar liegt.

Mittlerweile gibt es **Agenturen**, die Haushaltshilfen vermitteln – solche mit Englischkenntnissen, die auch in Erster Hilfe und Hygiene ausgebildet wurden. Insbesondere Ausländerfamilien mit Kindern greifen auf solche Agenturen zurück. Hilfskräfte ohne spezielle Ausbildung, wie in unserem Beispiel *cô* Bích, die bei Nina putzt, werden meist durch Freunde, Arbeitskollegen oder Vormieter an Ausländer vermittelt.

Hier, genauso wie in allen anderen Arbeitsverhältnissen, gilt es, mithilfe eines Übersetzers **klare Vereinbarungen** zu treffen – bezüglich Zuständigkeiten, Sauberkeit, Privatsphäre und Bezahlung, um spätere Enttäuschungen auf ein Minimum zu reduzieren. Was die Privatsphäre anbelangt: In einem Land, in dem der Einzelne als Rädchen in der Familieneinheit gesehen wird, wo die Gruppe, das Kollektiv, über dem Individuum steht, wird die Abgrenzung zwischen Meins und Deins mitunter sehr dehnbar und verschwommen ausgelegt.

Als Bích und ihre Kollegin Ninas Müll untersuchten, wurden sie jedoch nicht bei Spionagetätigkeiten erwischt. Sie suchten lediglich nach Metall- und Plastikresten, die sie gegen ein bisschen Geld zur **Wiederverwertung** an Händler abgeben können. Solche Sammler sieht man in Hanoi oft auf Fahrrädern durch die Wohnstraßen fahren. Wer seine Haushaltshilfe ein bisschen unterstützen möchte, betreibt also auch in Vietnam fleißig Mülltrennung.

Und worauf wollte Bích hinaus, als sie am Ende abwartend in der Küche stand? Sie wollte Geld. Der sogenannte ***Tết*-Bonus** ist üblich, auch in vietnamesischen Unternehmen, und beträgt normalerweise einen Monatslohn zusätzlich. Arbeitgeber in ausländischen Betrieben oder Organisationen, die generell besser bezahlen und solche Urlaubsgelder schon als mit in den Lohn eingerechnet betrachten, sollten dies vorsichtshalber von Anfang an klar kommunizieren und im Vertrag festhalten.

Angestellte bekommen über *Tết* mindestens eine Woche frei und die Wochenendtage kompensiert. Bích hatte über *Tết*, der wichtigsten Feier in Vietnam, ihre Familie in der Provinz weit weg von Hanoi besucht und war deshalb mehrere Wochen abwesend. Das kommt häufig vor. Es kann sogar passieren, dass die

Haushaltshilfe gar nicht mehr aus dem *Tết*-Urlaub zurückkehrt, weil sie in dieser Zeit vielleicht eine andere Arbeit gefunden oder geheiratet hat.

8 Brüllen, bis der Em ơi kommt

Bestellen im Restaurant

Nur zwei Menükarten für acht Leute? Florian schaut irritiert in die Runde. Die anderen diskutieren bereits lebhaft auf Vietnamesisch mit Phương, die eifrig in der zweiten Menükarte blättert. Nina und Phương haben Florian zum Mittagessen mitgenommen. Die Abteilung von Nina feiert, weil Hưng, einer der Mitarbeiter, befördert wurde. Florian studiert seine Karte alleine.

Die Feste waschen, wie sie fallen

In Vietnam gibt es eine ganze Reihe an Feier- und Gedenktagen, die im Alltag ernst genommen werden. Zum Tag der Journalisten ist es zum Beispiel Tradition, dass Redaktionen gemeinsam ausgehen oder von befreundeten Pressestellen kleine Geschenke und Glückwünsche erhalten. Ähnliches gilt für den Tag der Lehrer, den Tag der Ärzte und so weiter. Ein besonders wichtiger Anlass, gemeinsam essen zu gehen, ist auch das »Waschen«: Wenn ein Kollege befördert wurde oder sich einen neuen, teuren Computer gekauft hat, dann muss das »gewaschen« werden – der Kollege lädt seine Abteilung zum Essen ein.

Während die anderen immer noch reden, will Florian sich nützlich machen und schaut sich nach der Bedienung um. An den Nachbartischen eilen Frauen und Männer umher und nehmen Bestellungen auf. Florian hebt seine Hand. Niemand beachtet ihn. *»Hello? Excuse me?«*, ruft er vorsichtig in die Richtung eines jungen Mannes. Keine Reaktion. Florian versucht Blickkontakt aufzunehmen. Da, tatsächlich, der Mann schaut gerade in seine Richtung. Florian hebt erneut seine Hand, lächelt und sieht den jungen Mann erwartungsvoll an. Der greift nach einem leeren Teller und eilt zurück in die Küche.

Florian schaut zu Nina hinüber, aber die sitzt am anderen Ende des Tisches und unterhält sich angeregt mit einer Kollegin. Dann wendet er sich an Phương. »Die kommen nicht«, stellt er fest. Phương nickt, dreht sich um – und schreit:

»Emm ơơơi!«

Florian zuckt zusammen. Eine junge Frau eilt herbei. Phương bestellt in schnellem Vietnamesisch Dinge, ihre Hände fliegen über die Menükarte, dann legt sie die Karte beiseite und bestellt scheinbar noch mehr Dinge. »Ich ... hm ... hätte gern das Schwein in Karamellsoße«, wirft Florian zaghaft ein, was Phương mit einem kurzen Nicken quittiert, während sie auf die Kellnerin einredet.

Kurze Zeit später ist das Essen auch schon da, eine rasche Abfolge von verschiedenen Gerichten, hier grünes Gemüse, dort frittierter Fisch, Rindfleischstreifen, ach ja, und der karamellisierte Schweinetopf, den Florian bestellt hat und der irgendwo auf dem Tisch landet. Hưng greift sich mit seinen Stäbchen ein Stück Schweinefleisch heraus. »Ich glaub, das ist meins, das hatte ich bestellt!«, sagt Florian. Hưng schaut ihn an, dann legt er eines der Fleischstücke in Florians Schälchen: »Iss! Schmeckt gut!« Florian schaut in sein Schälchen. »Sollte man das nicht mit Reis essen?«, fragt er Phương. Die nickt.

»Emmm ơơiii!!«, brüllt sie wieder quer durch den Raum. Die Bedienung aber scheint ihr dieses äußerst rüpelhafte Benehmen nicht im Geringsten übel zu nehmen. Phương ruft ihr abermals etwas zu, die Frau verschwindet. Alle machen sich über das Es-

sen her. Weil es alle so machen, bedient sich jetzt auch Florian aus verschiedenen Schüsseln. Nach etwa zehn Minuten fragt Florian Phương: »Hattest du den Reis bestellt?« Phương schaut sich nach einer Bedienung um: *»Em ơơơiii!!!«*

Erneut energisches Reden. Nach einer weiteren Viertelstunde, die Speisen auf den Tellern in der Mitte haben sich schon merklich ausgedünnt, ist immer noch kein Reis in Sicht. Ein junger Mann eilt vorbei zum Nachbartisch. Ob der auch hier arbeitet? Florian räuspert sich: »Äh ... *Em? Oi?*«, sagt er laut. Phương bemerkt ihn und dreht sich schwungvoll um: *»Emm ơơơiii!!!!«*

Der Mann kommt. Und schließlich kommt auch der Reis. Da sind die Platten allerdings schon leer, und vom Schwein in Karamellsoße ist nur noch die Soße übrig geblieben. Florian will nach seinem Mangosaft greifen – und stellt verwundert fest, dass das Glas verschwunden ist. Er sieht eine Frau, die auf dem Tablett mehrere halb ausgetrunkene Gläser trägt, darunter, Florian ist sich fast sicher, auch seines. »Stopp! Stopp!«, ruft er der Frau zu, aber die rauscht an ihm vorbei. »Die hat mein Glas abgeräumt. Ich war noch gar nicht fertig«, jammert er. Florian und Phương schauen sich an.

»Emm ơơơiii!«, brüllen sie im Chor.

»Wie viel müssen wir denn zahlen?«, fragt Florian und schaut auf die Rechnung, aber er merkt sofort, dass er da sowieso nichts entziffern kann. Alles ist handschriftlich auf Vietnamesisch vermerkt. »Warte«, sagt Phương und fährt mit dem Finger über die Liste.

»Emm ơơơiii!«

Phương hält einer Bedienung die Rechnung hin. Zweimal, dreimal deutet sie auf etwas, die Bedienung nickt und verschwindet mit der Rechnung in der Küche. »Was war denn?«, fragt Florian. »Ach, nichts, wir hatten keine Krabbensuppe, und die Frühlingsrollen haben sie doppelt abgerechnet«, antwortet Phương beiläufig.

Als die Rechnung zurückkommt, zieht Florian seine Dong-Scheine aus dem Geldbeutel. »Also ... wie viel ist denn jetzt mein Anteil? Eine Million durch acht Leute, das sind ...« Da hat Hưng bereits zwei Geldscheine hervorgezogen und sie der Bedienung in die Hand gedrückt. Ein kurzes Streitgespräch entspinnt sich zwischen ihm und Tuấn Anh, dann reden alle durcheinander, nicken schließlich und stehen auf. Florian zählt 200.000 Dong ab und will sie Hưng reichen. Der winkt ab. »Ich zahle«, sagt er. Florian schaut ihn perplex an. »Aber, das ist doch viel zu teuer für dich!«

Wie Sie einen Restaurantbesuch bestehen

In Vietnam gibt es kein Meins und Deins – sondern nur die große Mitte, aus der sich alle bedienen: Das Essen wird nicht für jede Personen einzeln bestellt, es sei denn, jemand kann aus triftigen Gründen (zum Beispiel Lebensmittelallergie) tatsächlich nur ganz bestimmte Dinge essen. Alle Gerichte werden **in die Mitte des Tisches gestellt**. Deshalb ist es im Restaurant auch normal, dass eine Person für alle bestellt und sich allenfalls von den anderen kurz beraten lässt. Manche Gäste schauen auch nur flüchtig in die Karte und gehen davon aus, dass jedes vietnamesische Restaurant, das etwas auf sich hält, bestimmte Gerichte hat. Oder man fragt die Bedienung: »Was habt ihr denn heute überhaupt an Gemüse da?« Die meisten Restaurants haben auch oft gar nicht genug Speisekarten für alle.

Reis kommt dabei oft sehr spät. Restaurantbesitzer haben uns gegenüber offen eingeräumt, dass dahinter geschäftliches Kalkül steckt: Die Gäste sollen möglichst viel bestellen und sich nicht zu schnell am Reis satt essen. Es kann deswegen vorkommen, dass Kellner mehrmals energisch aufgefordert werden müssen, den Reis zu bringen.

Um sich im Restaurant überhaupt Gehör zu verschaffen, schreit man tatsächlich *»Em ơi!«*, was übersetzt so viel bedeutet wie »Hey, jüngere Schwester/jüngerer Bruder!«. Vornehm-zurückhaltendes Handheben oder dezentes Augenkontaktherstellen wird in den meisten Fällen scheitern – die Bedienungen halten nach solchen Zeichen gar keine Ausschau. Kurz: Sie werden ignoriert. Dementsprechend gilt es, zu brüllen: *»Em ơơơii!!!«* Lauter! Nur zu, trauen Sie sich! (Zur korrekten Aussprache des ominösen Buchstabens *»ơ«* siehe Kapitel »Thuy oder Thuỷ?« ab Seite 168.)

Es ist zudem normal, die **Rechnung** akribisch auf Fehler zu überprüfen. Hier machen sich Vietnamesischkenntnisse im wahrsten Sinne des Wortes bezahlt. Bei den großen Bestellungen kommt es immer mal vor, dass Sachen falsch abgerechnet werden. Das ist kein Betrugsversuch der Restaurants, sondern im Zweifelsfall eher der schlechten Koordination oder fehlenden Konzentration der Angestellten geschuldet. Im vietnamesischen Arbeitsleben herrscht, gerade bei Jobs ohne besondere Ausbildung oder Fachkenntnis, eine sehr hohe Fluktuation. Vielleicht hat die Bedienung tatsächlich in dieser Woche ihren ersten Arbeitstag.

Die Rechnung wird immer gesamt präsentiert. Eine deutsche Gruppe, die darauf besteht, dass die Kellnerin bei jedem einzeln abrechnet, wird entweder Unverständnis oder blankes

Entsetzen hervorrufen, weil keine Bedienung mit so viel Kleingeld und Rückgeld hantieren will. Üblich ist, dass am Ende die Rechnung gleichmäßig aufgeteilt wird (häufig auch dann, wenn zwei Gäste teuren Wein getrunken haben und der Rest Wasser). Oft entsteht darüber ein Streit, wer die Rechnung komplett übernehmen darf. Vor allem für männliche und höhergestellte Vietnamesen ist das dann auch eine Frage der Ehre. Aber auch ausländische Vorgesetzte oder ausländische Gäste dürfen gern in Erwägung ziehen, zu solchen Anlässen gelegentlich spendabel zu sein.

9 Gibt's das auch 'ne Nummer größer?

Das Fiasko im Kleiderladen

Nichts geht mehr, weder hoch noch runter, und atmen geht eigentlich auch nicht. Ganz kurz spielt Nina mit dem Gedanken, einfach aufzugeben. Man wird sie am Ende befreien, mit einer großen Schere herausschneiden müssen, ihr diese Hose zusammen mit ihrer Würde in Fetzen vom Körper schälen.

Nina setzt an zu einem letzten verzweifelten Versuch. Sie muss raus hier, raus aus dieser Hose, raus aus diesem Laden. Die Umkleide besteht aus einem Vorhang, der um sie herum einen Schlauch bildet. Wenn sie sich bücken würde, hinge sie mit dem Hintern draußen. An bücken ist jedoch gar nicht zu denken, jetzt, wo diese Jeans, auf der Größe L steht, sich wie eine fleischfressende Pflanze auf halber Strecke zwischen Schritt und Taille an ihr festgebissen hat. So viel steht fest: Diese Jeans ist zu klein. Viel zu klein.

Mal ganz davon abgesehen, dass Nina im ersten Laden schon an der Tür mit einem *»Sorry, no big size«* abgewiesen wurde, hatte die Shoppingtour gar nicht so schlecht begonnen. Im zweiten Geschäft hatte man sie freundlich begrüßt. Ein heller, vielversprechender Laden, der nebst winzigen Schuhen, T-Shirts mit dem Aufdruck »Happiness«, rosa Handtaschen aus Plastik und kugelsicher aussehenden Büstenhaltern auch günstige Jeans verkauft. Doch nun droht auch dieser Einkaufsbummel in ein Fiasko auszuarten, wie schon zahlreiche zuvor.

Denn diese Problemjeans hier wäre in Ninas Kleiderschrank in bester Gesellschaft. Dort existiert nämlich bereits eine ganze Sonderabteilung, ein Fach mit dem Arbeitstitel »Irgendwann passt mir das ja vielleicht – und andere Shopping-Unfälle«. Dinge sehen in Hanoier Läden aufgrund einer mysteriösen optischen Sinnestäuschung einfach größer aus als in Wirklichkeit. So gammeln in Ninas Schrank Sachen, die sie mangels Umkleide nach Augenmaß gekauft hat. Oder die sie sich offensichtlich kurz nach einem wochenlangen Mageninfekt mit Brechdurchfall angeschafft haben muss. Und auch einige Dinge, die sie aus Trotz gekauft hat – einfach weil ihr wieder eine Verkäuferin mit strengem Blick versichert hatte, bei ihrer Größe würde ihr ganz bestimmt nichts passen. Nina trägt in Deutschland Größe 36.

Sie zerrt und stöhnt. Versucht es mit Hüpfbewegungen. Die Verkäuferin hält dies für den goldrichtigen Zeitpunkt für Kundenservice, steckt den Kopf durch den Vorhang und fragt: »Alles okay?« Nina zischt zurück: »Sie passt nicht. In der Länge.« Als sich die Verkäuferin zurückzieht, gelingt es Nina endlich, sich aus dem Würgerachen der Jeans zu befreien.

Als sich Nina erschöpft aus dem Vorhang herausschält, blockt die Verkäuferin ihren Fluchtversuch mit einer anderen Hose ab. Einer roten Hose. Nina schüttelt den Kopf. »Oder diese?«, beharrt die Verkäuferin. Diese glitzert und erinnert an eine Discokugel. Wie wär's hiermit? Die Verkäuferin greift zu Pink. Nina schert links aus und greift an ihr vorbei nach einem Kleid. Es ist sehr gelb. Nina zieht sich damit rückwärts wieder in den Schlauch zurück.

»Sieht sehr schön aus«, nickt die Verkäuferin, die inzwischen mit hinterm Vorhang steht und mit beiden Händen Ninas Brüste zurechtrückt. Nina hüstelt ein bisschen und lächelt geschlagen, bezahlt den ersten Preis, den die Verkäuferin nennt, und flieht dann Hals über Kopf aus diesem Bekleidungsfegefeuer.

Wie Sie in Vietnam gut angezogen sind

Die Auswahl an **Kleidergrößen** richtet sich in Vietnam an die einheimische Bevölkerung – und kaum an die Ausländer. *Western size* wird zum Schlagwort – und zur Nische. Verkäuferinnen sprechen ab und zu von *big size, fat size* oder augenzwinkernd auch mal von *King Kong size.* Und lassen Sie sich nicht von der angeschriebenen Größe täuschen: Wer zu Hause ein M trägt, kann sich hier möglicherweise gerade so in ein XL zwängen.

Fündig wird man am ehesten in **Einkaufscentern** und **Markenshops**, wahnsinnig billig sind die Kleider dort jedoch nicht. Auf **Märkten** und in kleineren Läden findet sich zwar immer mal wieder ein Schnäppchen, das auch passt, und in den Touristenvierteln von Hoi An, Hue und Ho-Chi-Minh-Stadt gibt es einige Läden, die sich vor allem an ausländische Gäste richten; bringen Sie jedoch vorsichtshalber genügend Kleider von zu Hause mit (insbesondere Schuhe und Unterwäsche).

Sie werden vorwiegend **sommerliche Kleidung** brauchen. Im Norden des Landes kann es im Winter (November oder Dezember bis März) jedoch ziemlich kalt werden. Mit »ziemlich kalt« meinen wir Pullover, lange Hose, Schuhe und Socken, bis hin zur Faserpelzjacke, etwa für kalte Nächte im nördlichen Hochland. In Sapa kann es sogar schneien. Geheizt wird selbst in Hanoi in vielen Gebäuden nur rudimentär, das bedeutet meist mit elektrischen Heizstrahlern oder Klimaanlagen.

Einige Läden bieten einem nicht die Möglichkeit, **Kleider anzuprobieren**. Oft existiert ein eher symbolischer Vorhang.

Manchmal improvisiert die Verkäuferin und hält kurz ein Tuch hoch. Und manchmal scheint einem eine Umkleide angenehm groß und geräumig – bis sie sich mit mehr und mehr Leuten zu füllen beginnt, die sich dann alle hinter demselben Vorhang vor den Spiegel drängen.

Wer in den Städten über genügend Zeit verfügt, kann sich dort sehr günstig Sachen **schneidern lassen** (wie Nina in Kapitel »Wer arbeitet hier eigentlich?« ab Seite 143). Eine bewährte Methode ist es, ein Lieblingsteil mitzubringen und dieses in einem Schneidergeschäft kopieren zu lassen. Dies kann unter Umständen von ein paar Tagen bis zu einer Woche dauern. Planen Sie auch etwas Zeit für nachträgliche Korrekturen ein, nicht immer passen die Teile auf Anhieb. Maßgefertigt werden kann so ziemlich alles: Jeans, Hemden, Shirts, Röcke, Kleider, Anzüge und an manchen Orten sogar Schuhe.

Wie kleidet man sich in Vietnam? Wir haben vier junge, relativ gut situierte Städterinnen gefragt:

Frauen tragen tagsüber generell Kleidung, die die Schultern bedeckt. Röcke reichen auch im Arbeitsalltag nur bis zum Knie, bloße Unterschenkel gelten im Allgemeinen nicht als frivol. »Auch Schuhe, bei denen die Zehen sichtbar sind, sind nicht tabu«, sagt die modebewusste Hanoier Geschäftsfrau, die in Ho-Chi-Minh-Stadt lebt. Schuhe mit hohen Absätzen sind bei Frauen im Allgemeinen sehr beliebt.

Was unsere Gesprächspartnerin dagegen nicht mag, sind Absatzschuhe, die hinten offen sind und kein Riemchen haben (»sehen billig aus und machen beim Gehen ein doofes Geräusch«).

Insbesondere wohlhabendere Hanoier leben nach dem Motto **»Kleider machen Leute«**, sagen zwei Mittzwanzigerinnen aus Hanoi. Im geschäftlichen Umfeld kleiden sich die Leute chic und formell, nicht zuletzt, um Status, Geld und Erfolg zu demonstrieren.

»Auch ein toller Motorroller ist den Hanoiern wichtig«, sagt eine der beiden Frauen. Und dann, mit Blick auf unsere schmutzigen, alten Roller: »Bei euch Ausländern ist das natürlich was anderes. Ihr werdet viel weniger danach beurteilt.«

Vom »wir«, »ihr« und dem Integrationsfrust

Wir hören es oft, dieses Argument »Ja, aber du bist ein Ausländer.« In der Tat wird in Vietnam oft ohne Umschweife **zwischen Einheimischen und Ausländern unterschieden** und mit zweierlei Maß gemessen. Das mag gewisse Vorteile haben und mit einigen Sonderprivilegien einhergehen, und es hat auch mit der gegenüber Westlern sehr großen Toleranz und dem Bewusstsein für kulturelle Unterschiede zu tun; nicht selten stößt sich dies jedoch mit der bei uns stark verinnerlichten Mentalität von »Jeder Mensch ist gleich, unabhängig von Hautfarbe, Herkunft, Geschlecht, Weltanschauung und Bekleidungsstil«, wenn wir gewissermaßen wie Gestalten von einem anderen Planeten behandelt werden und sich diese unübersehbare, unüberwindbar scheinende Abgrenzung zwischen »wir« und »ihr« manchmal allzu deutlich manifestiert und einen vage bitteren Nachgeschmack hinterlässt. Westler, die sich um Integration bemühen, fühlen sich mitunter geradezu vor den Kopf gestoßen.

Hierzu zwei Beispiele:

Als Anemi in einem Kamerazubehör-Geschäft nach einem Kaufbeleg fragte, schrieb der Verkäufer darauf unter »Name des Kunden« einfach nur das Wort ***tây***. Dies bedeutet wörtlich »Westler«, so werden in Vietnam Ausländer weißer Hautfarbe bezeichnet.

David fand das *tây* sogar an seine Hauswand gekritzelt. Seitdem klingeln deutlich seltener Werbevertreter bei ihm. Außerdem passiert es sehr häufig, dass ihm nach zwei simplen Worten sofort bescheinigt wird, er spreche aber »ausgezeichnet!« Vietnamesisch.

Dies sind Beispiele von geringer Tragweite – dennoch lassen sie uns innerlich zusammenzucken: Diskriminierung! Rassismus! Auch wenn dies kaum angebrachte Vergleiche sind, sondern Assoziationen aus unserer eigenen, abendländischen Geschichte und unserer kollektiven Erziehung. Diese treffen in Vietnam auf ein noch relativ junges und fragiles **Nationalbewusstsein** einer jahrtausendealten Kultur, das auf einer hart erkämpften Unabhängigkeit beruht.

In Hanoi werde man stark nach dem Äußeren beurteilt, sagt die zweite Hanoierin, »mehr noch als in Ho-Chi-Minh-Stadt, finde ich«. »Ja, in Ho-Chi-Minh-Stadt sind die Leute vielleicht ein bisschen legerer gekleidet«, sagt die Geschäftsfrau im Süden, »und außerdem gibt es in beiden Städten auch zahlreiche Leute, die keinen guten **Bekleidungsgeschmack** haben.« Hier sei daran erinnert, dass »Modebewusstsein« meist ohnehin nur diejenigen haben können, die es sich auch leisten können – also in Vietnam die oberen Einkommensschichten. Wir selber urteilen hier möglicherweise allzu schnell nach unseren eigenen, europäischen Mode-Maßstäben. Das gilt auch dann, wenn wir die junge, emporkommende Schicht als »Neureiche« belächeln. Umgekehrt scheint das oft ganz anders: Im Allgemeinen haben wir den Eindruck, dass Vietnamesen uns Ausländer angenehmerweise mehrheitlich nicht nach der Kleidung beurteilen.

Vietnam ist ein Land, das in den 80er-Jahren zu den ärmsten Ländern der Welt gehörte und dessen Wirtschaftswachstum vor Kurzem als eines der schnellsten der Welt bezeichnet wurde. Als wir eine vierte Hanoierin fragen, weshalb denn so viele Menschen im **Pyjama** auf die Straße gehen, erklärt sie, dies würde einfach als praktische, bequeme Bekleidung betrachtet, und viele Leute könnten sich eben gar nicht so viele Kleidungsstücke leisten.

Die Wahl der Kleidung bedeutet für uns auch eine Form des individuellen Ausdrucks. Dennoch besteht trotz aller Toleranz ein Restrisiko, dass **Bescheidenheit und Understatement** in

Form von einfacher Kleidung möglicherweise als mangelnde Selbstachtung und fehlender Respekt vor den Gastgebern interpretiert werden könnte.

Andersrum lässt sich sagen, dass man sich in Vietnam nach Herzenslust elegant aufbrezeln und nach **Anzug und Krawatte** greifen kann und dabei kaum jemals negativ als *overdressed* auffallen wird. Sie werden dann vielmehr mit Komplimenten überhäuft.

»Aber die **Hitze!**«, werden jetzt viele stöhnen, die geschäftlich in Vietnam unterwegs sind und bei dem subtropisch-feuchten Klima schon beim Gedanken an einen Anzug ins Schwitzen geraten. Ihnen sei als Trost gesagt, dass in den allermeisten Büroräumen und Taxis die Klimaanlage auf Hochtouren bläst. Abgesehen davon reicht im Alltag auch oft ein Hemd.

Bekleidungseinschränkungen im Zusammenhang mit **religiösen Empfindlichkeiten** bestehen in Vietnam im Alltag kaum (siehe Kapitel »Geld verbrennen am Straßenrand« ab Seite 28). Dass man Tempel und Pagoden nicht mit nacktem Oberkörper, knappen Trägershirts, Hotpants, Badeshorts oder abgewetztem Bier-T-Shirt betreten sollte, dürfte jedoch einleuchten.

Anti-Sonnen-Jäckchen, rosa Nippel und Socken in den Flip-Flops: Erbleichen erwünscht!

»Heute ist schönes Wetter!« Diesen Satz hört man in Vietnam nicht selten, wenn der Himmel grau und die Temperaturen relativ niedrig sind. Direkte Sonne wird indes, wann immer möglich, vermieden. Das geht so weit, dass die Leute auf ihren Motorrollern bei **Sonnenschein** nicht direkt an der roten Ampel halten, sondern lieber im Schatten des nächsten Baumes.

Selbst gesundheitsbewusste Europäer, die darauf Acht geben, sich vor allzu starker Sonneneinstrahlung zu schützen, sind oft verblüfft über die fast schon vampirhafte Vehemenz, mit der insbesondere die Frauen versuchen, jedem noch so kleinen Sonnenstrahl zu entgehen.

Bei heißem, sonnigem Wetter beherrschen farbenfrohe **Jäckchen** das Straßenbild, die am Ärmelende eine Stoffklappe haben, mittels der auch der Handrücken am Motorroller-Lenker vor der Sonne geschützt wird. Die Kapuze, die unter oder über dem Helm getragen wird, enthält manchmal einen integrierten **Mundschutz**, oder der Reißverschluss lässt sich bis über die Nase schließen. Überhaupt wird der Mundschutz nicht nur zum Schutz vor Staub und Abgasen getragen, sondern vor allem auch gegen Gesichtsbräune. Manche Mundschutzmodelle enthalten Abdeckklappen für Hals und Ohren. Eine Alternative zu den langärmeligen Jäckchen sind **Handschuhe**, die bis über den Ellenbogen reichen. Eine Sonnenbrille deckt das letzte bisschen Haut ab und macht die Verhüllung komplett. Perfektionistinnen tragen sogar Socken in den Flip-Flops, um auch an den Füßen Bräune zu vermeiden.

Auch in der Kosmetikabteilung von Supermärkten wird der Bleichheitswahn deutlich: Es ist oft ein schwieriges Unterfangen, dort Duschgels, Lotionen, Deos (!) und Gesichtscremes ohne **Hautbleichmittel** *(Whitening Effect)* zu bekommen. Und wo bei uns in Europa die Selbstbräunerlotionen und Bronzepuder stehen, wird das Sortiment in Vietnam stattdessen mit Angeboten wie der »Pinky Nipples«-Creme zum Bleichen der Brustwarzen ergänzt. Der Teufel steckt im Detail.

10 Was kostet eine Irrfahrt?

Wie man eine Taxifahrt meistert

Ganz sicher ist sich Nina nicht, aber eigentlich müsste das Taxi doch längst über diese große Hauptstraße gefahren sein, die Richtung Süden führt. Zumindest fuhr sie dort sonst immer entlang auf dem Weg in den Außenbezirk zu Phươngs Familie. Vielleicht kennt der Fahrer aber auch nur einfach eine andere Route? Dann hält der Wagen plötzlich.

»Inggom!«, sagt der Fahrer. Nina schaut aus dem Fenster. Sie ist definitiv nicht am Ziel. Dort draußen steht ein Shoppingcenter.

»Vincom!«, sagt der Fahrer noch mal, diesmal etwas klarer. Jetzt erkennt Nina auch, wo sie ist. »Ich wollte nicht zum Vincom-Tower!«, sagt sie. Der Fahrer nickt: »Vincom, Vincom!« Nina fährt sich durch die Haare. *»Định Công!«*, versucht sie so deutlich wie möglich zu sagen. *»Định Công!* Nicht Vincom!« Der Fahrer nickt wieder: »Vincom.«

Nina steigt aus. Hier am Vincom-Tower stehen immer ganz viele Taxis, da wird sich hoffentlich ein Fahrer finden lassen, der sie besser versteht. *»Định Công«*, wiederholt sie leise und gibt sich alle Mühe, das Wort so klar wie möglich auszusprechen. *Định Công* ist ein Wohnviertel, weit vom Zentrum entfernt. Ein Ausländer, der in ein Wohnviertel will, erscheint Taxifahrern offenbar nicht logisch. Ausländer wollen in den Vincom-Tower.

»Đ-ị-n-h! C-ô-n-g!«, erklärt sie, betont langsam, dem nächsten Taxifahrer. Der nickt. Das hat der andere allerdings auch gemacht. Nina versucht, grob die Wegstrecke nachzuvollziehen, nur kennt sie sich in dieser Gegend nicht sonderlich aus. Aufmerksam schaut sie nach draußen, auf der Suche nach Wegmarken. Eine Kreuzung. Ist das da nicht der große Park? Dann wäre sie richtig. Nina atmet langsam aus und lehnt sich im Sitz zurück. Draußen fährt laut hupend ein Stadtbus vorbei und bläst eine schwarze Abgaswolke direkt durch die offenen Fenster des Taxis. »Können Sie bitte das Fenster zumachen?«, fragt Nina den Fahrer. Der wirft einen irritierten Blick in den Rückspiegel. »Das Fenster!«, wiederholt Nina noch einmal. Der Fahrer schweigt.

Ihr Blick fällt auf den Taxameter.

50.000 Dong?

Sie ist doch gerade erst ein paar Minuten gefahren. Da schaltet die Anzeige schon um. 52, 54, 56 ...!

Taxameter, ihre Zählweisen und Tücken

Wegen der vielen Nullen, die der vietnamesische Dong im Alltag besitzt, zählen Taxameter häufig im Verhältnis 1:1.000. Eine 36 bedeutet also einen Fahrtpreis von 36.000 Dong. Seriöse Taxiunternehmen haben neben dem Taxameter eine Preisliste, die den Grundpreis und den Preis pro Kilometer angibt. Außerdem stecken sie in kleinen Plastikboxen oder sind mit Verschlüssen gesichert – so soll Manipulation verhindert werden. Allerdings gibt es trotzdem sehr wohl manipulierte Taxameter, die deutlich schneller laufen.

Nina beugt sich nach vorne: »Stopp! Stopp!« Wenn der Preis in dieser Frequenz weitersteigt, zahlt sie sich am Ankunftsort dumm und dämlich. Sie kramt also einen Geldschein aus dem Portemonnaie, reicht ihm dem Fahrer, der ihn einsteckt. Nina wartet. »Wechselgeld?«, fragt sie schließlich. Der Fahrer lächelt.

»Sorry, no small money«, sagt er entschuldigend, kramt dann seinen Geldbeutel hervor, wühlt noch einmal suchend durch die Scheine und steckt den Beutel dann wieder ein. Damit scheint das Thema für ihn erledigt.

Nina seufzt, verlässt das Taxi und schaut sich um. Sie steht in einer kleinen Straße mit sehr vielen jungen Menschen, offenbar in der Nähe einer Universität. Taxis sind keine zu sehen. Na toll.

»Motobye?«, ertönt da eine Stimme hinter ihr. Nina dreht sich um. Ein etwas älterer Vietnamese fährt mit einem Motorroller auf sie zu. Ein Roller-Taxi. Warum eigentlich nicht, denkt sich Nina. *»Where do you go?«*, fragt der Fahrer.

»Định Công«, sagt Nina.

»Vincom?«, fragt der Fahrer.

Wie Sie per Taxi ans Ziel kommen

Nicht jeder Taxifahrer **kennt sich tatsächlich in der Stadt aus**, durch die er fährt. Manche kommen auch buchstäblich frisch vom Land. Es kann also passieren, dass ein Taxifahrer unterwegs anhält, um Passanten nach dem Weg zu fragen, oder mal eben seinen Bruder anruft, um sich das Ziel erklären zu lassen.

Etwas problematisch wird es dann, wenn der Fahrer den Gast nicht verstanden hat, sich aber nicht traut, nachzufragen. Einige Fahrer empfinden Nachfragen als **Gesichtsverlust**. Oder sie sagen sich, dass der Gast schon sagen wird, wenn es falsch ist. Für manche mag das auch ein Plan sein, um ein wenig mehr Geld einzustecken. Was tun? Es empfiehlt sich, die **Adresse aufgeschrieben** dabeizuhaben, egal ob in Form einer Visitenkarte, aufgekritzelt auf ein Stück Papier oder in Form einer SMS. Ein Stadtplan hingegen entpuppt sich oft als weniger hilfreich, denn manche Taxifahrer kennen zwar das Straßennetz sehr gut, aber nicht aus der Vogelperspektive eines Stadtplans.

Was die Sache mit dem **Fenster** angeht: Mehrere vietnamesische Taxifahrer haben auf Nachfrage bestätigt, dass sie sehr gerne bei offenem Fenster fahren, wenn das Wetter es zulässt. Lärm, Abgase und Staub gehören für viele Fahrer zur Arbeitsplatzbeschreibung.

Ein äußerst leidiges Thema beim Taxifahren ist die **Abzockerei**. Offiziell gibt es feste Taxitarife, die sich nur ein wenig von Firma zu Firma unterscheiden. Tatsächlich aber nutzen Kleinkriminelle das ganze Arsenal an Betrugsmöglichkeiten: Taxameter, die plötzlich schneller laufen (siehe Infokasten), oder solche, die angeblich kaputt sind. Gegen Letztere kann und sollte man sich auf sehr einfache Art wehren: Man steigt gleich wieder aus. Um Taxigebühren mit dem Fahrer feilschen zu müssen, kann nur teuer werden. Manipulierte Taxameter hingegen sind schwieriger zu erkennen: Auffällig werden sie erst dann, wenn man die Stadt, die Wegstrecken und die Preise ein klein wenig kennt. Dann aber empfiehlt es sich, dieses Wissen auch zu nutzen: Wenn eine Fahrt plötzlich das Doppelte oder Vierfache des üblichen Preises kostet, kann es nicht mit rechten Dingen zugehen. Das Beste in solchen Fällen ist, dem Fahrer einen realistischen Betrag am Zielort zuzustecken und auszusteigen.

Noch besser ist es freilich, von vorneherein nur in solche Taxis einzusteigen, deren Firmen man kennt. In jeder vietnamesischen Stadt gibt es mindestens zwei oder drei große, meist überregionale Taxiunternehmen. Diese zeichnen sich unter anderem dadurch aus, dass jedes Taxi an der **Frontscheibe eine Nummer** hat und der Name des Fahrers deutlich zu sehen ist. Auf diese

Erkennungszeichen sollten Sie sich auch berufen, wenn während der Fahrt irgendetwas schiefgegangen ist: Die seriösen Taxiunternehmen nehmen Beschwerde-Anrufe ernst und verfügen meist auch über Mitarbeiter mit rudimentären Englischkenntnissen. Selbst ein verloren gegangener Geldbeutel kann auf diese Weise manchmal wiedergefunden werden.

Taxifahrer erwarten kein **Trinkgeld**, aber die »Ich habe gerade kein Wechselgeld«-Methode scheint bei einigen ein beliebter Weg, um das Einkommen etwas aufzustocken. Wer hartnäckig nachfragt, stellt bisweilen fest, dass in der anderen Hosentasche oder hinter dem Sichtschutz sehr wohl noch etwas Kleingeld vorhanden ist.

Taxis werden am Straßenrand **herbeigewunken** oder direkt bei der Zentrale angefordert, es ist nicht möglich, bei der Zentrale ein Taxi für eine bestimmte Uhrzeit vorzubestellen (Ausnahme: Flughafentaxis).

Eine Alternative zu den klassischen Taxis sind die **Motorradtaxis**, die *xe ôm*. *Xe ôm* heißt übersetzt »Umarm-Fahrzeug«, weil man als Gast direkt hinter dem Fahrer auf dem Motorroller sitzt. Umarmen ist jedoch nicht notwendig. Motorradtaxis findet man an den meisten Straßenecken der Großstädte. Der Preis ist in der Regel Verhandlungssache, neuerdings gibt es vereinzelte Firmen, die mit Festpreisen experimentieren. Als Faustregel gilt fürs Verhandeln: Man sollte weniger zahlen als für ein Taxi.

Seit in Vietnam **Helmpflicht** herrscht, müssen *xe ôm*-Fahrer einen Helm für die Passagiere bereithalten. Da sie meistens nur einen solchen Helm haben, sollte man nicht erwarten, dass dieser auch tatsächlich auf den Kopf passt. Wer sich mit passendem Helm sicherer fühlt und regelmäßig Motorradtaxis nutzt, bringt gegebenenfalls einen eigenen mit.

11 Geheimcode Handwedeln

Von wegen mit Händen und Füßen reden

»Ich glaube, sie möchte, dass wir hier weggehen«, vermutet Florian. Er sitzt zusammen mit Nina auf der Dachterrasse. Bích, die Putzfrau, steht vor ihnen, den rechten Arm ausgestreckt, und wedelt hektisch mit der Hand auf und ab, die Handfläche nach unten.

»Raus?«, fragt Nina und zeigt auf sich und dann die Tür. Bích sagt etwas auf Vietnamesisch und wedelt weiter.

Florian schaut sie fragend an und macht mit Zeige- und Mittelfinger Laufbewegungen.

Bích lacht und sagt wieder etwas auf Vietnamesisch.

»Ich habe keine Ahnung, was sie uns sagen will«, sagt Nina. »Lass uns gehen.«

»Du, ich frag sie gleich mal, ob morgen die Sachen aus der Reinigung kommen«, meint Florian.

»Tolle Idee. Viel Glück damit«, sagt Nina.

»MOR-GEN?«, sagt Florian und legt seinen Kopf seitlich geneigt auf seine gefalteten Hände, um die Nacht dazwischen anzudeuten. »WÄ-SCHE?« Er zupft an seinem T-Shirt. Bích nickt hoffnungsvoll, zupft nun auch an seinem Shirt und wedelt.

»Ja? Nein?«, fragt Florian und macht aus dem Handgelenk abwägende Bewegungen.

»Flo, du machst sie ja ganz kirre mit deinem Ausdruckstanz!«, ruft Nina.

»Tja, das wäre alles nicht nötig, wenn du dich mit deinen exzellenten Vietnamesischkenntnissen nützlich machen und dich mit ihr verständigen würdest«, grunzt Florian.

»Das habe ich ja schon oft versucht«, sagt Nina, »aber kein Mensch versteht, was ich sage.«

»Shop«, sagt Bích. Nina und Florian schauen sich an. »Was?«, fragt Nina und beugt sich etwas vor.

»Shop«, wiederholt Bích. Nina schüttelt den Kopf. »Welcher Shop?«

Wie Sie sich verständlich machen können

Bei uns wird der Ausdruck **»sich mit Händen und Füßen verständigen«** im Zusammenhang mit unseren Heldentaten im Ausland wahnsinnig gerne, geradezu inflationär verwendet. Und es ist ja auch eine schöne Sache, sich ein bisschen abseits der Touristen-Freigehege aufzuhalten und mit Einheimischen in Kontakt zu treten – auch mit solchen, die kaum ein Wort Englisch sprechen. Meist sind dies für beide Seiten erfreuliche Begegnungen. Schiefgehen kann dabei eigentlich nur etwas, wenn es unseren Gesprächspartnern unangenehm wird, dass sie nicht genau verstehen, was wir von ihnen wollen. Oft holen Vietnamesen dann eines ihrer Kinder, das seinen ganzen Mut zusammennehmen muss, um mit seinem Schul-Englisch zwischen den Erwachsenen zu vermitteln. Erinnern Sie sich noch daran, wie nervös Sie waren, als Sie zum ersten Mal Ihr gelerntes Englisch, Französisch, Spanisch oder Swahili in freier Wildbahn anwenden mussten?

Nur braucht es ein bisschen Gewöhnung, um **Englisch mit vietnamesischem Akzent** zu verstehen. Und es kann für Ihr Gegenüber frustrierend und peinlich sein, wenn Sie es nicht verstehen. Geben Sie sich ganz, ganz fest Mühe, versuchen Sie im Notfall zu raten.

Vielen Vietnamesen bereitet es besondere Schwierigkeiten, Konsonanten, die am Ende eines Wortes stehen, auszusprechen. Auch zwei Konsonanten hintereinander werden für sie schnell zum Zungenbrecher. So wird aus dem *motorbike* ein *mo-to-bye.*

Und wir Deutschen haben ja mitunter auch einen starken Akzent, wenn wir Englisch sprechen, und sind deshalb nicht immer ganz einfach zu verstehen. Der Trick ist, das Gesagte **umzuformulieren**, statt das Gesagte einfach stur zu wiederholen und dabei immer lauter und eindringlicher zu werden. Genau das nämlich schüchtert eher ein. Natürlich darf man in Fünf-Sterne-Hotels Englischkenntnisse erwarten, kleine Ladengeschäfte an der Straßenecke sind jedoch kaum auf Ausländer ausgerichtet. Reagieren Sie also bitte nicht zappelig, wenn Sie dort nicht auf Anhieb verstanden werden.

Wie ist es denn nun um das **Gestikulieren** in Vietnam bestellt? Die jüngere Generation hat zahlreiche Gesten aus dem Ausland übernommen oder kennt sie zumindest, meist aus amerikanischen Filmen. Zum Beispiel Daumen hoch, das Zeichen für »Okay«, oder das Zeichen für »Pssssst!« mit dem auf die Lippen gelegten Zeigefinger. Dasselbe gilt für die aneinandergelegten Handflächen, mit denen Florian »schlafen« andeuten wollte. »Wir machen das oft«, sagte eine junge Vietnamesin über letztere Geste, »aber meine Mutter versteht nicht, was damit gemeint ist.«

Das **Handwedeln** mit nach unten gerichteter Handfläche ist die »Komm her«-Geste in Vietnam (und auch weiteren asiatischen Ländern). Bích wollte also nicht, dass die zwei gehen, sondern sie wollte sie zu sich holen. Unsere Art der »Komm her«-Geste, mit nach oben gerichteter Handfläche, erinnert unsere vietnamesischen Freunde eher an die Art, wie man einen Hund anlocken würde.

Ansonsten zeichnet sich die Alltagskommunikation in Vietnam nicht durch übermäßiges Gestikulieren aus. Auch für beleidigende oder obszöne Gesten gibt es offenbar kein bemerkenswertes Repertoire. Ein Zeichen für »Viel Glück!«, gekreuzte Zeige- und Mittelfinger, was unter anderem von Amerikanern benutzt wird (*fingers crossed*, was dem deutschen Daumendrücken entspricht), könnte jedoch in Vietnam als eine mit diesen beiden Fingern geformte Ellipse missverstanden werden. Damit sind weibliche Genitalien gemeint.

Mit den Fingern abgezählt wird, wie in einigen anderen Ländern auch, mit dem Zeigefinger beginnend (»eins«), nicht wie in Deutschland mit dem Daumen. Zeigen wir also »drei« mit Daumen, Zeige- und Mittelfinger, versteht der Vietnamese (genauso wie der US-Amerikaner) »zwei«. Wichtig beim Bierbestellen!

Übrigens: Wenn es um größere Zahlen geht, zählen die Vietnamesen nicht an den Fingern, sondern an den Fingerknöcheln. Damit lassen sich pro Finger drei Zahlen abdecken und man braucht nicht zwei Hände, um bis zehn zu zählen.

... und so ging die Geschichte zu Ende

Bích lacht. Dann packt sie Nina am Arm, sagt nochmals »*Shop*« und führt Nina die Treppe hinunter. Florian folgt den beiden. Was wohl jetzt passiert? Unten in der Küche greift Bích die Spülmittelflasche. »*Shop.*« Nina geht ein Licht auf: »*Soap*, sie meint *soap*. Seife! Ihr ist das Spülmittel ausgegangen.«

12 Das Ziel ist der Weg

Verirren ist menschlich

»Ich steh vor dem Haus!«, brüllt Nina ins Telefon. »Ich auch«, antwortet Phương. »Tust du nicht!«, sagt Nina.

Zur gleichen Zeit an diesem Freitagabend, etwas weiter südwestlich in Hanoi, telefoniert auch Florian: »Alex, ich find's nicht«, sagt er weinerlich. »Und hier stinkt's!«

Während Florian auf dem Weg zur Hauseinweihungsparty eines deutschen Praktikanten ist, sind Nina und Phương bei einer befreundeten Projektleiterin zum Abschiedsabend eingeladen. In der Ausländergemeinschaft kann es sein, dass bis zu drei verschiedene Abschiede in einer einzigen Woche abzufeiern sind. Man geht hin, und sei es, um neue Freundschaften zu schließen als Ersatz für die sich Verabschiedenden.

Die Adresse, die Florian für die Party auf seinem Handy abgespeichert hat, lautet 2/1/1/22 Vũ Thạnh. Das Taxi war mit Florian die Giảng-Võ-Straße hochgefahren, dann hatte es gewendet und war wieder hinuntergefahren, weil der Fahrer wegen eines breiten begrünten Mittelstreifens nicht abbiegen konnte, an der nächsten Kreuzung folgte eine Kehrtwendung auf die andere Seite, dann ging es rechts hinein in die Seitenstraße Vũ Thạnh.

Das Taxi fuhr durch die dunkle Straße, dann wieder rechts rein in eine noch dunklere Straße. Irgendwann kam eine Gasse, die so eng war, dass das Taxi nicht mehr hindurchpasste. Der Fahrer stoppte mit einem halb fragenden, halb seufzenden »*Okay?!*« Florian stieg aus.

Nina blickt sich um. »Siehst du ein Schiebetor aus Metall? Ein beiges Haus mit einer Treppe?«, fragt Phương am Telefon. Nina sieht kein Tor und nichts Beiges. Das Haus Nummer 60 ist ein Ladeneingang in einer knallroten Fassade. »Ich sehe Rot, und ich sehe Logos von teuren Autos.« »Du bist falsch«, sagt Phương. »Komm zur Yên Phụ Nummer 60.« Nina schaut auf das Haus. Sie steht vor Yên Phụ Nummer 60.

An der Wand dieser engen Gasse sah Florian einige Schilder. Auf einem stand »2/1«, auf den anderen diverse andere Nummern.

Wild entschlossen schritt er zwischen den mit feuchten Moosstriemen überzogenen Betonmauern hindurch, an deren oberem Ende sich ein Stacheldraht entlangrankte. Die Gasse bog scharf nach rechts ab und mündete in ein Labyrinth aus Hauswänden und Eisentoren mit schweren Vorhängeschlössern. Ein paar Fledermäuse schleuderten sich im kalten Licht einer Wegbeleuchtung durch die Luft. Über Florians Kopf trippelte, mit der Eleganz eines Seiltänzers, eine Ratte über eine der Stromleitungen, die in einem bizarren Geflecht zwischen Häusern und Masten hingen.

Es war plötzlich sehr still. Florian, der sich inzwischen vorkam, als wäre er in ein seltsames Kaninchenloch gepurzelt und würde nun in einer Art Parallelwelt im Kreis herumlaufen, griff zum Telefon. »Alex, ich find's nicht. Und hier stinkt's!« Dann wird die Verbindung unterbrochen.

»Phương, ich stehe direkt davor. Đường Yên Phụ Nummer 60!« Nina brüllt immer noch, weil der Verkehr so laut ist. »Du bist falsch«, wiederholt Phương. »Phố Yên Phụ. PHỐ Yên Phụ, nicht Đường Yên Phụ.«

Irgendwann ruft Alex zurück. »Flo, hast du Bier dabei?«, fragt er.

»Nicht mehr lange!«, bellt Florian. »Ich wollte jemanden nach dem Weg fragen. Jetzt sitze ich hier mit zwei netten Herren am Straßenrand und werde zum Wodkatrinken genötigt. Ist die Party schon zu Ende?«

»Nein, aber wir haben bald nur noch Dalat-Wein. Bleib, wo du bist, Flo, ich komme dich holen. Wo bist du ungefähr?«

»Ich hab keine Ahnung.«

Wein? Wein! Und Schnaps und Bier

Vang Đà Lạt, der Traubenwein aus der vietnamesischen Stadt Dalat im südlichen Teil des zentralen Hochlands, begann sich Ende der 1990er-Jahre als Marke zu etablieren und ist für sehr wenig Geld praktisch in jedem Laden erhältlich. Wer von zu Hause die wesentlich teureren Weine aus Frankreich, Kalifornien oder Australien gewohnt ist, wird den Geschmack des Vang Đà Lạt möglicherweise als sehr unorthodox bezeichnen. Viel häufiger wird in Vietnam jedoch **Reiswein** beziehungsweise Reisschnaps getrunken – aus winzigen Tässchen, und natürlich auf ex.

Bier ist ein verbreitetes alkoholisches Alltagsgetränk in Vietnam. Der Straßenköter unter den vietnamesischen Bieren ist das *bia hơi*, ein nicht genau definiertes, sehr leichtes, frisches Bier im Offenausschank, das es in *bia hơi*-Straßenkneipen gibt. Daneben gibt es verschiedene regionale Marken, zum Beispiel Bia Hà Nội oder Bia Saigon und Bia 333. Bier wird in Vietnam oft mit Eiswürfeln genossen.

Wie Sie in den Straßen und Gassen die Kurve kriegen

In Vietnam irgendwo anzukommen, bedeutet manchmal schon die halbe Miete und das ganze Abenteuer. Zwar sind die Straßen im Allgemeinen gut **ausgeschildert**, zudem stehen alle paar Schritte an den Ladengeschäften der Straßenname und die Hausnummer angeschrieben; zwischendurch gibt es jedoch ein paar Finten und Fallstricke.

Zum Beispiel:

- Hausnummern, die auf- und dann wieder absteigen und sich doppeln
- Straßen, die aufhören, um dann irgendwo schräg gegenüber weiterzugehen
- kleinere Nebenstraßen parallel zur Hauptstraße, die genauso heißen wie die Hauptstraße
- zahlreiche Einbahnstraßen, die es oft schwer machen, sich dem Ziel auf direktem Wege zu nähern
- Straßen, die nach einer Kreuzung den Namen wechseln, was nicht immer mit dem Stadtplan übereinstimmt

Wegbeschreibungen von Freunden, die sich zunächst nach Zwangsneurose anhörten (»... und nach der Pagode – der großen, nicht der kleinen – musst du rechts ab, bis du links einen Bambusbusch siehst. Gleich davor siehst du ein paar Männer sitzen, die Tee trinken, neben einem Ladeneingang mit ganzjähriger Weihnachtsdekoration, dort musst du links in eine ganz enge, dunkle Einfahrt hinein und immer geradeaus. Wenn du Katzenkäfige siehst, bist du zu weit ...«), werden in ihrer Genauigkeit unterwegs plötzlich Sinn ergeben.

Kommen wir zur **Systematik der Straßen- und Hausnummern**: Florian war auf der Suche nach dem Haus mit der Adresse 2/1/1/22 Vũ Thạnh. Die vielen Zahlen kommen deshalb zustande, weil von der Straße (Phố Vũ Thạnh) ein Weg abzweigt *(ngõ 2)*, von diesem Weg eine Gasse *(ngách 2/1)*, und von dieser Gasse in diesem Fall noch eine weitere Gasse *(hẻm 2/1/1)*. Florian musste also von der Phố Vũ Thạnh in den zweiten Weg abbiegen, dann in die erste Gasse und von dieser Gasse nochmals in die erste davon abzweigende Gasse. Die letzte Zahl in der Adresse, die 22, ist dann die Hausnummer. Straßen, Wege und Gassen sind in der Regel durch blaue Schilder mit weißer Schrift gekennzeichnet. Eigentlich ganz logisch und ordentlich, nur manchmal sind diese Schilder abgewetzt, mit einem Sonnenschirm verdeckt, oder man sieht sie in den engen Gassen erst, wenn man daran vorbeigelaufen ist und zurückblickt.

Ngách, ich will doch nur _hẻm!_ – kleines Straßenglossar

đường – (Verbindungs-)Straße

phố – Straße (meist in der Stadt)

ngõ – Weg (endet manchmal in einer Sackgasse)

ngách – kleine Gasse

hẻm – meist in Ho-Chi-Minh-Stadt anstelle von *ngõ*, seltener in Hanoi

Meist wird *đường* oder *phố* in der Adresse jedoch nicht mit angegeben – deshalb ist Nina in der falschen Straße gelandet.

Nach dem Weg zu fragen kann zielführend sein, muss es aber nicht. Die Leute sagen hier nicht so gerne »Ich weiß es nicht« oder »Ich verstehe Sie nicht« und deuten manchmal lieber vage in die Ferne.

Es ist eher wahrscheinlich, dass Sie sich früher oder später einmal **verfahren oder verlaufen**. Sie werden sich verspäten. Und Sie werden sich in der Hanoier Altstadt immer wieder maßlos verirren und herausfinden, dass deren verwinkelte Straßen und Gassen nachts komplett anders aussehen als bei Tageslicht. Anemi ist noch heute felsenfest davon überzeugt, dass es im Altstadtdschungel Raum- und Zeitlöcher gibt, kleine Fehler in der Matrix, und dass man deshalb, wenn man immer geradeaus fährt, plötzlich wieder am selben Ort herauskommt. Man kann das nicht erklären, sollte es sich aber keinesfalls entgehen lassen. Eins ist sicher: Auf solchen Irrwegen werden Sie die tollsten Dinge sehen und erleben.

Verirrt, verwirrt und verschollen – die Hitliste der Ausländer-SMS

1. Wo bist du?
2. Keine Ahnung, wo ich bin, aber ich wurde adoptiert und lerne gerade vietnamesische Trinksprüche!
3. Vor mir stehen fünf Männer in Uniform, könnte länger dauern.
4. Frag nicht, organisier mir einen Dolmetscher!
5. Sorry, sitzen immer noch im Restaurant. Versuchen seit 40 Minuten zu zahlen ...
6. Bin noch im Bus und sehe schon die ersten Wasserbüffel. Ich glaube, ich bin falsch.
7. Dumm gelaufen, hab mich mit dem *xe ôm*-Fahrer zerstritten. Bin abgesprungen und komme nun zu Fuß.
8. Anrufen ist zwecklos. Die singen hier, mit Mikrofon.
9. Bin immer noch im Taxi ... Wie bringt man die zum Anhalten?
10. Du, das ist überhaupt nicht auf dem Stadtplan.

Worauf Sie beim Taxifahren achten sollten, erfahren Sie im Kapitel »Was kostet eine Irrfahrt?« ab Seite 76.

13 Der Fremde im Schlafzimmer

Wenn die Handwerker kommen

Nina sitzt auf einem hellblauen Plastikstuhl in einem düsteren Raum. An der Decke surrt der Ventilator, ansonsten ist es gespenstisch still. Ihr gegenüber raucht ein Mann schweigend eine Bambuspfeife. Auf dem Tisch zwischen ihnen steht ein Teeset mit einem kleinen Krug und fingerhutgroßen Tässchen mit grünem Tee.

Nina erinnert sich daran, dass sie in einer Vietnamesisch-Lektion sitzt, und versucht, Vokale aufzusagen: »Öh! Üh! Ööööh…« »Das ist nicht korrekt«, sagt der Mann mit der Pfeife, *»ơ… ơ… ơ…«* Die Rauchringlein, die er dabei aus dem Mund haucht, verzerrt der Wind des Ventilators zu einem schreienden Mund. »Ich schaff das nicht!«, ruft Nina und will aufspringen, aber der Plastikstuhl ist geschrumpft und so klein geworden, dass sie zwischen den Armlehnen stecken bleibt. Die Tassen fallen um und entleeren sich über den Tisch. Draußen klopft jemand an die Tür. »Beherrsch dich«, sagt der Mann. »Hier sind alle verrückt!«, zischt Nina. Es klopft nochmals, diesmal etwas lauter.

Nina fährt aus dem Schlaf hoch und findet sich in ihrem Bett wieder. Ihre Schlafzimmertür steht offen, und ein fremder Mann steht vor ihrem Bett. Nina schreit.

Der Mann stolpert rückwärts wieder aus dem Zimmer, *»Sorrysorrysorry«* murmelnd, und schließt von außen die Tür. Nina bleibt einige Minuten aufrecht im Bett sitzen und starrt ins Leere, bis sich die Restwolken des Schlafs in ihrem Schädel langsam zu lichten beginnen. Sie versucht, normal zu atmen. Ihr Telefon zeigt kurz vor sieben. Am Sonntag. Kann man hier denn niemals ausschlafen? Ihr Schädel brummt. Vielleicht war das gestern doch ein Drink zu viel?

Nina reibt sich das Gesicht. Was für ein seltsamer Traum! Und dieser Kerl in ihrem Schlafzimmer? Hat sie den auch nur geträumt? Nina springt auf und hastet zur Tür.

Unten in der Küche stehen gleich vier Männer in abgetragenen, fleckigen Jeans und T-Shirts. »Äh ...?« Nina sucht nach Worten. Da beginnt bereits einer der Männer, der deutlich älter ist als seine drei Begleiter, auf Vietnamesisch auf sie einzureden. Viel ist nicht zu verstehen, aber die Taschen und Rucksäcke, die neben den Männern stehen und aus denen Werkzeug und Kabel schauen, helfen Nina auf die Sprünge: Das müssen die Handwerker sein. Das Fenster zum Balkon muss ausgetauscht werden. Aber ... um diese Uhrzeit?

Nina ruft die Vermieterin an, die nur wenige Minuten später im Haus steht. Sie erklärt dem ältesten Mann der Handwerkergruppe die Situation, präsentiert das aus dem Holz gegangene und verzogene Fenster, während Nina sich in ihr Zimmer zurückbegibt und erst einmal in tagestaugliche Kleidung wirft. Einige Minuten später läuft sie wieder die Treppe hinunter – und bleibt wie angewurzelt stehen: Die Vermieterin ist bereits gegangen, und auch der ältere Mann scheint sich verabschiedet zu haben. Einer der jungen Handwerker bastelt am Boden an einer rostig aussehenden Schneidemaschine herum, während die anderen beiden die Küche inspizieren. Einer hat gerade den Kühlschrank geöffnet.

»Ey!«, ruft Nina perplex. Aber das scheint den jungen Mann nicht zu stören. Er schaut sich neugierig den Inhalt des WG-Kühlschranks an und ruft plötzlich entzückt: *»Bia Đức!«* (»Deutsches Bier!«) Einer ihrer Bekannten hatte die deutsche Biermarke in einem Supermarkt entdeckt und zu irgendeiner Party mitgebracht. Nina geht kopfschüttelnd zu ihm hin. Und wo ist eigentlich Florian, ist der von dem ganzen Krach noch nicht wach geworden?

Der Handwerker zieht die Bierflasche aus dem Kühlschrank und schaut Nina dann mit leuchtenden Augen fragend an. Nina starrt zurück. Dann schaut sie zur Schneidemaschine. Dann zur Uhr. Dann wieder zu dem jungen Mann. »Nein!«, antwortet sie schließlich. Der Vietnamese ist sichtlich enttäuscht. Nina geht zum Kühlschrank, holt sich eine Wasserflasche heraus und macht dabei absichtlich etwas breitere, ausladende Bewegungen.

Der dritte Handwerker hat unterdessen die Schneidemaschine zum Laufen gebracht, die mit schrillem, ohrenbetäubendem Rattern ihre gezackten Schneideblätter bewegt. Nach einem Testlauf steht er auf, nickt seinen zwei Begleitern zu, und alle drei schlurfen zur Eingangstür. Die Tür fällt ins Schloss. Nina schaut ihnen, die Wasserflasche noch in der Hand, irritiert hinterher. Wie jetzt? War's das schon?

Nina seufzt, blickt wieder zur Uhr und entscheidet, dass sie genauso gut aus der Not eine Tugend machen und im Fitnesscenter eine Runde schwimmen gehen kann.

Es ist fast Mittag, Nina trocknet sich gerade die Haare in der Umkleide, als Florian anruft.

»Nina!«, ruft er ins Telefon. »Nina, da sind Leute im Haus!«

»Ja, die Handwerker«, sagt Nina. »Bist du jetzt erst aufgestanden?«

»Nina, die ganze Küche ist voller Sägespäne und Glasscherben. Und da stehen Farbtöpfe herum.«

»Hm ...«

»Und die Männer liegen auf den Fliesen!«

Wieso die Handwerker so neugierig sind und gern mal Pause machen

Vietnam ist ein **Serviceparadies.** Zumindest in bestimmter Hinsicht. Es ist beispielsweise kein Problem, sich die Handwerker schnell und unbürokratisch ins Haus zu holen. Und es kommt dann nicht nur ein Helfer, es kommen gern auch mal drei oder vier. Dementsprechend schnell kann alles über die Bühne gehen. Kann. Muss nicht. Ungelernte Arbeiter sind günstig in Vietnam, die Betriebe können sich ohne Probleme mehrere Angestellte leisten. Ausgebildete Handwerker dagegen sind deutlich teurer, und meist machen die dann ihren eigenen Betrieb auf. Anders gesagt: Der Chef ist normalerweise derjenige, der wirklich die tiefgründigen Einblicke hat. Der Chef aber ist ein beschäftigter Mensch, er erklärt seinen Mitarbeitern meist, was zu tun ist, und verschwindet dann – zum nächsten Kunden.

Viele Vietnamesen holen sich die Handwerker deswegen meist gezielt am Wochenende ins Haus – wenn sie genug Zeit haben, danebenzustehen und alle Arbeitsschritte zu beobachten. Das übrigens ist der Grund, warum es gerade am Wochenende sehr laut in der Nachbarschaft werden kann. Und zwar schon am frühen Morgen. Da gelten bei den Arbeitszeiten keine Unterschiede zwischen Dienstag und Sonntag.

Machen Sie sich außerdem darauf gefasst, dass ihre arbeitenden Gäste eine gewisse **Neugier** zeigen. Nicht jeder Handwerker macht den Kühlschrank auf oder öffnet erst einmal alle Türen – völlig ausgeschlossen ist das aber nicht. Vergegenwärtigen Sie sich am besten einfach, dass Sie in einem Land sind, in dem die Menschen auf engstem Raum nebeneinander aufwachsen, in Großfamilien zusammenleben und selten Privatsphäre haben. Natürlich muss man das nicht alles stillschweigend tolerieren, aber wie immer in solchen Situationen helfen ein Schuss Gelassenheit und eine freundlich-bestimmte Haltung.

In Vietnam wird in den seltensten Fällen zu Hause **gefrühstückt**. Vielleicht greift man kurz mal in die Schüssel mit den Resten vom Vortag oder angelt sich eine Banane vom Schrank. Das wirkliche, das echte Frühstück folgt dann in der Straßenküche. Und bei vielen Vietnamesen hat sich die Routine eingebürgert, erst bei der Arbeit zu erscheinen – und dann frühstücken zu gehen. Manche arbeiten vielleicht vorher noch eine knappe Stunde.

In jedem Fall eingehalten wird die **Mittagspause**, während derer sich die Handwerker entweder in die nächste Straßenküche begeben oder etwas schlafen legen. Und sie sind nicht die Einzigen, die zur Mittagszeit einen Power-Nap einlegen: Das Leben draußen in den Straßen verliert nach dem Mittagessen vorübergehend an Tempo. In kleinen Läden oder hinter Marktständen sieht man Verkäuferinnen zusammengerollt dösen, am Boden, auf Kisten, Reissäcken oder Pappkartons. Auch in vielen Büros wird geschlafen, oft am Schreibtisch, über der Computertastatur zusammengesunken, den Kopf in die Arme vergraben. Wenn Sie in einem Büro einen Termin um 14 Uhr wahrnehmen und zu früh erscheinen, kann es also sein, dass Sie in einen totenstillen Raum bei ausgeschaltetem Deckenlicht platzen. Die wahren Schlafkünstler sind jedoch die Motorradtaxifahrer an der Straßenecke. Sie legen sich zur Mittagszeit auf ihrem Moped schlafen.

Da es in Vietnam normal ist, auf sehr harten Betten zu schlafen, ist auch der Fußboden kein ungeeigneter Ort für die Siesta.

Ganz allgemein gehört es sich, die Handwerker mit **Wasser** zu versorgen. Ob Sie Bier ausschenken wollen, bleibt dagegen völlig Ihnen überlassen.

14 Gibt's hier eigentlich Schlangen?

Sich (nicht so) anstellen in Vietnam

Nina hängen die Haare wirr ins Gesicht, Florians Brille ist verrutscht, und sie sind beide ein bisschen außer Atem. »Wow!«, entfährt es Florian. »Das war der Wahnsinn!«, keucht Nina. Wie Trophäen tragen sie ihre Eistüten vor sich her. Sie lassen sich nebeneinander auf eine Steinbank am Seeufer sinken.

Eigentlich klang die Idee ganz harmlos: Eis essen gehen in der Nähe des Hoàn-Kiếm-Sees im Zentrum von Hanoi. Eis essen ist eine der Lieblingsbeschäftigungen von jungen, verliebten Paaren, die an den Wochenenden am späteren Abend auf ihren Motorrollern durch die Stadt ziehen und Runde um Runde um den See drehen.

Die Szene an der Theke, wo die Eistüten ausgehändigt werden, erinnerte ein bisschen ans New Yorker Börsenparkett. Eine Menschentraube drängte sich davor, Leute standen dicht an dicht, schwenkten ihre Dong-Noten in der Luft und bellten, wenn sie sich bis in die vorderste Reihe vorgekämpft hatten, ihre Bestellung. Einige hatten ihre Motorradhelme aufbehalten. Zwei Kinder boxten Nina von hinten in die Niere.

Nina schob sich vor Florian und benutzte ihn als Rückendeckung, während sie mit ihren Füßen Zentimeter für Zentimeter nach vorne in kleine Lücken vorstieß. Von links und rechts fuchtelten Arme vor ihrem Gesicht.

Einmal nach vorne gekämpft, klammerte sich Nina wie eine Ertrinkende an die Theke, während sich eine zu allem entschlossene Frau neben sie schob und mit schriller Stimme bestellte. Von der anderen Seite klatschte ein junger Mann seine Dongs direkt vor Ninas Nase auf die Theke. *»Hi! Hi!«*, schmetterte Nina der Bedienung entgegen. »Ich glaube, du brauchst dich nicht mit Begrüßungsfloskeln aufzuhalten«, rief Florian direkt neben ihrem Ohr. »Ich sagte *hai*, das bedeutet ›zwei‹ auf Vietnamesisch, du Pappnase«, brüllte Nina und musste lachen. Sie klaubte ihr Geld hervor und bezahlte, während Florian ihr seine Oberarme auf die Schultern legte und beide Hände nach vorne streckte, um gleichzeitig die beiden Eistüten entgegenzunehmen. Nina und Florian klebten aneinander in dieser heißen, stickigen, verschwitzten Umarmung und befreiten sich schließlich seitlich aus dem Gerangel.

»Das ist ein verdammt gutes Eis«, bemerkt Florian, als sie auf der Bank sitzen. »Was hast du eigentlich bestellt?«

»Reis-Eis«, sagt Nina, »das wird aus jungem Reis gemacht. Wir haben's uns hart erkämpft. Gibt es dafür eigentlich ein deutsches Wort? Als Schlangestehen kann man das ja nicht bezeichnen.«

»Drängeln? Vermeiden von Platzverschwendung?«, schlägt Florian vor.

»Das war eine Orgie!«, meint Nina.

Einige Minuten lutschen sie schweigend an ihrem Eis, in Gedanken versunken. Dann schauen sie sich an.

»Ob dahinter wohl irgendein ausgeklügeltes Konzept steckt, wer wann an der Reihe ist?«, sinniert Nina.

»Ich weiß es nicht«, sagt Florian, »vielleicht ist ein System dahinter, ein Naturgesetz, und wir haben's einfach nicht kapiert?«

Wie Sie womöglich trotzdem irgendwann an die Reihe kommen

Der Autor Văn Công Tử aus Nha Trang bezeichnet in seinem Blog *Vietnamese God* das **Schlangestehen** als »nette Idee, die in vielen westlichen Ländern sehr verbreitet ist. In Vietnam wird diese Praxis kaum verstanden und zweifellos selten angewandt«. Einkaufen im Supermarkt am Wochenende bezeichnet Tử als »Riesendrama«, das Einchecken am Flughafen Hanoi als »Albtraum«. Weshalb kann, weshalb will sich in Vietnam niemand hinten anstellen?

In einem Artikel in der englischsprachigen staatlichen Tageszeitung *Viet Nam News* liefert Autor Quốc Đạt unter dem Titel »Warum Vietnamesen das Schlangestehen hassen« interessante Erklärungsansätze für das gewöhnungsbedürftige Anstehverhalten vietnamesischer Großstädter. Vor mehr als 30 Jahren, zu Zeiten der Rationierungen und staatlicher Subventionen, sei Schlangestehen bei jedem Wetter an der Tagesordnung gewesen. Was ist seitdem passiert?

Quốc Đạt fragte in der jüngeren Generation herum. »In unserer Mentalität ist der, der vorne ist, automatisch der Bessere«, erklärt sich die Managerin eines Modegeschäfts das Phänomen. Die Menschen hätten zu viele andere Probleme, meint eine vietnamesische Mitarbeiterin einer internationalen Organisation, als dass sie auf ihre Mitmenschen achten könnten. Ein Lifestyle-Journalist stellt fest: »Wir verfügen über Geld, Wissen und Ausbildung – aber uns allen fehlt die Selbstdisziplin.«

Quốc Đạt suchte nach einer **akademischen Erklärung** und wurde beim Direktor der Viet Nam Academy of Social Studies fündig: Service sei früher auf staatlich kontrollierte Shops beschränkt gewesen. Mit der Öffnung der Märkte Mitte der 80er-Jahre sei das Leben einfacher geworden – »man konnte das Essen nun direkt vor der eigenen Haustür kaufen. Hiermit verschwand die Gewohnheit des Schlangestehens«. Das Verschwinden langer Schlangen vor Geschäften habe als positive Entwicklung gegolten. Der Vizerektor eines Fachbereichs für Kulturwissenschaften in Ho-Chi-Minh-Stadt erklärte uns im Gespräch, schon damals seien die Schlangen eigentlich nur durch Zwang eingehalten worden: »Die Menschen standen Schlange, weil nebendran ein Wächter mit Knüppel stand.«

In einer **Diskussion**, die wir auf Social Media losgetreten haben, argumentiert eine Studentin aus Hanoi: »Es ist nicht so, dass wir Schlangestehen hassen – wir wissen einfach nicht, ob es besser funktionieren würde, wenn es ordentlich zu und her ginge. Hier kommt derjenige am besten und schnellsten zum Ziel, der die besten Beziehungen hat.« Ein in Finnland lebender junger IT-Spezialist aus Ho-Chi-Minh-Stadt denkt, dass die Generation 36 plus noch immer unter den schlechten Erfahrungen das Schlangestehens für Essensmarken leide. »Gib uns noch zehn Jahre, um dieses Verhalten zu verbessern.«

Während wir also noch zehn Jahre warten – wie lässt sich in der Zwischenzeit am besten mit solchen Extremsituationen umgehen und dieser Drängel-Darvinismus überstehen?

Es kann gut sein, dass sich in der Abwesenheit von ordentlichen, organisierten Abläufen für Sie mit der größte **Kulturschock** manifestiert. Seien Sie darauf gefasst, dass sich Leute von hinten beinahe auf Ihren Rucksack setzen werden, dass Sie am Flughafen Trolleys in die Achillessehne gerammt bekommen und dass Sie im Gedränge manchmal mit Ellenbogen zur Seite geschubst werden. Dass sich die Menschen in den Fahrstuhl werfen, sobald die Tür halbwegs offen ist, ohne die anderen zuerst aussteigen zu lassen. Dass die Verkäuferin im Allerleiladen Ihren Einkauf womöglich mittendrin unterbricht, um dazwischen schnell drei andere Kunden zu bedienen, die nach Ihnen gekommen sind. Hier wird Ihre innere Gelassenheit womöglich laut nach einer Verschnaufpause schreien. Geben Sie ihr nicht nach, behalten Sie die Nerven.

Wenn es zu einem Gedränge kommt, versuchen Sie einfach, nach vorne nicht zu viel Raum zu verschenken – Ihnen wird nicht viel anderes übrig bleiben, als so dicht wie möglich aufzuschließen. Machen Sie sich so breit, wie Sie können. Eine weitere, am Hanoier Flughafen von uns mehrfach erprobte Strategie ist der gezielte, verzweifelt-vorwurfsvolle Gesichtsausdruck, um das Check-in-Personal zur Intervention zu bewegen. Die Erfolgsquote liegt bei knapp über 50 Prozent.

Bevor Sie **am Check-in oder an der Supermarktkasse losschimpfen**, denken Sie daran, dass die Menschen hier selten alleine, sondern oft in einer aus der erweiterten Familie bestehenden Gruppe unterwegs sind. Es kann also sein, dass zu einer einzelnen Person vor Ihnen eine ganze Reihe von Leuten gehört, die sich beim Anstehen abwechseln, sich vom Check-in-Wartebereich entfernen und wieder zurückkommen, oder dass sich eine Mutter schon mal anstellt, während die Tochter noch weiter einkauft. Und dann – ja dann gibt es natürlich wiederum die ausgefuchsten Schlaumeier, die so tun, als würden sie zu der Person vor Ihnen gehören, und sich unter diesem Vorwand an Ihnen vorbeischlängeln.

Wenn Sie dann endlich irgendwo **zuvorderst stehen**, ist das Spiel noch nicht ganz gewonnen. Sportlich gesehen betrachten Sie den Schaltertisch oder die Ladentheke als Endzone der gegnerischen Mannschaft: Hier gilt es, mit dem Geld, den Papieren, dem Ticket oder dem Reisepass in der Hand möglichst rasch einen Touchdown zu erzielen – und zwar bevor ein anderer Spieler in letzter Sekunde von der Seite her angreift.

15 Können die nicht »bitte« sagen?

Das Geheimnis der Höflichkeit

»Phương, erklär mir mal bitte was.«

»Ja?«

Nina schaut in ihren Kaffee und überlegt kurz.

»Ich war heute Morgen total überrascht. Ich stand im Aufzug und ein Mann hat mich gegrüßt. Er sagte einfach Guten Morgen. Auf Englisch.«

»Ja?«

»Na ja ... in dem Moment ist mir aufgefallen, dass mir das noch nie vorher passiert ist. Ich fahre täglich mit diesem Aufzug ins Büro und es hat mich noch nie jemand gegrüßt.«

Phương muss lachen. Dann wirft sie Nina ein funkelnd-provozierendes Lächeln zu: »Als ich in Berlin war, hat mich eigentlich auch nie jemand im Aufzug gegrüßt ...« Nina grinst. »Ich meine ... ja, klar, in Deutschland sagen zwar nicht alle immer Guten Morgen, aber zumindest manche. Andere nicken dir zu oder so was. Ist mir hier noch nie passiert. Noch nie! Und das ist ja nicht das Einzige ...«

Nina rührt in ihrem Kaffee. Dann fährt sie fort: »Die Leute hier sagen ganz selten mal danke. Vergangene Woche habe ich einer Frau am Ausgang die Tür aufgehalten. Die hat mich keines Blickes gewürdigt. Und gestern hat mir Thu im Büro einen Stift geliehen, ich hab mich bedankt, und sie hat dann angefangen zu kichern. Und bitte sagt auch niemand ...« Nina denkt kurz nach.

»Was ist denn überhaupt das vietnamesische Wort für bitte?«

»Gibt's nicht«, sagt Phương.

»Echt?«

»Also, gibt es schon. Aber das kommt sehr auf den Zusammenhang an.« Jetzt überlegt Phương selbst kurz. »Ihr Deutschen fügt halt unglaublich gerne an alle möglichen Sätze ›bitte‹ dran. Wenn ihr etwas haben wollt, sagt ihr bitte, wenn ihr was überreicht, sagt ihr bitte, und wenn sich jemand bedankt, sagt ihr noch mal bitte! Bei uns gibt es so ein Allzweck-Höflichkeitswort nicht. Da läuft ganz viel über die Art und Weise, wie wir etwas sagen. Und manchmal sind Vietnamesen auch einfach etwas direkter. Wenn meine Mutter mich zum Essen auffordert, sagt sie nicht: ›Möchtest du noch etwas essen?‹ oder ›Greif doch bitte zu!‹, sie sagt, wenn man das mal exakt übersetzt: ›Iss! Iss!‹«

Nina lacht jetzt auch.

»Und was war gestern mit Thu? «, fragt sie. »Ich hab gelernt, das vietnamesische Wort für ›danke‹ sei *cảm ơn.*«

»Jjjaa, aber du bist älter als Thu und stehst auch beruflich über ihr. Vielleicht fand sie es komisch, dass du dich wegen einer Kleinigkeit so förmlich bedankst. Vielleicht hast du das Wort auch zu stark und damit falsch betont und ohne persönliche Anrede, das klang dann für Thu lustig.«

»Aber wenn ich mich doch irgendwie bedanken will?«

Phương seufzt. »Du kannst schon *cảm ơn* sagen. Am besten dann aber auch mit Anrede: ›*Cảm ơn em!*‹, danke, jüngere Schwester. Eine Vietnamesin würde eventuell auch einfach ›*Chị xin*‹ sagen, das heißt dann in etwa ›Große Schwester dankt.‹«

»*Xin?* Nie gehört. Das heißt auch danke?«

»Nein. Also ... das kommt darauf an. Genau genommen ist es ein Verb und heißt eigentlich ... bitte!«

So sieht's aus mit den vietnamesischen Höflichkeitsfloskeln

Dem ist nichts hinzuzufügen.

16 Kalter Hund und Schlangenherz

Kann man das essen?

Das blutige Herz pocht noch einige Minuten weiter, nachdem es mit dem Messer aus dem Leib geschnitten wurde. Florian ist der Auserwählte, der dieses schlagende Kobraherz verspeisen muss. Er schließt die Augen und würgt ein bisschen.

Neun Touristen stehen lachend und grölend um ihn herum, jemand klopft ihm auf die Schulter. Florian hatte sich einer Gruppe angeschlossen und eine Tour ins Schlangendorf Lệ Mật gebucht, das eine knappe Fahrstunde außerhalb von Hanoi liegt und wo in zahlreichen Restaurants Schlangengerichte auf der Speisekarte stehen. Dort wird den Gästen die Schlange lebend präsentiert, bevor diese am Tisch aufgeschlitzt wird. Nach der Mutprobe mit dem frischen Herzen geht es weiter mit Schlangengalle und Schlangenblut, das in kleinen Reisschnapsgläschen gereicht wird. Florian kommt sich vor wie im Dschungelcamp.

Etwa zur selben Zeit an diesem Abend sitzt Nina in einer *bia hơi*-Straßenkneipe (*bia hơi* bedeutet frisches Bier, siehe Kapitel »Das Ziel ist der Weg« ab Seite 85) auf einem winzigen Plastikstuhl an einer lärmigen Straße neben dem Revolutionsmuseum in der Nähe der Hanoier Oper. Auch hier braut sich ein kulinarisches Abenteuer zusammen. Ihr Blick wandert zur Auslegetheke auf etwas, das wie eine tote rosafarbene Krake aussieht – wie in einer bizarr verrenkten Stellung erstarrte Tentakel, die aus einer Metallschüssel ragen. »Was ist das?«, fragt sie Phương Cousin Mạnh. Phương, Ninas Kollegin aus dem Büro, hat die beiden nach der Vernissage eines vietnamesischen Karikaturisten alleine gelassen und ist schon nach Hause gegangen. »Das sind Schweineschwänze«, antwortet Mạnh. »Magst du kosten?«

Tendenziell eher nicht, denkt Nina. »Wie isst man die?«, fragt sie.

»Zerhackt.«

»Ach so.«

»Mit Sauce.«

»Ist da ein Knochen drin?«

»Ja.«

»Und die Haut, bleibt die dran?«

»Ja.«

»Ist da überhaupt Fleisch dran an so einem Schweineschwanz?«

»Ein bisschen Fleisch ist auch dran.«

»Hm.«

Nina beschließt, diese Klippe mit einem spontanen Themenwechsel zu umschiffen: »Isst man hier eigentlich Hund?«

»Keine Ahnung – ich frag mal nach«, sagt Mạnh.

Da Nina ein zweites Mal abzulehnen für ungeschickt hält, steht wenig später ein Teller Hund auf dem Tisch. Fleischstücke mit Hundehaut dran. Das Fleisch ist kalt. »Ist das gekocht?«, fragt Nina sanft. Es ist gedämpft. Neben den Stücken mit Hundehaut liegen schwarze ovale Stücke.

»Und was ist das?«

»Das Innere des Hundes.«

Nina seufzt ganz leise. »Geht das ein bisschen genauer?«

»Das Innere. Gefüllt mit Bohnen, Kräutern und Fleisch.«

Also Hundewurst. Mạnh tunkt ein Stück davon in eine unfassbar streng riechende graue Sauce. Er schaut Nina dabei zu, wie sie mit ihren Stäbchen an einem Fleischstück herumstochert, und stellt fest: »Du magst die Haut nicht.« Nina bestellt noch ein Bier. »Oh, Mạnh«, seufzt sie, »was hast du mir da bloß eingebrockt?« Mạnh schaut von seinem Schälchen auf und sagt: »Aber du wolltest doch …?«

Unterdessen hat sich Florian mit der Gruppe durch sieben Schlangengerichte gegessen, von Schlangensuppe über Schlangen-Frühlingsröllchen bis zu frittierter Schlangenhaut. Jemand gibt zu bedenken, dass das ganze Gemetzel schon ein bisschen an Tierquälerei gegrenzt habe. Einige sagen, Schlangen seien unnütze, giftige Tiere. Andere argumentieren, dass es sich um Schlangen handelt, die zum Verzehr gezüchtet wurden, und einer philosophiert, es sei doch nüchtern betrachtet viel perverser, Burger-Fleisch, das vakuumverpackt aus dem Supermarkt kommt, zu essen. Nüchtern ist bei der erhitzten Diskussion jedoch schon längst keiner mehr, nach all dem Reisschnaps.

»Was, du hast einen HUND gegessen?«, fragt Florian, als die beiden später am Abend zu Hause auf der Dachterrasse bei einem Schlummertrunk sitzen. Florian, reichlich angetrunken, kann nicht fassen, zu was sich Nina hat hinreißen lassen. »Dich lasse ich in Deutschland nie mehr in die Nähe von Dinah!«, winselt er. Dinah ist Florians Golden Retriever. »Was bist du nur für ein Heuchler«, ruft Nina aus. »Du isst doch auch Schweinefleisch, oder? Außerdem finde ich dein Schlangenmassaker ziemlich abstoßend.«

»Das«, findet Florian, »ist doch was ganz anderes …«

Was Sie bei exotischen Gerichten bedenken sollten

Darf, soll, kann man Schlangen mit gutem Gewissen essen? Die Mitarbeiter von Education for Nature Vietnam (ENV) waren erstaunt, als sie vor ein paar Jahren erfuhren, wie populär der Schlangenschmaus bei westlichen Vietnamtouristen geworden war. Die vietnamesische Nichtregierungsorganisation setzt sich gegen den illegalen Handel mit Wildtieren ein und richtet sich mit ihren Aufklärungskampagnen hauptsächlich an die vietnamesische Bevölkerung.

Bei der **Königskobra** handelt es sich um eine geschützte Tierart, der Handel mit diesen Tieren ist in Vietnam verboten. Erlaubt ist jedoch die Zucht von Schlangen auf Farmen für den Verzehr. Züchter, Zulieferer und Restaurants benötigen dafür entsprechende behördliche Papiere. Solche Papiere sind auch tatsächlich oft vorhanden – sie werden jedoch missbraucht und »100 Mal kopiert«, weiß ENV-Berater Douglas Hendrie. Zudem gestalte sich die Zucht von Königskobras in Gefangenschaft schwierig. »Deshalb übersteigt die Nachfrage die Zuchtkapazität. Wir sind sicher, dass illegaler Handel stattfindet – aber wir wissen nicht, in welchem Ausmaß.« Tatsache ist: »Es ist für Restaurantbesucher schlicht unmöglich, zu erkennen, ob sie eine legal gezüchtete oder eine durch illegale Kanäle erworbene Schlange aus der Wildnis vor sich haben.«

In zahlreichen Restaurants quer durch Vietnam werden zudem in **Reisschnaps** eingelegte Schlangen sowie diverse andere Tiere ausgestellt, in allen Größen und Formen, legal und illegal. »Wenn Sie eine vier Meter lange Kobra im Glaskrug antreffen, dann sehen Sie eindeutig einen Wildfang. Keine Farm in Vietnam schafft es, eine solch große Kobra zu züchten«, sagt Hendrie.

Auch in **Souvenirshops** werden Reisschnapsfläschchen mit kleinen eingelegten Kobras verkauft. »Dabei handelt es sich jedoch nicht immer um echte Kobras, sondern oft um andere Schlangenarten, deren Haut am Kopfende so drapiert wurde, dass sie wie Kobras aussehen«, so Hendrie. Aber auch hier gelte: Sicher sein könne man sich eben nicht.

Die Königskobra ist jedoch nicht die einzige gefährdete Schlangenart in Vietnam: ENV listet 24 **geschützte Arten** auf, darunter vier Kobraarten, Pythons und einige Rattenschlangen. Neun dieser Arten landen regelmäßig auf dem Teller oder im Reisschnaps.

Gibt es überhaupt unbedenkliche Angebote? Hendrie seufzt kurz. »Ich wünschte, ich könnte eine klarere Antwort liefern und diese mit Zahlen belegen. Aber will man denn nach Vietnam kommen und riskieren, dass sein Geld in die Hände von Leuten gerät, die in den illegalen Handel mit Wildtieren verwickelt sind?«

Beim englischsprachigen Reiseführer *Lonely Planet* hat vor ein paar Jahren offenbar ein Umdenken stattgefunden: Noch in der 2007 gedruckten Ausgabe wurde die Königskobra im Essenskapitel unter den »Trau dich!«-Top-fünf aufgeführt, neben Grillen, Hund, Entenembryo und Feldmaus. Seit 2009 wird stattdessen darauf hingewiesen, dass Touristen mit dem Trinken von Schlangenwein wie mit dem Verzehr anderer Wildtiere ihre Akzeptanz für diese Praktiken signalisieren und die Nachfrage zusätzlich fördern.

ENV geht nicht aktiv gegen Schlangenrestaurants vor. Der Fokus liegt eher auf den Schwergewichten **Tiger**, **Bär** und **Nashorn**. Aus diesen Tieren gewonnenen Produkten wird meist eine potenzfördernde Wirkung nachgesagt, und häufig gelten sie auch als Heilmittel gegen Krebs sowie diverse andere Krankheiten. Hier sind westliche Konsumenten kaum das Problem. Des Weiteren gilt der Kampf der Naturschützer auch zahlreicher uns kaum bekannter Tierarten mit so klingenden Namen wie Hirschferkel, Großkopfschildkröte oder Stummelschwanzmakak.

Das letzte Nashorn und der Tiger im Kofferraum – Vietnam und der Wildtierschmuggel

Der World Wildlife Fund (WWF) erteilt Vietnam schlechte Noten: In einer Studie untersuchte die Naturschutzorganisation 2012, welche Länder erfolgreich gegen den **illegalen Handel** von Elefanten-, Nashorn- und Tigerprodukten kämpfen. Vietnam schnitt in dieser »Rangliste des Versagens« unter den 23 untersuchten asiatischen und afrikanischen Staaten am schlechtesten ab.

Vietnam ist nicht nur Transitland für Elfenbein, sondern auch ein Bestimmungsland für Produkte aus bedrohten Tierarten, unter anderem für **Nashornpulver** – als Statussymbol für Reiche und als vermeintliches Wundermittel. Südafrika gilt als Wilderei-Hotspot für Nashörner. Schmugglerbanden arbeiten grenz- und kontinentübergreifend. Der WWF bezeichnet Vietnam und Südafrika als die Nationen, die maßgeblich für die Wildereikrise an Nashörnern in Afrika verantwortlich sind.

Die WWF-Studie wurde von Vietnam in staatlichen Medien umgehend **als »unseriös« kritisiert**: Der Bericht mangle an Objektivität und Gründlichkeit, da er sich »nur auf Informationen von ein paar Nichtregierungsorganisationen, Medien und Individuen« stütze, außerdem habe der WWF es versäumt, die zuständigen Behörden zu konsultieren.

Im April 2010 wurde **das letzte Java-Nashorn** in Vietnam von Wilderern erlegt. Der Kadaver des Tieres wurde im Cát Tiên-Nationalpark gefunden, mit einer Schussverletzung im Bein. Das Horn war entfernt worden. Das Java-Nashorn gilt seitdem in Vietnam als ausgestorben.

Wenig Hoffnung bleibt auch für den **Indochinesischen Tiger**: Schätzungen zufolge existieren in Vietnam noch etwa 30 Exemplare in freier Wildbahn. Immer wieder gibt es Zeitungsberichte über Tigerbabys, die über die Grenze ins Land geschmuggelt wurden, oder Tigerkadaver, die von den Behörden in Taxi-Kofferräumen entdeckt wurden. Aus Laos und Kambodscha nach Vietnam geschmuggelt werden auch aus der Wildnis gefangene **Kragenbären** (Asiatische Schwarzbären). Sie werden auf Bärenfarmen gehalten, wo ihnen lebend Galle als Heil- und Potenzmittel abgezapft wird. Gemäß Angaben der Tierschutzorganisation Animals Asia Foundation werden rund 2.400 dieser Bären auf vietnamesischen Gallenfarmen gehalten. Wissenschaftler schätzen die Zahl der frei lebenden Kragenbären in Vietnam auf wenige Hundert Tiere.

Der Handel mit Produkten aus bedrohten Tierarten ist in Vietnam illegal. Bei Razzien werden geschützte Tiere von den Behörden konfisziert und, falls sie noch leben, auf unbestimmte Zeit in **Rettungszentren** untergebracht. In der Wildnis wären sie kaum mehr überlebensfähig, zudem fehlt es an geschützten Lebensräumen.

Was aber, wenn ich beruflich in der Provinz unterwegs und sicher bin, dass mir dort als Gast **ein geschütztes Tier aufgetischt** wird? Wie sollte ich gegenüber anwesenden Geschäftspartnern und »hohen Tieren« reagieren? »Eine schwierige Frage«, sagt Hendrie. »Ich persönlich würde keinen Aufstand machen und wutentbrannt davonlaufen. Ich würde aber auch nicht dasitzen und aus Anstand mitessen, sondern höflich ablehnen.«

Wer auf dem **Markt** ein seltenes Tier entdeckt und es kauft, um es zu retten, handelt mit besten Absichten – aber leider falsch. So geschehen mit einem Plumplori (das sind kleine, unglaublich knuffige Feuchtnasenäffchen, die mit riesigen Augen ängstlich in die Welt starren), der bei ENV abgegeben wurde. »Der Verkäufer wird sich von dem Geld ein neues Tier kaufen. Besser ist es, bei unserer Hotline anzurufen und den Fall zu melden«, sagt Hendrie.

Hunde gehören als domestizierte Tiere nicht in den Aufgabenbereich von ENV. Hendrie, der seit 16 Jahren in Vietnam lebt, kann deshalb nur eine persönliche Einschätzung geben. Er stellt eine kulturelle Ost-West-Kluft fest. »Für viele Westler ist der Gedanke, Hunde zu verspeisen, komplett fremd und bizarr. Wir betrachten diese Tiere einfach nicht als Nahrung, sondern als Freunde und Gefährten, die zur Familie gehören.« In Vietnam würden unterschiedliche Hunderassen aus drei verschiedenen Motiven gehalten: als Nahrung, genauso wie Schweine und Hühner, als Wachhunde und seit einiger Zeit auch als geliebte Haustiere. Letztere werden nicht gegessen.

Tierschützer kritisieren immer wieder, dass Hunde bevorzugt langsam getötet würden, weil das dabei ausgeschüttete Adrenalin das Fleisch zarter machen soll. Die Tierschutzorganisation Animals Asia kann dies für Vietnam jedoch nicht bestätigen, kritisiert allerdings »inakzeptable« Bedingungen für die Tiere während oft tagelangen Transporten und deren Behandlung vor der Schlachtung und warnt zudem vor Verschleppung von Tollwut wegen mangelnder Kontrolle des Hundehandels.

Haus- und Schlachttiere werden auf Märkten angeboten. Dort werden Hundchen, wenn man sie kauft, in eine Tüte gesteckt. Generell sei es mit humanen Schlachtmethoden noch nicht weit her in Vietnam, sagt Hendrie. »Bei der jüngeren Generation ist jedoch eine sich ändernde Sichtweise auf Tier-, Natur- und Umweltschutz erkennbar.«

Dass Ihnen irgendwo **heimlich Hundefleisch untergejubelt** wird, ist sehr unwahrscheinlich. Mạnh hat die Fragen, die Nina aus reiner Neugierde gestellt hatte, als durch die Blume formulierte Wünsche interpretiert – aufdrängen wollte er Nina weder den Hund noch die Schweineschwänze. Nina wiederum hat die Anstandsregel, dass man in Vietnam nichts ablehnen sollte, etwas zu wörtlich genommen.

Falls Sie einmal auf einer vietnamesischen Speisekarte Ihr Essen mangels Sprachkenntnissen nach Adlersystem aussuchen müssen und Hundefleisch lieber vermeiden möchten: Auf Vietnamesisch heißt es *thịt chó* (*thịt* = Fleisch, *chó* = Hund). Mit *thịt chó* sind auch Restaurants, die auf Hundefleisch spezialisiert sind, außen angeschrieben. Hundefleisch wird jedoch nur an bestimmten Tagen des Monats gegessen, dann bringt es Glück – an anderen Tagen bringt es Unglück.

Blut, Penis, Hühnerfüße – ein paar weitere kulinarische Abenteuer

Shrimp-Sauce *(mắm tôm):* Die »unfassbar streng riechende graue Sauce«, in die Mạnh seine Hundestückchen tunkte, ist eine Sauce aus fermentierten Garnelen. Ihr Geruch reiht sich ein in die Stärkeklasse »reifer Limburger Käse«. Gewöhnungssache.

Blutpudding *(tiết luộc):* Gekochtes, in Würfel geschnittenes geronnenes Blut, meist vom Schwein. Sieht aus wie Schokoladenpudding. Fühlt sich an wie gekochter Tofu. Schmeckt salzig-metallisch. Zutat bei Nudelsuppengerichten wie zum Beispiel *bún bò Huế*. Beim Verzehr von rohem Blut *(tiết canh)* besteht generell die Gefahr einer bakteriellen Infektion.

Enten-Embryo *(trứng vịt lộn):* Gekochtes, 16 bis 20 Tage altes befruchtetes Entenei mit Embryo. Zu finden auf Märkten und bei Straßenverkäufern. Wird warm gegessen. Gilt als reichhaltiger Snack und schmeckt nach nicht viel mehr als gekochtem Ei.

Vogel in der Coladose *(gà tần):* Sieht auf den ersten Blick bizarr aus: Hühnerfüße, die aus einer Dose ragen. *Gà tần* ist ein kleines Hühnchen, das kopfüber stundenlang in einer alten Alu-Getränkedose zart gekocht wurde, gestopft mit chinesischen Heilkräutern nach Geheimrezept. Wird zusammen mit der Brühe in eine Schüssel gekippt und am Stück serviert, Kopf und Füße inklusive. Schmeckt am besten mit karamellisiertem Baguette *(bánh mì)*.

Rinderpenis *(ngẩu pín):* In Vietnam werden sämtliche Teile eines Tieres verwertet, nichts wird weggeworfen. Gekochte Penisse werden in Rädchen oder Scheibchen geschnitten an einer Sauce oder mit Nudelsuppe serviert. Schmeckt wie wässrige Bockwurst, haben wir uns von einer deutschen Freundin sagen lassen.

Kompott *(chè thập cẩm):* Herrlich süßes, buntes, schleimiges, wabbliges Dessert aus schwarzem Reisgelee, Bohnen, Kokosmilch und allerlei weiteren Zutaten, serviert mit zerstoßenem Eis. Kann sich nicht so recht entscheiden, ob es flüssig oder fest sein will, wird deshalb aus Trinkgläsern gelöffelt.

Einige Gesundheitsaspekte beim Essen werden im Kapitel »Ist da der Wurm drin?« ab Seite 44 erläutert.

17 Vorsicht beim Lästern!

Wenn Vietnamesen plötzlich Deutsch verstehen

Der Abend ist etwas länger geworden als gedacht. Nina sitzt zusammen mit Sandra, einer neuen Praktikantin, und deren Vorgänger Alex im Taxi. Sie sind durch die Hanoier Altstadt gezogen, haben die kleinen Bars und Clubs abgeklappert, jetzt ist es zwei Uhr morgens, und alle drei sind deutlich angeheitert. Nina hat dem Taxifahrer erklärt, dass er sie nacheinander absetzen soll, aber den Weg, den er zum Haus von Alex einschlägt, kennt sie nicht.

»Wo fährt der denn lang?«, fragt sie.

»Keine Ahnung. Ich fahr immer über die Điện Biên Phủ, aber ich glaub, wir sind grob in der richtigen Richtung«, antwortet Alex.

Nina versucht sich zu orientieren, aber sicher ist sie sich immer noch nicht. »Wir müssten doch jetzt Richtung Osten fahren, oder?«, fragt sie Alex.

Der zuckt mit den Schultern und wendet sich dann grinsend an Sandra: »Daran wirst du dich noch gewöhnen: Der vietnamesische Taxifahrer im Allgemeinen und im Besonderen fährt gerne mal Umwege und ergaunert sich von Ausländern Geld, wo er nur kann.«

Nina verdreht vorne in ihrem Sitz die Augen. »Quatsch«, murmelt sie, aber auf eine längere Diskussion hat sie gerade keine Lust. Stattdessen versucht sie wieder, die Straßennamen zu entziffern. Dann sagt sie: »Ich weiß nicht, ob er das mit Absicht macht, aber der fährt einen Umweg.«

»Kein Umweg!«, ertönt die Stimme des Fahrers. Auf Deutsch. »Bei Nacht ist so Straße hier schneller«, sagt er dann. Etwas gebrochen, aber eindeutig: Deutsch. Nina spürt, wie ihr die Röte ins Gesicht steigt.

Sie räuspert sich. »Sie sprechen Deutsch?«, fragt sie den Fahrer nach einer kurzen Stille.

»Ja, ja«, antwortet der und schaut lächelnd zu Nina hinüber, »ich habe in Deutschland gelebt.«

»Wir haben in Düsseldorf vietnamesische Nachbarn«, meldet sich Sandra von der Rückbank. »Die sind im Krieg aus Vietnam vertrieben worden oder so was. Oder nach dem Krieg. Sie auch?«

Der Mann schüttelt heftig den Kopf: »Ich habe studiert in Deutschland«, antwortet er. »Fünf Jahre in Magdeburg!«

»War das dann noch zu Zeiten der DDR?«, fragt Sandra.

»Genau. DDR. Ich liebe Deutschland! Das war eine schöne Zeit! Deutsches Bier! Sehr gut. Deutscher Fußball! Dynamo Dresden. Erich Honecker. Sehr gut.«

Die drei Deutschen schweigen. Keiner von ihnen kommt aus Ostdeutschland, und die Wende haben Nina und Alex als Kinder erlebt – Sandra kann sich überhaupt nicht daran erinnern.

»Ich war bester Student in Mathematik an mein Universität in Hanoi!«, sagt der Taxifahrer stolz in seinem leicht gebrochenen Deutsch. »Bester Student, deswegen durfte ich in die DDR. Maschinenbau studiert dort. Deutschland sehr gut!«

»Aber ... warum sind Sie denn dann heute Taxifahrer?«, fragt Alex.

Der Mann seufzt. »Keine andere Arbeit!«, sagt er dann. »Ich ... schwer.« Er sucht nach Worten, und schweigt dann wieder. Nina weiß nicht genau, was sie antworten soll.

Schließlich fährt der Mann die drei zu ihren Häusern.

Korrekt und ohne Umwege. »Auf Wiedersehen!«, sagt er freundlich.

Weshalb der Taxifahrer weiß, wer Honecker war

Dies ist nun ein Fettnäpfchen der speziellen Art, denn wer rechnet schon damit, im Ausland auf diese Weise mit einem Stück deutscher Geschichte konfrontiert zu werden?

In den 80er-Jahren wurden rund 60.000 Vietnamesen als sogenannte **Vertragsarbeiter** in die DDR delegiert. Zudem kamen etwa 30.000 weitere Arbeiter aus anderen sozialistischen Staaten wie Mosambik, Angola, Kuba und China. Schon vor 1980 reisten Vietnamesen in die DDR ein, um dort zu studierten. Meist wurden nur herausragende vietnamesische Studenten in die DDR geschickt.

Dem Einsatz von Vertragsarbeitern lag ein Regierungsabkommen zwischen Vietnam und der DDR von 1980 zugrunde. Am Anfang erhielten die Vertragsarbeiter noch eine Facharbeiterausbildung. Es galt als Privileg, im Ausland zu arbeiten. Später wurde mit den importierten Arbeitern überwiegend der **Mangel an Arbeitskräften in der DDR** gedeckt. Sie wurden für unqualifizierte und oft körperlich schwere Tätigkeiten oder monotone Fließbandarbeit eingesetzt – unabhängig von ihren Qualifikationen.

Die DDR leistete umfangreiche Wirtschafts- und Entwicklungshilfe, und zuvor hatte sie Vietnam während der Kriegsjahre mit Waffen und Medizin beliefert. Vietnam schickte Bürger als Arbeitskräfte in die DDR, um der Arbeitslosigkeit in Vietnam entgegenzuwirken und die Devisen zur Abzahlung der Staatsschulden zu erwirtschaften. Zwölf Prozent des Bruttolohns der

Vertragsarbeiter wurden von den DDR-Betrieben einbehalten und an die vietnamesische Regierung überwiesen. Mit ihrem Einkommen unterstützten die vietnamesischen Vertragsarbeiter ihre Familien zu Hause und durften auch eine gewisse Menge an begehrten Waren aus der DDR nach Hause schicken oder am Ende ihres Aufenthaltes zollfrei ausführen, wie etwa Fahrräder, Fernseher und Nähmaschinen.

Die Vertragsarbeiter lebten abgeschottet in **Wohnheimen** mit strengen Besuchsregelungen und schliefen in Mehrbettzimmern mit fünf Quadratmeter großen Schlafecken. Integration war in der DDR ausdrücklich unerwünscht. Nach Ende der Fünfjahresverträge mussten die Arbeiter wieder in ihr Heimatland zurückkehren. Familienzusammenführungen in der DDR waren nicht vorgesehen. Frauen, die schwanger wurden und nicht abtreiben wollten, wurden schon vor Vertragsende abgeschoben.

Dann kam die **Wende**. Die Vertragsarbeiter verloren ihre Jobs und standen bald buchstäblich auf der Straße. Ein großer Teil von ihnen kehrte in die Heimat zurück. Schätzungsweise 15.000 Vietnamesen blieben, durften aber zunächst nicht arbeiten. Dies trieb viele in die Illegalität, beispielsweise in den Schwarzhandel mit unverzollten Zigaretten. Erst 1993 wurden ehemaligen Vertragsarbeitern Arbeitserlaubnisse erteilt.

Viele von ihnen machten sich daraufhin selbstständig und gründeten Imbissstuben, Restaurants oder Blumenläden, verkauften Gemüse und Obst. In Berlins Ostbezirken leben heute etwa 8.000 ehemalige Vertragsarbeiter, manche davon zogen nach der Wende aus den neuen Bundesländern her.

Die **Kinder der vietnamesischen Vertragsarbeiter** schneiden an deutschen Schulen übrigens überdurchschnittlich gut ab: Laut einer Studie der Integrationsbeauftragten besuchten im

Jahr 2008 im Land Brandenburg rund 74 Prozent der Vietnamesen im Sekundarschulalter ein Gymnasium, im Vergleich zu 44 Prozent der einheimischen Kinder. Experten erklären dies vor allem mit dem akademischen Hintergrund der vietnamesischen Eltern wie auch deren hoher Wertschätzung von Bildung.

Der Exodus nach dem Krieg – die Boatpeople

Einen völlig anderen Hintergrund haben indes die **Boatpeople**, Flüchtlinge aus dem damaligen Südvietnam, die nach dem Fall Saigons aus Furcht vor den kommunistischen Siegern Nordvietnams in einem Massen-Exodus mit Booten geflohen waren. Die Zahl der Flüchtlinge wird auf über eine Million geschätzt. Auf ihrer Flucht gingen sie große Risiken ein: Die Boote waren überfüllt und kaum hochseetauglich. Tausende ertranken oder wurden Opfer von Piraten. Wer überlebte, endete oft jahrelang in den Flüchtlingslagern in Thailand, Malaysia oder Indonesien. Von dort aus organisierte das Hilfswerk UNHCR die Verteilung der Flüchtlinge an westliche Aufnahmeländer, was der *Spiegel* 1981 als den »der Welt größten Menschenexport in solch kurzer Zeit und über solche Weiten« bezeichnete.

Niedersachsen war das erste deutsche Bundesland, das vietnamesische Bootsflüchtlinge aufnahm, nachdem 1978 in den Medien Bilder des vor der malaysischen Küste dümpelnden, mit Flüchtlingen völlig überladenen Frachters Hải Hồng gezeigt wurden. Malaysia hatte die Flüchtlinge nicht aufnehmen wollen und ließ sie nicht von Bord gehen. Der deutsche Journalist Rupert Neudeck gründete ein privates Hilfskomitee und rettete ab 1979 mit dem Frachter **Cap Anamur** mehrere Tausend vietnamesische Flüchtlinge auf hoher See. Die Bundesrepublik nahm in den Jahren nach Kriegsende mehr als 35.000 vietnamesische Flüchtlinge auf. Viele der ehemaligen Boatpeople leben noch immer im Ausland, so wie die Nachbarn von Sandra.

Heute leben etwa 125.000 Menschen mit vietnamesischer Abstammung in Deutschland, umgekehrt wird die Zahl der Deutsch sprechenden Vietnamesen in Vietnam auf etwa 100.000 Personen geschätzt. Darunter befinden sich nicht nur ehemalige DDR-Vertragsarbeiter, sondern auch eine ganz junge Generation: An knapp einem Dutzend Schulen in Vietnam gibt es Deutschunterricht. Unter den asiatischen Austauschstudenten in Deutschland stellen die Vietnamesen mit rund 3.000 Personen die drittgrößte Gruppe, gleich hinter Chinesen und Indern. Ingenieurwissenschaften, Naturwissenschaften und das Wirtschaftsstudium stehen besonders hoch im Kurs.

18 Hast du zugenommen?

Vom tabulosen Smalltalk

Nina stochert an diesem Abend lustlos in ihrem Reis herum. »Du isst ja kaum was«, sagt Florian. Nina schaut von ihrem Schälchen auf und fragt: »Sag mal, Flo, findest du, dass ich dick bin?« Florian lässt die Essstäbchen sinken und fragt sich: Womit habe ich das nun verdient? »Phương denkt, ich sei dick«, sagt Nina leise.

Es geschah am vergangenen Montag nach dem Wochenendausflug. Nina betrat frisch geduscht und bei bester Laune das Büro. Sie trug ihr neu gekauftes knallgelbes Kleid, immer noch erfreut darüber, im Laden perfekt hineingepasst zu haben. Sie hatte sich gerade hingesetzt, als ihre Kollegin Phương sie musterte und fröhlich sagte: »Du siehst erholt aus.« Und dann: »Hast du zugenommen?«

Phương saß freundlich lächelnd an ihrem Schreibtisch, schlank, die Beine elegant übereinandergeschlagen, in einer Jeans Größe 24. Ihr wunderbares, glänzend schwarzes Haar fiel ihr lässig ins Gesicht. Ein paar Sekunden lang hörte man nur das leise Surren des Computers. Dann sagte Phương in die Stille hinein: »Hmmm, ich glaube, ich werde fett«, und zupfte mit einem kritischen Blick an ihrer eigenen Taille herum. Dann fügte sie an: »Ich esse zu viele Süßigkeiten!«, und begann zu kichern.

Nina fand das nicht lustig.

Florian rutscht etwas unbehaglich auf seinem Stuhl herum, während er sich Ninas Schilderungen anhört. Nein, dick ist Nina bestimmt nicht, denkt er. Hoffentlich kommt sie nicht auf die absurde Idee, mit einer Diät anzufangen, dazu ist das vietnamesische Essen doch viel zu lecker! Er schiebt sich noch einen Happen karamellisiertes Schweinefleisch mit Fettrand in den Mund. Dabei schielt er nach unten, auf seinen eigenen Bauch. Fände Phương ihn etwa auch dick?

Aber es kommt noch schlimmer: Heute Nachmittag, erzählt Nina weiter, beim Einkaufen in ihrem Stammladen nebenan, habe die Schwester der Verkäuferin aus heiterem Himmel ihren Bauch getätschelt und sie gefragt, ob sie schwanger sei.

Florian verschluckt sich an seinem Bier. »Nun ja«, würgt er zwischen Husten und Lachen hervor, »ich wurde gestern in der Straßenküche von einem Mann gefragt, ob ich verheiratet sei. Und, stell dir mal vor, fragt der mich doch, wie viel Geld ich verdiene!«

Weshalb man hier gleich so persönlich wird

In Vietnam beginnen **Gespräche** meist mit Fragen wie »Wie alt bist du?« und »Bist du verheiratet?«. Das hat damit zu tun, dass es in der vietnamesischen Sprache eine Unmenge von Anredepronomen gibt: Während wir uns im Deutschen nur zwischen du und Sie entscheiden müssen, werden in Vietnam die Menschen etwa mit »ältere Schwester«, »Onkel«, »Kind« oder »Großmutter« angesprochen, je nachdem, welche Stellung in der Familie die angesprochene Person ihrem Alter entsprechend hätte.

Du, Sie, ich und weitere Freunde – die wichtigsten Anredepronomen

Verhältnis Person 1 zu Person 2	Person 1	Person 2
Gleich alt	*bạn* (Freund)	*bạn* (Freund)
Knapp älter, männlich	*anh* (großer Bruder)	*em* (kleiner Bruder/kleine Schwester)
Knapp älter, weiblich	*chị* (große Schwester)	*em* (kleiner Bruder/kleine Schwester)
Etwa so alt wie der jüngere Bruder des Vaters	*chú* (Onkel)	*cháu* (Neffe/Nichte)
Etwa so alt wie die jüngere Schwester des Vaters	*cô* (Tante)	*cháu* (Neffe/Nichte)
Etwa so alt wie der ältere Bruder oder die ältere Schwester des Vaters	*bác* (älterer Onkel/ältere Tante)	*cháu* (Neffe/Nichte)
Sehr viel älter, männlich	*ông* (Großvater)	*cháu* (Enkel)
Sehr viel älter, weiblich	*bà* (Großmutter)	*cháu* (Enkel)

Die Tabelle zeigt, wie sich Person 1 und Person 2 jeweils gegenseitig ansprechen und sich im Gespräch auch selbst bezeichnen (»ich«), je nach ihrem Altersunterschied.

Die Wahl der Anredepronomen geschieht relativ in Bezug auf den **Altersunterschied** zwischen der sprechenden und der angesprochenen Person. So wird die 32-jährige Nina beispielsweise von der 28-jährigen Nachbarin mit *chị*, »große Schwester«, angesprochen, von der achtjährigen Nachbarstochter jedoch mit *cô*, also »Tante«. Nina nennt dementsprechend ihre jüngere Nachbarin *em* und das achtjährige Mädchen *cháu*.

Und wenn Nina nun zu mehreren, unterschiedlich alten Leuten gleichzeitig spricht, oder zu einer nicht klar definierten Masse (zum Beispiel auf Facebook)? Dann greift sie zum formellen, altersneutralen *tôi* (»ich«) und *các bạn* (»Freunde«/»ihr«). Das geht im Notfall immer.

Wenn Sie nun das Gefühl haben, das sei etwas kompliziert: Dies ist die vereinfachte Version für die Ansprache von »fremden« Menschen. Innerhalb der echten Familie wird noch einmal deutlich stärker zwischen den verschiedenen Verwandtschaftsbeziehungen unterschieden.

Die **Familie** ist überhaupt die zentrale tragende Einheit in allen Bereichen des Lebens. So drehen sich erste Gespräche auch meist darum, ob jemand Kinder hat und welchen Alters und Geschlechts diese sind.

Und ja, außerdem werden **Äußerlichkeiten** oft und gerne diskutiert. Westler werden zwar meist mit Komplimenten überhäuft (deine Haut/dein Gesicht/deine Haare sind so schön, du siehst toll aus, so sexy und so weiter), jedoch halten sich nur wenige mit Kommentaren über etwaige Veränderungen in der Körperfülle zurück – in der Annahme, was man offensichtlich sehe, könne ja kein Geheimnis sein.

Solche Bemerkungen, manchmal durchaus auch übermäßig direkt als »Du siehst heute fett aus« formuliert, lassen sich zwar zugegebenermaßen nur begrenzt abstrahieren, aber vielleicht hilft es zu wissen, dass damit Nähe und Vertrauen ausgedrückt werden – ein Zeichen dafür, dass man Sie mag. Gute Freundinnen reden untereinander sehr ungezwungen über solche Dinge. Unsere vietnamesischen Freunde erklärten uns einhellig, dass diese Kommentare ehrlich und nett gemeint sind; sie zeigten, dass jemandem genug an einem liegt, um auch kleine Veränderungen an einer Person, die man mag, zu sehen. Mitunter stecke darin auch ein gut gemeinter Ratschlag, zum Beispiel weniger zu essen oder mehr zu schlafen.

Versuchen Sie es positiv zu sehen, Sie gelten jetzt möglicherweise wirklich als »Schwester«. Haben Sie einmal **Freundschaften** geschlossen, eröffnen sich für Sie wundervolle Einblicke in die Gepflogenheiten und das Alltagsleben in Vietnam. Ihre Freunde werden Ihnen bei auftretenden Problemen helfen, Sprachbarrieren überbrücken und können all die Fragen und Wunderlichkeiten, die Ihnen täglich begegnen werden, beantworten und erklären.

Und wie ist es mit den Fragen zu **Gehalt** und **Familienstand**? Tatsächlich ist es in Vietnam durchaus normal, sich gegenseitig vom Gehalt zu erzählen – eine Sache, die bei uns eher als Tabu gilt. Sie müssen auch nicht zwangsläufig fürchten, dass das Gegenüber angesichts hoher Summen neidisch wird oder Sie anbettelt. Ob Sie ehrlich antworten wollen oder sich höflich mit einer viel- und nichtssagenden orakelhaften Antwort oder gar einer kleinen Notlüge aus der Affäre ziehen – beides wäre völlig akzeptabel, darin sind die Vietnamesen ja schließlich selbst Weltmeister!

Mehr dazu im Kapitel »Aber er hatte doch »Ja« gesagt ...« ab Seite 179.

Big (Mac) in Vietnam: Hồ Chí Minhs Kinder gehen durch dick und dünn

Vietnam beschäftigen mittlerweile zwei gegensätzliche Ernährungsfragen: Während auf der einen Seite laut einer Studie in ländlichen Gebieten gut 20 Prozent der Kinder an **Unterernährung** leiden (in den Städten sind es rund 10 Prozent), gelten in den Städten knapp 30 Prozent der Kinder als **übergewichtig**, etwa 7 Prozent gar als fettleibig. Die Zeitung *Tuoi Tre News* schrieb, dass sich die Zahl der übergewichtigen Grundschüler im Distrikt 10 von Ho-Chi-Minh-Stadt innerhalb von zehn Jahren verdoppelt habe. »Ho-Chi-Minh-Stadt will steigende Fettleibigkeit bei Kindern bekämpfen«, titelte die *Viet Nam News* im Frühjahr 2013.

Aber nicht nur pummelige Kinder machen Schlagzeilen: Die Zeitung *Sài Gòn Giải Phóng* zitierte eine Studie des vietnamesischen Ernährungsinstituts, die 40 Prozent von 17.000 untersuchten Erwachsenen aus verschiedenen Regionen des Landes einen »**fetten Bauch**« bescheinigte. Die Zahlen variieren je nach Studie, Untersuchungsgebiet und Altersgruppe, die Tendenz ist jedoch ein Dauerthema in den Medien: Wohlhabende Städter werden dicker.

Als Hauptgründe werden **Überfütterung** durch die Eltern und **körperliche Inaktivität** genannt. »Viele Kinder sitzen passiv vor dem Fernseher oder spielen Computerspiele«, erklärt ein Experte. Eltern, die in Hungerzeiten aufgewachsen seien, wollten ihren Kindern alles bieten, was sie selbst nicht hatten, argumentiert das Magazin *Asia Life*.

Thanh Nien News nennt noch ein weiteres Problem: Bei über die Hälfte der Kinder in Vietnam habe man Vitaminmangel festgestellt, hervorgerufen durch **Fehlernährung** und zu wenig Sonnenlicht.

Die Zeiten der Hungersnöte sind vorbei – zumindest den oberen Einkommensschichten in den Städten bietet sich auf Schritt und Tritt ein Überangebot an Essbarem aus Ost und West. **Fast Food** ist in Vietnams Städten schon seit Jahren präsent: Kentucky Fried Chicken, Pizza Hut und die japanisch-koreanische Kette Lotteria findet man überall. Im Jahr 2011 stieß Burger King dazu, und im Februar 2014 eröffnete Henry Nguyễn, der Schwiegersohn des Premierministers, als Franchisenehmer das erste McDonald's-Restaurant Vietnams in Ho-Chi-Minh-Stadt.

19 Na, Kleine, warst du denn schon mal im Internet?

In Sapa zwischen Wifi und Wasserbüffeln

Im Morgengrauen hat Florian das Bergstädtchen Sapa in der Nähe der chinesischen Grenze erreicht. Noch ganz benommen von der Fahrt im Nachtzug von Hanoi nach Lao Cai und der anschließenden Busfahrt den Berg hoch lässt er sich dort erst mal in einem kleinen Hotel aufs Bett fallen. Von seinem Zimmerfenster aus kann er die Reisterrassenfelder sehen, die sich wie leicht geschwungene breite Treppenstufen an die Hänge schmiegen. Die Morgensonne taucht die Felder in ein so unglaublich saftig leuchtendes Grün, dass der Anblick wie ein kitschiges, maßlos farbübersättigtes Foto aussieht. Ein Hauch von wattigem Nebel, der sich in die Täler duckt, macht die Szene noch unwirklicher.

Nach einem Nickerchen stellt sich Florian unten vor das Hotel, um auf seinen Trekkingführer zu warten. Er hat eine dreitägige Wanderung mit »Homestay«-Übernachtungen bei einer Gastfamilie gebucht. Auf der Straße kommt ein Mädchen auf ihn zu. Florian schätzt es auf etwa zwölf Jahre. Es trägt die indigoblaue Tracht des H'mong-Bergvolkes mit bestickten Ärmeln, ein knallbuntes Umhängetäschchen und schwarze Wadenwickel.

Schnell zückt Florian seine kleine Digitalkamera, hält dann aber inne. Ob man das wohl darf? Gibt es nicht irgendwelche Völker, die glauben, man würde ihnen die Seele rauben, wenn man sie fotografiert? Vielleicht würde er das Kind zu Tode erschrecken?

Vorsichtig zeigt er auf seine Kamera und versucht mit dem Mädchen Kontakt aufzunehmen: »Klick-klick?« Das Mädchen beginnt zu lachen. »Alles in Ordnung? Ich bin Chai, deine Reiseleiterin«, sagt sie auf Englisch. Florian muss sich erst einmal sortieren. Ein Kind?

Wenige Minuten später marschiert er hinter Chai durch das Städtchen, umgeben von mindestens zehn H'mong-Frauen, alle in dieser bunten Tracht, und es werden immer mehr. Um den Hals tragen sie schwere Silberketten, an den Ohren große Ohrringe, gleich mehrere auf einmal im selben Ohrloch. Einige haben ganz blaue Hände. Wie er heiße und woher er komme, wird Florian ein übers andere Mal gefragt. Sie verkaufen Silberschmuck, handbestickte Täschchen und kleine Maultrommeln. Sie umringen ihn und sagen: *»You buy from me?«*

Der Tross schiebt sich durch die Cầu-Mây-Straße, vorbei an Souvenirläden, einer Pizzeria, einem indischen Restaurant, einer französischen Bäckerei und Massagesalons. Dann lassen sie das Städtchen hinter sich, und bald wird die Straße zum Pfad. Es geht steil bergauf. Chai läuft im Stechschritt vorneweg in ihren winzigen blauen Plastiklatschen. Florian stapft in seinen Trekkingschuhen hinter Chai her, er kann gerade noch Schritt halten. Vier der Frauen laufen immer noch mit, eine davon trägt auf dem Rücken ein Kleinkind. Florian hat irgendwann nach einigen Kilometern nachgegeben und einer der Frauen ein Täschchen abgekauft, als Geschenk für Nina.

An diesem Abend sitzt Nina zu Hause in Hanoi vor dem Computer und spricht über Skype mit ihrer Mutter. »Gerade hat mir

Florian eine SMS geschickt«, erzählt Nina, »er schreibt, dass er in einem Bergdorf in Sapa gerade mit irgendwelchen Kindern Reisschnaps auf ex trinkt.«

»Um Gottes willen«, sagt Ninas Mama, »das sind ja furchtbare Verhältnisse in diesem armen Land. Hoffentlich ist Florian vorsichtig. Schatz, gibt es dort eigentlich Tiger?«

»Nicht dass ich wüsste.«

»Oder andere wilde Tiere?«

»Mücken, Mama, es gibt hier Mücken.«

»Du fängst ja früh an mit Alkohol«, sagt Florian zu Chai. Es kommt ihm so vor, als würde das H'mong-Mädchen bei jedem Schluck Reisschnaps noch ein bisschen kleiner. »Wie alt bist du eigentlich?«

»Ich bin 22«, sagt Chai.

»Wie ist denn das Wetter bei euch? Ist es heiß?«, fragt Ninas Mutter.

»Ja, ziemlich, heute waren es um die 38 Grad. Phương, meine Kollegin, sagt, dass es in den kommenden Tagen noch viel heißer wird.«

»Warum schickst du uns nicht mal ein Foto von deiner Eingeborenen-Freundin?«, blökt Ninas Bruder aus dem Hintergrund. »Vielleicht so eins, wo sie auf einem Büffel reitet?«

»Ich weiß ehrlich gesagt nicht, ob Phương schon jemals auf einem Wasserbüffel geritten ist. Aber vielleicht kann ja Florian …?«

»Trägt Phương auch so einen Strohhut?«, fragt ihr Bruder.

Langsam wird es Nina ein bisschen zu doof. »Sie trägt einen Mopedhelm und eine Handtasche, wo Gucci draufsteht, und sie hat ein iPad.«

Florian schaut auf sein Smartphone. Er sagt zu Chai: »Meine Freundin Nina möchte, dass ich ein Foto von dir auf einem Wasserbüffel mache.«

»Ja ja, klick-klick«, sagt Chai und lacht. »Wasserbüffel reiten ist was für Kinder«, verkündet sie. »Sag ich ja«, neckt Florian zurück, »und für Mark Zuckerberg, immerhin.«*

»Wer ist das?«, fragt Chai.

»Das ist der Gründer von Facebook. Warst du schon mal im Internet?«

Chai klatscht in die Hände. »Wollen wir Facebook-Freunde sein, Florian?«

Was hinter der Idylle des Bergvolk-Lebens steckt

Sapa, das wird dem Besucher ziemlich schnell klar, ist alles andere als ein Geheimtipp. Das Bergstädtchen, das früher den Franzosen als Erholungsort diente, hat sich gänzlich dem Tourismus verschrieben. Im Gebiet rund um das Städtchen siedeln Bergstämme wie das der **H'mong**, eines der mehr als 50 verschiedenen ethnischen Minderheitenvölker in Vietnam. Die Reiseleiterin Chai gehört der Untergruppe der Schwarzen H'mong an, wobei »schwarz« sich auf die dunkle Farbe der Tracht bezieht.

Die H'mong und weitere Bergvölker stellen heute die hauptsächliche »Touristenattraktion« Sapas dar. Vietnamesische Tou-

* Ein Bild von Mark Zuckerberg, wie er während seiner Vietnamferien in Sapa auf einem Wasserbüffel reitet, ging 2011 durch die internationalen Medien – zu einer Zeit, als in Vietnam der Zugriff auf das soziale Netzwerk Facebook zum Teil nur erschwert möglich war. Die vietnamesische Regierung hatte sich jedoch nie offiziell zu einer Sperrung von Facebook bekannt.

rismusunternehmer haben den Wirtschaftsfaktor dieser Stämme längst erkannt. Die H'mong-Frauen nehmen oft täglich den kilometerlangen Fußmarsch aus ihrem Dorf nach Sapa auf sich, um dort Handarbeiten zu verkaufen oder als Trekkingleiterin zu arbeiten.

Diese Frauen legen beim **Verkauf von Souvenirs** eine gewisse Hartnäckigkeit an den Tag, aber auch einen charmanten, herzlichen Humor. Zum Kauf müssen Sie sich natürlich nicht verpflichtet fühlen – es spricht jedoch nichts dagegen, den Einheimischen das eine oder andere lokale Souvenir abzukaufen. Die Preise sind relativ niedrig, und auch hier darf ein bisschen gefeilscht werden.

Was auffällt, ist, dass die **H'mong-Tourenleiterinnen** im Vergleich zu den Mehrheitsvietnamesen oft über erstaunlich gute Englischkenntnisse verfügen, obwohl viele nur eine spärliche Schulbildung hinter sich haben. Sie erklären dies damit, dass der Kontakt mit Touristen zu ihrem täglichen Brot gehört. Sie sind deshalb auch bestimmt schon Hunderte von Malen **fotografiert** worden. Trotzdem ist es immer angebracht, vorher um Erlaubnis zu fragen.

Begegnungen mit einheimischen Trekkingleiterinnen sind in der Regel für beide Seiten interessant: Die internationalen Gäste werden viel gefragt, erfahren während der Wanderung aber auch einiges aus dem Leben der H'mong. Vielleicht wird Ihnen auf einem Trek gezeigt, wie der **Indigo** angebaut wird und Hanfstoffe damit im Dorf von Hand gefärbt werden – deshalb die blauen Hände.

Möglicherweise bekommen Sie auch einen kleinen Einblick in das, was hinter der idyllischen Kulisse aus Reisfeldern, farbenfrohen Stoffen und Kindern auf Wasserbüffeln abspielt: ein hartes, oft entbehrungsreiches Leben. Bei den sogenannten **Homestay**-Häusern, in denen Touristen bei Gastfamilien übernachten können, handelt es sich um eigens aufgemotzte Varianten und nicht um typische H'mong-Behausungen. Letztere sind zumeist dunkel, ohne Holzböden, und es gibt keine Matratzen zum Schlafen oder Toiletten mit Wasserspülung.

Die junge Generation der H'mong befindet sich im Spagat zwischen einem einfachen Bauernleben wie vor 100 Jahren und dem Vernetztsein mit der modernen Welt.

Facebook und Youtube sind top – Vietnam ist online

Vietnambesucher mag es erstaunen, dass sie in den Städten buchstäblich an jeder Ecke ein Café mit **Gratis-Wifi** vorfinden. Überall sieht man Jugendliche auf iPads herumwischen, selbst auf dem Motorroller-Rücksitz im Stoßverkehr. Auch Dörfer wie Sapa oder das idyllische Mai Chau sind längst vernetzt.

Laut einer Studie der Agentur We Are Social von Januar 2014 **nutzen 39 Prozent der vietnamesischen Bevölkerung das Internet** – dies liegt etwas über dem weltweiten Durchschnitt von 37 Prozent (in Deutschland sind es rund 77 Prozent der Bevölkerung ab 14 Jahren). 69 Prozent der vietnamesischen Bevölkerung leben in ländlichen Gebieten.

Ein Drittel der Bevölkerung gehen mit mobilen Geräten online. 20 Prozent der Bevölkerung besitzen ein **Smartphone**. 97 Prozent der Internetnutzer nutzen soziale Netzwerke online. Im Oktober 2012 überholte **Facebook** das Portal *Zing.vn* und wurde mit 8,5 Millionen Nutzern Vietnams beliebtestes soziales Netzwerk. Im Januar 2014 nutzten in Vietnam **20 Millionen** Menschen Facebook (22 Prozent der Bevölkerung).

Mobiltelefone, Facebook-Accounts (auf die die H'mong-Frauen manchmal über die Computer in den Aufenthaltsräumen von Hotels zugreifen) und Weltoffenheit dürfen nicht darüber hinwegtäuschen, dass ethnische Minderheitenvölker in Vietnam noch immer verstärkt von **Armut** betroffen und hinsichtlich Schulbildung und Gesundheitsversorgung benachteiligt sind.

Die Minderheiten leben überwiegend in den eher unzugänglichen und schlecht erschlossenen Regionen, wo es außer im Tourismus kaum Arbeitsplätze gibt. Müttersterblichkeit und Menschenhandel bleiben ein Problem.

Zwar konnte Vietnam die **Armutsquote** insgesamt von fast 60 Prozent in den frühen 1990er-Jahren auf 20,7 Prozent im Jahr 2010 reduzieren, jedoch entfielen laut einem Bericht der Weltbank auf die ethnischen Minderheiten, die weniger als 15 Prozent der Bevölkerung ausmachen, fast 50 Prozent der in Armut lebenden Menschen in 2010.

Vietnams Bevölkerung setzt sich zusammen aus **mehr als 50 ethnischen Gruppen**. Die große Mehrheit stellen mit rund 86 Prozent die Việt (auch Kinh genannt) dar. Die meisten Stämme ethnischer Minderheiten, insgesamt mehr als acht Millionen Menschen, besiedeln das heutige Vietnam seit Jahrhunderten bis Jahrtausenden. Sie leben zum größten Teil in den Bergregionen des Landes von Nord bis Süd. Jedes Volk hat seine eigene Sprache und Kultur. Die kleinsten Minderheitengruppen haben nur einige Hundert Angehörige.

Der Tourismus ist in Sapa eine wichtige Einkommensquelle. Nicht selten kommt jedoch **nur ein Bruchteil der Einnahmen** aus den Trekkingtouren tatsächlich bei den H'mong-Reiseleiterinnen an, die meist bei vietnamesischen Agenturen angestellt sind. Auch Restaurants, Hotels und Geschäfte sind bis auf wenige Ausnahmen in den Händen der Vietnamesen (oder besser gesagt der ethnischen Mehrheit im Lande, der Kinh). Es gibt aber mindestens zwei in Sapa tätige Organisationen, die von H'mong geführte Geschäftsmodelle fördern und auch Touren anbieten sowie Bildungsangebote für die H'mong bereitstellen.

»Asiaten sehen viel jünger aus, als sie in Wirklichkeit sind« – dieses Thema wird in zahlreichen Internetforen diskutiert, manchmal mehr, manchmal weniger fundiert. Tatsache ist, dass sich viele westliche Vietnamneulinge anfangs grandios vertun, wenn sie das Alter ihres vietnamesischen Gegenübers schätzen müssen. Dies gilt auch bei Angehörigen ethnischer Minderheiten. Zu einem Teil mag dies mit der Körpergröße zusammenhängen. Studien zufolge beträgt die durchschnittliche Körpergröße ausgewachsener Jugendlicher in Vietnam 1,61 Meter. Die Regierung wollte im Jahr 2011 eine Strategie verwirklichen, um diese Durchschnittsgröße bis 2020 um 4 Zentimeter zu heben. In diesem Zeitraum sollte zudem der Anteil unterernährter Kinder unter 5 Jahren von 17,5 Prozent auf weniger als 5 Prozent reduziert werden. Experten gehen jedoch davon aus, dass Unterschiede in der Körpergröße zu 60 bis 80 Prozent genetisch bedingt sind und nur zu 20 bis 40 Prozent von äußeren Faktoren, hauptsächlich der Ernährung, beeinflusst werden. Sie halten das von der Regierung gesteckte Ziel für unerreichbar.

20 Ja ist denn heut schon Juni?

Im Zeichen des Mondkalenders

Der kleine Tempel liegt ein ganzes Stück außerhalb von Hanoi. Der Weg dorthin war nicht ganz einfach zu finden, erst mit dem Bus, dann mit dem *xe ôm*, einem Motorradtaxi. Aber es soll sich lohnen, hat Florian von den beiden Vietnamesen im Nachtzug auf der Rückfahrt von Sapa versichert bekommen. In diesem jahrhundertealten Tempel soll es nicht nur eine besonders interessante Statue geben, sondern es findet auch am 15. Juni ein rauschendes Fest statt, eine religiöse Feier zu Ehren des Schutzgottes der Region.

Tempel oder Pagode?

Es gibt in Vietnam eine Vielzahl an Tempeln, und nicht immer wird für den Touristen klar, was genau sich dahinter verbirgt. Das liegt daran, dass der Begriff Tempel keiner bestimmten Religion zugeordnet ist. Ein Tempel kann ein Heiligtum sein, in dem traditionelle vietnamesische Gottheiten wie die »Muttergöttinnen« angebetet werden.

Es können dort aber auch Götter, Heilige und Geister aus dem daoistischen Pantheon stehen. Oder es können sehr irdische Vertreter verehrt werden: ein General, der vor Jahrhunderten eine entscheidende Schlacht gewann, oder ein Dorfpatron, der der Legende nach ein bestimmtes Handwerk in das Dorf brachte. Alle solche Gebäude heißen Tempel oder werden zumindest in Fremdsprachen mit »Tempel« übersetzt. Der Begriff Pagode hingegen ist fest mit buddhistischen Gebäuden verkettet. Wer in eine Pagode geht, der findet dort ein buddhistisches Heiligtum vor.

Das Motorradtaxi nähert sich langsam dem Tempel. Ein paar Kinder spielen Ball auf der Straße, zwei Händlerinnen tragen Obstkörbe. Vor dem Tempel sitzt ein einsamer Verkäufer hinter einem Stand mit Räucherstäbchen.

Florian steigt ab und geht auf das Gebäude zu. Von einem Fest ist definitiv nichts zu sehen. Alles schon vorbei? Oder findet die Sache erst heute Abend statt? Dabei waren die beiden Vietnamesen in diesem Punkt eigentlich recht deutlich: Mittags wird gefeiert, hatten sie bekräftigt.

Er betritt den Tempelvorhof. Eine junge Frau ist dort damit beschäftigt, Papierblumen zusammenzustecken. »Entschuldigung?«, fragt Florian, »... äh... sollte heute hier nicht ein Fest stattfinden?«

Die junge Frau sieht hoch und lächelt. »Das Tempelfest ist erst in drei Wochen«, antwortet sie.

Oh. »Aber mir wurde gesagt, es sei am 15.!« Die junge Frau nickt. »Ja, am 15., richtig.« Florian zieht sein Smartphone mit der Datumsanzeige aus der Hosentasche und schaut zur Sicherheit noch einmal auf das Datum: »Heute ist der 15.! Oder reden wir von einem anderen Monat?«

Die junge Frau nickt erneut. »Nächsten Monat. Heute ist erst der 24. In drei Wochen.«

24.? »Heute ist der 24. was?«, fragt Florian und bekommt zur Antwort: »24. Mai. Heute ist der 24. Mai.«

Florian schüttelt den Kopf. »Heute ist der 15. Juni!«, sagt er. »Es ist ganz sicher der 15. Juni, ich bin doch Ende Mai erst losgeflogen.«

»Ach sooo«, sagt die Frau. »Nein, nein, heute ist nach dem vietnamesischen Kalender der 24. Mai. Das Fest ist erst in drei Wochen.«

»Und deswegen«, sagt Florian abends zu Nina, als sie auf dem Dach ihres Hauses sitzen, »gab es für mich halt kein Fest. Wobei ich immer noch nicht genau weiß, was der vietnamesische Kalender sein soll. Tempel war aber trotzdem schön. Alte Statuen. Ein goldenes Wandrelief mit so Teufeln und Dämonen drauf. Sehr spannend.«

Nina grinst. »Sie meinte den Mondkalender, Florian. Ich hab Anfang des Jahres einer Kollegin einen selbst gebastelten Fotokalender geschenkt. Als ich kürzlich bei ihr zu Hause eingeladen war, hing der Kalender noch immer mit dem Deckblatt an der Wand. Sie sagte, das allererste Foto sei so schön. Als ich sie dann gefragt hab, ob sie denn den Kalender nicht als Kalender nutzen wolle, meinte sie, da fehlten halt die Mondtage.«

Florian trinkt einen Schluck aus der Bierflasche. »Auf dem Rückweg bin ich dann noch an einem anderen Tempel vorbeigekommen. Da war dann ein Fest. So ein kleines. Menschen haben sich versammelt und gesungen, und es brannten ganz viele Räucherstäbchen.«

»Was war das für ein Fest?«

»Ich hab mich nicht getraut zu fragen.«

Weshalb im Juni noch Mai sein kann

Vorsicht bei Daten! Es gibt zwei Arten, in Vietnam den Monat und den Tag zu bestimmen, und beide werden auch tatsächlich angewendet. Die Vietnamesen folgen im Geschäftsalltag dem »westlichen« also dem gregorianischen Kalender, in vielen anderen Bereichen aber dem sogenannten Mondkalender.

Ein **Mondmonat** dauert 29,5 Tage, von Neumond bis zum nächsten Neumond. Ein Mondjahr ist damit elf Tage kürzer als ein Jahr, wie wir es nach dem gregorianischen Kalender gewohnt sind. Nicht selten fallen besondere Feiertage auf den Vollmondtag, also auf den 15.

Der Mondkalender regelt alle **religiösen und traditionellen** und auch zahlreiche familiäre Feiertage. Der Todestag zum Beispiel, der in Vietnam ein sehr wichtiger Tag ist, wird nach dem Mondkalender bestimmt. Auch der wichtigste vietnamesische Feiertag überhaupt, das Neujahrsfest *(Tết)*, bezieht sich auf das Mondjahr.

Tết – festlicher Ausnahmezustand

Das vietnamesische Neujahrsfest *Tết* (vollständig eigentlich: *Tết Nguyên Đán*) ist der wichtigste Feiertag des Jahres. *Tết* richtet sich nach dem Mondkalender, das Datum fällt deswegen zwischen den **21. Januar und dem 21. Februar**. Manche Supermärkte, Restaurants und Einzelhändler haben rund um *Tết* für zwei bis drei Wochen geschlossen, auch wenn sich das in den vergangenen Jahren etwas reduziert hat. Wer zu dieser Zeit in Vietnam lebt, sollte aber (genau wie die vietnamesischen Familien) **seinen Lebensmittelvorrat auffüllen**. Touristen sollten sich auf Unbequemlichkeiten wie das eine oder andere geschlossene Hotel oder eingeschränkten Busverkehr gefasst machen. Händler oder Dienstleister, die an den Feiertagen arbeiten, lassen sich diese aufopferungsvolle Hingabe oft mit doppelten und dreifachen Preisen bezahlen.

Tết ist ein Familienfest, die eigentlichen **Feierlichkeiten finden zu Hause** statt. Die ersten Gäste des neuen Jahres haben besondere symbolische Bedeutung und sind deswegen oft sehr nahe Verwandte oder besonders gute Freunde – es ist deswegen eher schwierig für Ausländer, das Familienfest aus der Nähe mitzuerleben. Abgesehen von einigen Ritualen am Neujahrsabend und am darauffolgenden Morgen bestehen die Festtage auch vor allem aus gegenseitigen Verwandtschaftsbesuchen, Essen und Trinken (unseren Weihnachtsfeiertagen nicht ganz unähnlich).

In den Wochen vor *Tết* gilt es einige Dinge zu beachten: Es gilt als böses Omen, Schulden ins neue Jahr mitzunehmen, also sollten vorher **alle offenen Rechnungen beglichen** werden. Es ist Brauch, mit neuen Kleidern und neuer Frisur ins neue Jahr zu gehen – die Friseure sind vor *Tết* ausgebucht. Allgemein nimmt kurz vor dem Neujahrstag der Verkehr in den Städten stark zu: Menschen gehen Nahrungsmittel, Getränke und Neujahrsschmuck einkaufen, und jeder, der von seiner Familie getrennt lebt, fährt rechtzeitig zurück in den Heimatort, um zu Hause zu feiern.

Da der Mondmonat kürzer als der Sonnenmonat ist, wird in den Jahreskalender alle vier Jahre ein **Schaltmonat** eingefügt, das Mondjahr hat dann 13 Monate. So wird verhindert, dass das Neujahrsfest plötzlich im Dezember oder gar im Oktober stattfindet, so wie zum Beispiel im islamischen Mondkalender, bei dem wichtige Feiertage wie Ramadan Jahr für Jahr immer weiter nach vorn rutschen. Experten nennen den vietnamesischen Kalender deswegen auch einen lunisolaren Kalender, also einen Sonne-Mond-Kalender: Die Monate richten sich nach dem Lauf des Mondes, das Jahr aber richtet sich nach dem Lauf der Sonne.

Weil das vietnamesische Mondjahr im familiären und im spirituellen Bereich so eine entscheidende Rolle spielt, sind auf **vietnamesischen Kalendern immer zwei Daten** vermerkt: das Monddatum und das gregorianische Datum. Rein westliche Kalender sind für Vietnamesen normalerweise nutzlos, denn anhand derer kann man nicht ablesen, wann das neue Jahr beginnt oder wann das Mittherbstfest kommt oder wann als Nächstes wieder Opfergaben auf den Ahnenaltar gestellt werden müssen.

Das gilt übrigens nicht nur für ältere, traditionelle Vietnamesen. Der Mondkalender ist auch der jüngeren Generation geläufig und alltäglich. Normalerweise ist den Vietnamesen der

Unterschied der beiden Kalender aber bewusst. Im Gespräch sollte es eher selten zu Missverständnissen kommen. Schwieriger kann es schon werden, wenn es um niedergeschriebene Datumsbezeichnungen geht. Verwirrend kann auch sein, dass viele Vietnamesen in einer Fremdsprache die **gregorianischen Monatsbezeichnungen für die Mondmonate** verwenden. Auf Vietnamesisch gibt es das Problem nicht, denn der Februar heißt dort einfach »zweiter Monat«. Man unterscheidet also zwischen dem zweiten Monat des westlichen Kalenders und dem zweiten Monat des Mondkalenders. Wer hingegen das Wort »Februar« hört, der mag als Ausländer automatisch an den ihm bekannten Februar denken. Da hilft dann im Zweifelsfall nur eines: zur Sicherheit noch einmal nachfragen.

Happy New Year zum Zweiten – wann in Vietnam das Jahr beginnt

31. Januar 2014	Jahr des Pferdes
19. Februar 2015	Jahr der Ziege
8. Februar 2016	Jahr des Affen
28. Januar 2017	Jahr des Huhns
16. Februar 2018	Jahr des Hundes

Das vietnamesische Neujahr ist überwiegend datumsgleich mit dem chinesischen Neujahr. Da Vietnam und Peking aber in unterschiedlichen Zeitzonen liegen und das bei der Berechnung des Mondmonats eine Rolle spielt, kommt es etwa alle Vierteljahrhunderte zu einer Abweichung. Die nächste ist 2030 (das vietnamesische Neujahr ist am 2. Februar, das chinesische am 3. Februar).

21 Wer arbeitet hier eigentlich?

Von der Kunst, die Leute auseinanderzuhalten

»Ich hätte gerne eine passende Version von diesem hier. Etwas, worin ich nicht aussehe wie eine Wurst«, sagt Nina. Sie hat ihr knallgelbes Kleid, das sie bisher nur ein einziges – ein erstes und zugleich letztes – Mal getragen hatte, zu einer Schneiderin gebracht. Die soll es nun kopieren.

Die Schneiderin, die ein bisschen Englisch spricht, zeigt ihr in ihrem kleinen Laden ein paar Stoffe und schlägt ihr vor, sie könne sich auch in der Stoffabteilung des nahen Đồng-Xuân-Marktes umschauen. Nina macht sich auf den Weg.

Die Markthallen sind riesig. Der Chợ Đồng Xuân ist ein Schlaraffenland auf engstem Raum in Labyrinthform. Quer durchs Erdgeschoss schlängelt sich Nina in den engen Marktstandschluchten durch die Menschenmassen, vorbei an Plüschraupen mit Sonnenhut, Baby-Gummischuhen in Form von pinkfarbenen Karpfen, Hello-Kitty-Haarreifen, zerhackten Fischen, glitschigen Schildkröten, frischen Frühlingszwiebeln, getrockneten Pilzen und einem Spiderman-Kostüm. Hier gibt es: alles.

Zwischen den Marktständen sieht sie Leute arbeiten, essen und schlafen. Im hinteren Außenbereich schlägt Nina der Fischgeruch wie eine Faust entgegen. Ihr wird ein bisschen schwindlig. Zwischen zwei Hallen wird Nina beinahe von einem Mann angefahren, der auf seinen Roller die Ware bestimmt zwei Meter hoch gestapelt hat. Auf der Außentreppe in der ersten Etage sitzen zwei Frauen hintereinander, die hintere zupft der vorderen mit einer Pinzette einzelne graue Haare vom Kopf.

Oben taucht Nina ein in die nicht enden wollende Welt der Stoffrollen. Wie soll man sich hier entscheiden? Sie streichelt bunt gemusterte Seide, prüft glänzende Stoffe in der Farbe des jungen Reises, wird geblendet von knalligen Rot- und Rosatönen. Von links und rechts werden ihr Stoffe entgegengestreckt. Nina entscheidet sich am Ende für einen blassbeigen und macht sich auf die Suche nach dem Ausgang.

Zurück im Schneiderladen zwängt sie sich ein letztes Mal in das gelbe Kleid, damit die Schneiderin Maß nehmen kann. »So sexy!«, beteuern die Schneiderin und vier weitere Frauen, die sich im Laden aufhalten. Eine davon sitzt auf einem kleinen Plastikhocker und knackt mit den Zähnen Sonnenblumenkerne. Nina erklärt: »Das Kleid muss größer sein. Es soll schön locker sitzen. Und länger. Länger muss es sein.«

»Bis hier?«, fragt die Schneiderin.

»Noch länger.«

»Oh, aber du hast so schöne, lange Beine, sehr sexy!«, ruft die Schneiderin aus.

Nina seufzt. Sie ist 1,63 Meter groß.

Drei Tage dauert es, bis das neue Kleid fertig ist. Drei Tage später betritt Nina den Laden erneut. Er ist ziemlich voll. »Ich würde gerne mein Kleid abholen«, sagt Nina voller Vorfreude zur Schneiderin. Diese schaut sie nur an. »Das Kleid für Nina?«, sagt Nina. Die Schneiderin lächelt ein bisschen und weicht Ninas Blick aus.

Mist, denkt Nina, das ist überhaupt nicht die Schneiderin. Sie blickt in die Runde, fünf Frauen blicken sie an, und sie kann sich nicht mehr erinnern, wie die Schneiderin aussieht. Geschweige denn an ihren Namen, der außen am Laden in großen Buchstaben über der Tür steht. Ich bleibe jetzt einfach ruhig hier stehen, lächle und schau, was als Nächstes passiert, sagt sich Nina.

In dem Moment kommt die Schneiderin aus dem hinteren Teil des Ladens hervor und begrüßt Nina mit einem strahlenden Lächeln. »Hallo, Nina, dein Kleid ist fertig.«

Warum hier scheinbar alle gleich aussehen

Nina ist einem Phänomen zum Opfer gefallen, das die Wissenschaft **Cross-Race Bias** nennt: dass es einem leichterfällt, sich Gesichter der eigenen ethnischen Gruppe zu merken als Gesichter fremder Ethnien. Eine mögliche Erklärung dafür ist, dass bei anderen Ethnien als Merkmal in erster Linie die äußeren ethnischen Unterschiede auffallen, die wir uns zuerst merken (in unserem Fall also »ein Vietnamese« beziehungsweise »ein Asiate«), bei der eigenen Ethnie jedoch direkt individuelle Merkmale wahrgenommen werden (zum Beispiel »ein Mann mit Dreitagebart, dünnen Lippen und eng stehenden Augen«).

Versuchen Sie, sich **das Gesicht Ihres Gegenübers** immer gut einzuprägen. Und, wenn es irgendwie geht, auch den Namen, notfalls mit einer Eselsbrücke. Denn in Vietnam werden wir Westler meist sofort wiedererkannt, und das, obwohl wir »alle gleich aussehen«. Wir fallen einzeln als Exoten eben auf wie bunte Hunde. Neue Kollegen schreiben Ihren Namen auf Anhieb richtig; Parkplatz-Jungs wissen manchmal noch nach Stunden, welcher Roller Ihnen gehört (es sei denn, Sie haben Ihr Parkticket verloren – vermeiden Sie dies unter allen Umständen).

Da sich in Vietnam **unzählige Menschen auf engstem Raum** aufhalten, in Restaurants schnell mal fünf bis sieben Kellnerinnen und Kellner um Sie herumstehen (beziehungsweise Sie ignorieren – siehe dazu Kapitel »Brüllen, bis der *Em ơi* kommt« ab Seite 62), kann es für uns im Gewusel manchmal noch schwieriger sein, sich auf einzelne Personen zu konzentrieren, geschweige denn zu unterscheiden, wer Kellner und wer Kunde ist. Hier hilft nur eins: Schauen Sie genau hin.

Chợ Đồng Xuân: Hanois Mega-Markt

Der **Đồng-Xuân-Markt** im zentralen Hoàn-Kiếm-Distrikt, 1889 erbaut, ist der größte überdachte Markt in Hanoi. Ein Besuch in diesen Hallen können Vietnamneulinge genauso als Extremsport empfinden wie das erste Überqueren der Straße (siehe Kapitel »Vietnam, ungebremst« ab Seite 21). Touristen sind hier nicht die eigentliche Zielgruppe, aber das macht einen Besuch umso spannender. Dieser Markt eignet sich offensichtlich nicht für eine gehetzte Souvenirjagd in letzter Minute; die beste Voraussetzung für einen Besuch ist, wenn Sie eigentlich gar nichts brauchen. Wenn Sie sich dann noch genügend Zeit nehmen und nicht klaustrophobisch veranlagt sind, wird diese Expedition zu einem wundervoll abgefahrenen, berauschenden Museumsbesuch. Vielleicht werden Sie am Ende Dinge entdecken, nach denen Sie schon lange gesucht haben, oder Sachen kaufen, von denen Sie sich nie hätten träumen lassen, dass Sie sie unbedingt wollen.

Das Erlebnis Reizüberflutung geht in den umliegenden Straßen noch weiter: Die Verlängerung der Đồng-Xuân-Straße, die nach Süden zum Hoàn-Kiếm-See führt, wird am Freitag-, Samstag- und Sonntagabend für den Verkehr für den belebten **Nachtmarkt** gesperrt, auf dem Schuhe, Sonnenbrillen, T-Shirts und allerlei Krimskrams verkauft werden. Insbesondere auf dem Nachtmarkt, aber auch zuweilen an anderen Orten in der Altstadt, wurden wir vermehrt von freundlichen Verkäufern vor Taschendieben gewarnt und darauf hingewiesen, auf unsere Taschen und Wertgegenstände zu achten. Die **Hàng-Mã-Straße** südwestlich vom Markt ist sehenswert wegen ihrer Läden voller buntem, schillerndem Dekor.

22 Wie heißt denn nun die Stadt im Süden?

Saigon oder Ho-Chi-Minh-Stadt?

»Bist du allein unterwegs?«, sagt Florian zu Huy. Huy ist Anfang 20, er kommt aus dem Mekongdelta, und er sitzt genauso wie Florian an diesem Tag im einem kleinen Touristenbus, der ein Dutzend Menschen in die Halong-Bucht bringt. Außer Florian und Huy sitzen noch eine Gruppe Amerikaner, einige Australier und ein italienisches Pärchen im Kleinbus.

Huy nickt. »Vietnamesen reisen nicht gerne allein«, sagt er und beißt von einem Riegel aus einer pulvrigen Paste ab, die er »grüne Bohnen« nennt. »Ich bin da eher eine Ausnahme. Noch.« Seit einer Stunde unterhält sich Florian jetzt schon mit Huy, der ausgezeichnet Englisch spricht, obwohl er nie im Ausland gelebt hat. Er war noch nie im Norden und hat in den nächsten Tagen ein ähnliches Programm vor, wie es Florian bereits hinter sich hat.

Grüne Bohnen zum Dessert

Vom süßen Riegel bis zum Bestandteil für den so wichtigen *bánh chưng* (den deftigen Reiskuchen zum Neujahrsfest) – für zahlreiche Gerichte verwenden die Vietnamesen *đậu xanh,* wörtlich übersetzt: die »grüne Bohne«. Oft übersetzen Vietnamesen, wenn sie mit Ausländern sprechen, den Begriff ins Englische und reden von *green beans; đậu xanh* hat jedoch wenig mit der in Deutschland als grüne Bohne bekannten Gartenbohne zu tun. Der deutsche Begriff lautet **Mungbohne oder Mungobohne**.

Mungbohnen sind von China bis Indien verbreitet, sie werden gekocht und zu Paste oder Mehl verarbeitet. Sehr beliebt sind in Vietnam kleine, würfelförmige Snacks aus Zucker und Mungbohnenmehl, die man sich für schnelle Kalorienzufuhr in den Mund schiebt. Viel bekannter als die Mungbohne selbst sind in Europa die **Sprossen der Mungbohne**, die wir fälschlicherweise **Sojasprossen** nennen. (Die Sojabohne ist weniger für ihre Sprossen bekannt als für das Öl, das aus ihr gewonnen und aus dem Sojasauce gemacht wird). Mungsprossen werden roh der *phở* beigefügt, finden sich zerhackt in vietnamesischen Frühlingsrollen oder werden als Pulver zu Glasnudeln *(miến)* verarbeitet.

»Ich fliege in ein paar Tagen nach Ho-Chi-Minh-Stadt«, erzählt Florian.

»Oh, wenn du nach Saigon fliegst, musst du unbedingt das Essen dort probieren!«, sagt Huy begeistert. Florian schaut ihn von der Seite an. Saigon? Ist das nicht der alte Name für die Stadt? Der Name aus der Zeit des Krieges? Florian sagt etwas zögerlich: »Ist das Essen in ... Ho-Chi-Minh-Stadt denn anders?«.

»Ganz anders!«, bekräftigt Huy. »Viel herzhafter! Hier im Norden schmeckt das Essen doch langweilig und fad. Im Süden benutzen wir mehr Gewürze und wechseln mehr im Geschmack. Mehr Chili, mehr Kokosmilch ... ach, es schmeckt einfach besser da. Und Saigon ist ein wunderbarer Ort, um das alles auszuprobieren.«

Regionale Küche: im Norden salzig, im Süden süß

Dass die Spezialitäten von Nord und Süd unterschiedlich sind, erklärt sich allein schon aus den klimatischen Bedingungen. In **Nordvietnam** herrscht kühleres Klima, es wachsen dort weniger Früchte und tropische Gewürze. Die nordvietnamesische Küche ist deswegen nicht so scharf gewürzt und neigt generell **weniger zu**

Geschmacksextremen. Stattdessen wird viel mit Pilzen, Kräutern und Meeresfrüchten gekocht. Wichtiger Bestandteil ist oft die salzige **Fischsoße**, die im Norden fast nicht verdünnt wird und so für das Aroma sorgt. Als klassisch nordvietnamesisches Gericht gelten unter anderem die *bánh cuốn,* Teigtaschen aus Reismehl, Schweinefleisch, Pilzen und Zwiebeln.

Ganz anders dagegen **Mittelvietnam**, wo im Hochland besonders viele Gewürze gedeihen. Das prägt auch die Küche, die als **besonders scharf gilt**. Dafür wächst in der relativ wasserarmen Gegend deutlich weniger Gemüse. Da der vietnamesische Königshof das ganze 19. Jahrhundert über in der mittelvietnamesischen Stadt Hue weilte, entwickelte sich dort die sogenannte **kaiserliche Küche** mit raffinierten, farbenfrohen Gerichten, die in verschiedenen kleinen Portionen serviert werden. Ein typisches mittelvietnamesisches Gericht ist *cơm hến,* ein Gericht aus kleinen Muscheln, Reis, Chili, Pfeffer, Erdnüssen, Zitronengras, frittierter Schweinehaut und Kräutern.

Die Küche in **Südvietnam** nutzt besonders gerne Kombinationen aus **süß und sauer**. Die Gerichte bekommen mehr Knoblauch und mehr Zucker verpasst als im Rest des Landes. Der Einfluss der südostasiatischen Nachbarn war hier traditionell stärker und führte zu ganz eigenen Ideen. Das tropische, allzeit warme Wetter sorgt für **Früchte und Gemüse im Überfluss**. Die Dessert-Suppe *chè bà ba* nutzt die ganze Fülle der südvietnamesischen Felder und Wälder: Sie besteht aus Taro, Maniok, Süßkartoffel, Lotuskernen, Mungbohnen und Kokosmilch.

Da war es wieder. Saigon. Ist das jetzt ein politisches Statement von Huy? Florian erinnert sich an eine Kommilitonin, die sich selbst immer stur als »Perserin« bezeichnete, um sich von der Regierung des Iran abzugrenzen. Ist das hier so ein Fall? Hat Florian es mit einem Gegner der Regierung zu tun, gar einem Dissidenten? Ihm wird ein wenig mulmig zumute. Hastig wechselt er das Thema. Als sie im Hafen von Halong ankommen, werden sie auf verschiedene Boote verteilt, und Florian hat keine Gelegenheit mehr, nachzuhaken.

»Wie war Halong?«, fragt Phương ihn zwei Tage später, um gleich darauf anzufügen: »Und ich hab gehört, du fliegst schon morgen nach Saigon?« Florian schaut sie an: »Heißt das nicht Ho-Chi-Minh-Stadt?«, fragt er. Phương nickt. »Natürlich, aber Saigon ist schneller. Geht beides«, sagt sie. Florian fällt auf, dass Phương den Namen ausspricht, als seien es zwei eigens betonte Silben, Sai Gon. Er nickt langsam. »Ich hab mich schon gefragt, ob das zwei verschiedene Städte sind«, sagt er und lacht.

»Ich will mir endlich mal den Süden anschauen«, sagt Florian. »Das Mekongdelta, und dann mit dem Zug zurück nach Hanoi. Und vielleicht auf dem Weg anhalten. Ich habe gehört, Hoi An soll schön sein?«

Phương nickt. »Sehr schön! Und nach Hue musst du auch noch, den Kaiserpalast ansehen. Und nach Nha Trang an den Strand, und ...«

»Langsam, langsam, ich weiß gar nicht, wie viel Zeit ich überhaupt habe«, sagt Florian lachend, aber weil Phương ihm weiter von den offenbar wunderbaren Reisezielen in Süd- und Mittelvietnam vorschwärmt, freut er sich jetzt umso mehr auf seine Rundreise durch das Land.

In noch immer beschwingter, fröhlicher Stimmung steht er am nächsten Tag in der Halle des Hanoier Flughafens.

»Wohin?«, fragt die Dame am Eingang zur Abflughalle der Inlandsflüge.

»Nach Saigon«, sagt Florian freundlich lächelnd. Die Frau schaut auf sein Flugticket, kontrolliert dann akribisch die Daten, händigt ihm das Ticket schließlich aus.

»Ho-Chi-Minh-Stadt«, sagt sie.

Weshalb es die Namensverwirrung immer noch gibt

Der Name von **Ho-Chi-Minh-Stadt** ist auf eine für Ausländer leicht verwirrende Weise gleichzeitig ein Politikum und kein Politikum. Von manchen Gruppen wird der Name tatsächlich als politische Botschaft verwendet. Manche Exilvietnamesen in den USA und Australien zum Beispiel sagen absichtlich und bewusst Saigon, um sich von der aktuellen vietnamesischen Regierung abzusetzen. In ähnlicher Weise sprechen manche in Ho-Chi-Minh-Stadt lebenden Vietnamesen aus dem Norden bewusst auch im Alltag den etwas langen und komplizierten Namen Thành Phố Hồ Chí Minh (wie Ho-Chi-Minh-Stadt auf Vietnamesisch heißt) aus.

Von solchen Sonderfällen abgesehen sind die beiden Namen weitaus weniger fettnäpfchenwürdig, als man denken könnte. Zahlreiche Hanoier sprechen im Alltag völlig selbstverständlich von »Saigon«. Ho-Chi-Minh-Stadt wird in allen offiziellen Texten und Reden benutzt (also zum Beispiel in der Zeitung) und Saigon eher in der Alltagsplauderei. Mitunter wird im Alltag auch wild abgewechselt. Sehr häufig zu hören ist anstelle von Thành Phố Hồ Chí Minh auch die Kurzform Thành Phố, was genau genommen einfach nur »Stadt« heißt, aus dem Kontext aber von allen Gesprächspartnern verstanden wird. In Zeitungstexten wird der Name oft auch »T.P. HCM« abgekürzt.

Den aktuellen Namen erhielt Ho-Chi-Minh-Stadt 1976, nach Ende des Kriegs, als Südvietnam offiziell in die **Sozialistische Republik Vietnam** eingegliedert wurde. Staatsgründer und Präsident Hồ Chí Minh war zu dieser Zeit bereits seit sieben Jahren verstorben. Abgesehen von einem sehr kurzen Intermezzo, als er 1911 im Hafen von Saigon ein Schiff bestieg und auf der Suche nach Möglichkeiten für die Befreiung des Landes von der französischen Kolonialbesatzung auf eine veritable Weltreise ging, hat Hồ Chí Minh niemals in der südvietnamesischen Metropole gelebt. Die Namensvergabe zu seinen Ehren durch die Kommunistische Partei Vietnams hatte ursprünglich also sehr wohl eher politischen als historischen Hintergrund.

Saigon hieß die Stadt offiziell auch erst seit der **Machtübernahme der Franzosen** 1859, der Name Sài Gòn war umgangssprachlich allerdings schon länger in Gebrauch, vermutlich seit dem 17. Jahrhundert. Die etymologische Bedeutung verliert sich im Dunkeln und könnte chinesische oder thailändische Wurzeln oder Lehnwörter aus dem Khmer haben, aber welche genau, ist bis heute nicht ausreichend geklärt. »Baumwoll-Ort«, »Ort der Zweige und Wälder«, »Waldstadt« sind genauso mögliche Alternativen wie eine Weiterentwicklung des Namens der chinesischen Siedlungsstelle Cholon. Der Name bezeichnet bis heute das chinesische Stadtviertel.

Sài Gòn existiert nach wie vor als offizieller Name für das Stadtzentrum, auch bekannt als **Distrikt 1**. Genauso prangt der Name auf landesweit tätigen Reisebüros (Saigontourist), auf Biermarken (Bia Saigon), und sogar der internationale Flughafencode für Ho-Chi-Minh-Stadt (den man zum Beispiel auf den Gepäckaufklebern findet) ist bis heute SGN.

23 Wuscheln, grabschen, fremderziehen

Unterwegs mit einem Baby

Moritz gluckst. Der elf Monate alte Junge liegt im Kinderwagen und schaut fröhlich auf den Westsee hinaus, während Nina mit Holger und Anne über den Bürgersteig läuft. Holger und Anne sind gute Freunde von Nina. »Unsere Eltern haben uns für verrückt erklärt, dass wir mit Kleinkind den Job in Vietnam angenommen haben«, hatte Holger erzählt. Die ersten Wochen liefen aber völlig problemlos. Das Paar kann sich sogar eine Haushaltshilfe leisten, die sich neben Kochen und Bügeln für einige Zeit am Tag um Moritz kümmert.

Am Wochenende spazieren sie regelmäßig gemeinsam am Seeufer. »Anfangs war es etwas ungewohnt«, erzählt Anne. »Man muss hier in Hanoi schon sehr aufpassen, wo man überhaupt mit Kinderwagen entlanglaufen kann.« Nina nickt und denkt an die Straßen in ihrem Wohnviertel: hohe Bürgersteige, hier und da auch mal ein fehlender Gullydeckel oder irgendein anderes Loch im Boden – ein Paradies für Fußgänger ist Hanoi nun nicht gerade, erst recht nicht mit Kinderwagen. Hier, rund um den Westsee, wo sich ein Wohnviertel mit ausladenden Villen befindet, sind die Straßen breiter, und der Verkehr ist weniger dicht.

Moritz reimt Wortsilben vor sich hin. Zwei junge Frauen stehen vor einem Haus, als die drei Deutschen mit Kinderwagen vorbeilaufen.

Die Vietnamesinnen beugen sich sofort über den Wagen, reden aufgeregt und sprechen Anne an: »*Boy or girl? How old?*« So geht es schon die ganze Zeit. Das Baby scheint wie ein Eisbrecher zu wirken: Überraschend häufig kommt es vor, dass Menschen fröhlich lächeln, stehen bleiben, nach dem Alter fragen oder sogar ein kurzes Gespräch beginnen.

Eine der beiden Frauen streckt die Hand aus und streichelt Moritz im Gesicht. Die andere greift nach seiner Hand und spielt mit seinen Fingern. »*Very sweet*«, sagt eine der beiden, als die drei Deutschen weitergehen. »Stört dich das nicht, wenn Fremde in sein Gesicht greifen?«, fragt Nina. Anne seufzt. »Ach, da haben wir uns mittlerweile dran gewöhnt. Das passiert ständig. Anfangs hab ich mal versucht, das abzublocken, aber niemand hat verstanden, was ich überhaupt will. Ich hab mir mittlerweile antrainiert, den Leuten ganz schnell auf die Hände zu schauen. Wenn sie schmutzig sind, hebe ich Moritz hoch. Dann spielen sie mit seinen Füßen, das geht ja noch.«

Eine ergraute, Betel kauende Vietnamesin steht plötzlich vor der kleinen Gruppe. Sie hat Lachfalten im Gesicht, trägt einen mit Blumen verzierten Pyjama, beugt sich fröhlich über den Kinderwagen und lacht Moritz an. Ihre Zähne sind rot gefärbt vom Betel, und sie schmatzt, als sie den Mund öffnet. Anne nimmt schnell ihren Sohn auf den Arm. Die alte Frau lächelt. Moritz kichert und steckt die Hand in den Mund. Die alte Frau schüttelt den Kopf und greift nach Moritz' Arm, zieht ihm den Daumen aus dem Mund und sagt etwas auf Vietnamesisch. Anne lächelt ihr freundlich zu, hält das Baby außer Reichweite und geht hastig weiter.

»Auch das passiert häufiger«, sagt Holger schließlich zu Nina. »Fremde Leute wollen mein Kind erziehen oder uns belehren.«

Am Ende ihres Spaziergangs um den See haben die Eltern von zahlreichen aufmerksamen, freundlichen Vietnamesen Ratschläge erhalten. Eigentlich ist es vor allem ein einziger Ratschlag: Viele zupfen sich oder den Jungen am Ärmel und werfen dann einen besorgten Blick in Richtung Eltern. Einige deuten auch auf die Hose oder auf den Kopf. Eine Frau sagt: *»Cold!«* Moritz ist offensichtlich, nach einhelliger Meinung, zu dünn angezogen.

»Es ist Sommer!«, sagt Nina zu ihren beiden Freunden. »Okay, heute ist der Himmel grau, gestern gab es Gewitter, es ist angenehm frisch. Es sind keine 30 Grad.« Anne sieht sie an: »Das geht schon seit Wochen so. Der Hanoier Winter ist ja wirklich ungemütlich nasskalt, aber seit es im Spätfrühling warm wurde und wir Moritz endlich etwas leichter anziehen konnten, gibt es besorgte Blicke von Menschen auf der Straße. Viele Hanoier fahren auf dem Motorroller ohne Jacke, aber kleine Kinder müssen anscheinend dringend besonders dick angezogen sein. Ich versteh das auch nicht.«

Warum Babys ständig angefasst werden

»Kinderlieb« ist ein Wort, das schnell zur Floskel werden kann, weil viele Menschen sich so bezeichnen. Für Vietnam ist der Begriff aber sehr treffend: Die Vietnamesen sind tatsächlich kinderlieb in dem Sinne, dass eine auffällig große Zahl an Menschen hier **sehr positiv und sehr offen auf Kinder reagiert.** »Man versteht nicht, wie sehr Vietnamesen Babys lieben, bis man da war«, notiert eine seit fünf Jahren durch die Welt reisende australische Mutter in ihrem Blog *The Dropout Diaries.* Was Ninas Freunde hier erleben, ist also kein Sonderfall: Kinder sind ein beliebtes Gesprächsthema, und wer mit Kind in Vietnam unterwegs ist, der wird sehr schnell mit sehr vielen Menschen ins Gespräch kommen. Ist das Kind dann auch noch blond, bedeutet das für die Einheimischen einen besonderen Schuss Exotik, der entsprechend neugierig betrachtet und diskutiert wird.

Allerdings geht mit all dem auch einher, dass die viele Vietnamesen keinerlei Scheu haben werden, das Kind **zu berühren, zu streicheln** und diverse Einzelheiten zu **kommentieren**. In Vietnam herrscht allgemein ein ganz anderes Verhältnis zu Nähe als in westlichen Ländern. Deswegen sehen es Fremde auch nicht als unhöfliches Verhalten, Kinder anzufassen. Wer nicht möchte, dass Dutzende fremder Hände die Finger des Babys anfassen, kann sich entweder mit kleinen Tricks behelfen, zum Beispiel die Kinderhände einfach selbst greifen, oder man entfernt sich eben schnell, höflich, aber entschieden.

Zur Kinderliebe gehört ebenfalls die zunächst einmal ehrlich gemeinte **Sorge um das Kind**. In Vietnam gelten gerade für kleine Kinder andere Wetterregeln als im kühlen Europa: Schon bei einer sanften Brise werden Kinder dick in Kleidung eingemummelt. Generell gehen Städter mit Kleinkindern selten aus dem Haus, wenn sie nicht müssen. »Draußen« droht nach Ansicht zahlreicher Vietnamesen Unbill: schädliche Sonne, diverse Krankheiten und allerlei andere Gefahren. Manche der vielen Ratschläge lassen sich mit einer kleinen, augenzwinkernden Notlüge abfedern: »Deutsche Kinder sind Kälte gewohnt.«

Es gibt ebenfalls zahlreiche kinderliebe, interessierte **Männer**, aber wickelnde oder in ähnlicher Weise am Kinderalltag teilnehmende Männer sind Exoten. Da steckt die vietnamesische Gleichberechtigung noch in den Kinderschuhen (oder dort eben gerade nicht). In vielen vietnamesischen Krankenhäusern sind Männer bei der Geburt nicht im Kreißsaal erlaubt. Männer, die

Kinder wickeln oder füttern, werden Getuschel und ungläubige Blicke ernten.

Windeln sind in Vietnam relativ unüblich. Das ist zum einen eine Preisfrage für den Großteil der eher ärmeren Bevölkerung, zum anderen ist es im schwülheißen Klima auch nicht gerade ideal, Plastikwindeln zu tragen. Vietnamesische Babys werden sehr früh, oft schon vor Vollendung des ersten Lebensjahres, dazu erzogen, in bestimmten Zeitabständen ihr Geschäft zu verrichten, sodass sich die Mutter darauf einstellen kann. In ländlichen Gegenden wird das Baby oft über das Reisfeld oder den Straßenrand gehalten – eine Angewohnheit, die sich bei manchen Städtern gehalten hat: Auch in Hanoi sieht man hin und wieder Mütter, die ihr Kind fürs Geschäft mal kurz über den Bordstein halten. In den Supermärkten der Großstädte sollten zwar überall Plastikwindeln zu finden sein, wer aber mit Kleinkind durchs Land reisen will, deckt sich am besten zur Sicherheit mit einem Vorrat ein. Auch **Babybetten** gehören nicht unbedingt zur Standardausstattung von Hotels, weil vietnamesische Babys meist in den Betten der Eltern schlafen. Kindersitze in Autos sind völlig unbekannt.

Babystühle hingegen sind in Restaurants weitverbreitet, und wer möchte, kann sein Kind auch für eine halbe Stunde dem **Restaurantpersonal** anvertrauen, so wie es zahlreiche vietnamesische Eltern tun: »Eigentlich weiß jede Frau in Vietnam, wie man ein Baby hält und beruhigt«, erzählt uns eine junge vietnamesische Mutter. »Wenn sie nicht selbst schon Mutter ist, dann hat sie auf jeden Fall Geschwister oder Cousinen mit Kleinkindern.« Und die eingangs erwähnte Bloggerin ergänzt: »Ich hatte anfangs Angst, dass jemand im Restaurant mein Baby stehlen will. Am Ende hab ich es genossen, einfach mal wieder mit beiden Händen essen zu können.«

Stillen ist im Alltag selten zu beobachten. Das liegt daran, dass vietnamesische Babys früh abgestillt werden und ohnehin im ersten Lebensjahr selten das Haus verlassen. Werbeeifrige Lebensmittelfirmen haben außerdem weite Teile der Gesellschaft fälschlicherweise davon überzeugt, dass es für Babys gesünder sei, Pulvermilch zu trinken. Wer sich beim Stillen in eine ruhige Ecke zurückzieht, wird nicht schief angesehen. Schwieriger könnte es eher sein, diese ruhige Ecke zu finden.

24 Es muss nicht immer lustig sein

Lächeln für Fortgeschrittene

Am Nachmittag auf dem Weg ins Café bleibt Nina vor einer uralten Frau im Pyjama mit Strohhut stehen, die Ananas aus Tragekörben verkauft. Als diese Nina freundlich anlächelt, kommt eine Reihe schwarzer Zähne zum Vorschein. Nina holt ihre Kamera aus der Tasche und deutet fragend auf den Auslöser. Die Frau beginnt vergnügt zu lachen, dann legt sie den Kopf schief und wedelt mit der Hand vor ihrem Gesicht, immer noch verschmitzt kichernd. Nina schießt ein Bild und kauft der Frau eine Ananas ab.

Großmutter, warum hast du so schwarze Zähne?

Vermutlich jahrtausendealt ist bei verschiedenen südostasiatischen Völkern der Brauch, dass Frauen sich mit Beginn der Pubertät die Zähne färben.

Früher durch das simple Kauen von bestimmten Pflanzen oder Hölzern, später durch ausgefeilte Techniken wie eigens hergestellte Tinte aus Eisensulfat. So beschreibt es der Ethnobotaniker Thomas Zumbroich. Die schwarzen Zähne galten als Schönheitsideal, außerdem hatten einige der verwendeten Substanzen offenbar zahnstärkende Wirkung.

Die Wurzel dieses Brauchtums liegt laut Zumbroich wohl im Betelkauen. Denn der Betel färbt die Zähne schmutzig-dunkel, in einem braunroten Ton. Um die Farbe der Zähne gleichmäßig zu erhalten, wurden sie schwarz nachgefärbt.

Später verselbstständigte sich dieses Schönheitsideal. In Vietnam ist die Technik heute allenfalls noch unter sehr alten Menschen und bei einigen Minderheitsvölkern verbreitet. Die vietnamesische Jugend jedenfalls findet schwarze Zähne nicht »sexy«.

Dann setzt sie sich noch eine Stunde mit dem Laptop ins Café, um in Ruhe Phương Bericht über das neue Schweinezuchtprogramm zu überarbeiten. Als der Kellner kommt, deutet sie auf die Nudelsuppe-Eiskaffee-Combo für 59.000 Dong, die auf einem Menüständer angepriesen wird. »Könnte ich das hier haben?« »Nein«, sagt der Kellner.

Er lächelt.

Nina rückt ihre Haare zurecht. Da weiter nichts passiert, bestellt sie stattdessen ein Sandwich, eins mit Schinken, ohne Gurken. Der Kellner versteht das nicht. Nina wiederholt, etwas lauter.

Er lächelt.

Eine Viertelstunde später erinnert Nina einen zweiten Kellner, dass sie ein Sandwich bestellt hatte. »Nur eines?«, fragt er. Nina nickt, ganz Fragezeichen. Er bringt ein Sandwich, mit Thunfisch. Und mit Gurken.

»Ich hatte mit Schinken bestellt«, protestiert Nina.

»Tut mir leid, Schinken ist *finish*«, sagt er. Och nee!

Der Kellner lächelt.

Nina schlingt das Sandwich hinunter und fährt danach kurz im Büro vorbei, um den Bericht auszudrucken. Im Vorübergehen weist sie Phương nochmals kurz auf die klare Anweisung vom Hauptsitz hin, dass Berichte nicht länger als vier Seiten sein dürfen. Phương schreibt immer viel zu lange Berichte.

Phương lächelt.

Nina wartet auf eine Reaktion, aber da kommt nichts. Hört sie überhaupt zu? Aber Nina muss gleich wieder gehen und hat jetzt nicht die Zeit für Grundsatzdiskussionen. Sie schwingt sich eilig auf ihren Roller. In der Ferne beginnt es zu blitzen. Der Himmel tropft. Gleich werden alle ruckartig am Straßenrand stoppen und die Regenponchos unter den Mopedsitzen hervorzerren. Silberne, rosafarbene und die dünnen, die so rascheln, mit gelben Punkten.

An der Kreuzung Lê Trực/Trần Phú quetscht sich der Verkehr aus drei Richtungen gleichzeitig zusammen. Dann wird Nina von einem Moped frontal gerammt.

Sie stecken im Gewühl fest, die Kanten der Plastik-Frontverschalung der beiden Mopeds ineinander verzahnt, Nina und der andere Fahrer, in einer rauschenden, lärmenden, flimmernden Kohlendioxidwolke, alles um Nina herum verschwimmt. Irgendetwas knackst. Verdammt. Sie ist verschwitzt und staubig und müde und wütend, alles ist blöd und die Welt bescheuert. Nina blickt hoch. Der andere Fahrer blickt sie an, ganz kurz.

Er lächelt.

Und da, mitten in diesem Chaos aus Blech, Abgasen, Lärm und Straßendreck, ist auf einmal alles gut. Die Wut ist weg. Nina wird bewusst, dass sie nun auch ein bisschen grinst. Die Motorroller lösen sich voneinander, und auch die Gedanken. Es ist nichts passiert. Es beginnt zu gießen.

Nina lächelt.

Was ein Lächeln alles bedeuten kann

So viel ist klar: In Vietnam wird sehr, sehr oft gelächelt. Das heißt nun nicht, dass die Menschen hier per se fröhlicher, humorvoller, unbeschwerter, oberflächlicher, empathieloser oder schadenfreudiger sind als der Durchschnittsdeutsche. Es handelt sich lediglich um eine etwas andere Nuance in der nonverbalen Kommunikation.

Lächeln schafft bei einer Begegnung grundsätzlich eine friedvolle, nicht aggressive Basis, es kann eine Situation entspannen und Eskalationen verhindern. Darüber hinaus kann es für den ungeübten Westler jedoch mitunter schwierig sein, ein lächelndes Gesicht richtig zu deuten und zu wissen, was im Gegenüber wirklich vorgeht.

Schauen wir Ninas Tag nochmals genauer an: Die Ananasverkäuferin, die am Anfang mit ihrem Lächeln eine friedvolle Begegnung schaffte, sendete für Nina **widersprüchliche Signale** aus. Sie wollte eigentlich lieber nicht fotografiert werden und tat dies mit einer Handgeste kund. Da sie dabei freundlich bleiben wollte und lachte, wahrscheinlich auch ob des Zuviels an Aufmerksamkeit ein bisschen verlegen, wertete Nina dies als humorvoll gespielte Bescheidenheit.

Es ist richtig, beim Fotografieren Menschen immer um Erlaubnis zu fragen. Entscheidend ist auch, anschließend die Antwort, auch wenn sie schüchtern und zurückhaltend kommuniziert wurde, zu erkennen und zu respektieren.

Der Kellner im Wifi-Cafe hat Nein gesagt. Vielleicht haben Sie das Kapitel »Aber er hatte doch »Ja« gesagt ...« (siehe ab Seite 179) schon gelesen und stutzen nun – dort stand doch, dass die Vietnamesen höchst ungern direkt Nein sagen? Ein scheinbarer Widerspruch, den wir mit einem vietnamesischen Freund diskutiert haben. Beides treffe zu, sagte dieser: Es gebe sie durchaus, die Nein sagenden Vietnamesen, gerade junge Leute würden sich immer häufiger sehr direkt äußern. Gleichzeitig bleibe das höfliche »Nein durch die Blume« in der Alltagskommunikation präsent.

Ein **Kambodschaner**, der einen Vorbereitungskurs zu Kultur und Kommunikation leitete, sagte, er habe in Vietnam relativ schnell gemerkt, dass Vietnamesen völlig anders kommunizieren als Kambodschaner. Verkürzt gesagt: Im Vergleich zu einigen ihrer südostasiatischen Nachbarvölker könnten Vietnamesen im Zweifelsfall sehr energisch, sehr laut und sehr verneinend werden. Im Gegensatz zu uns Ausländern wissen die Einheimischen aber immer genau, wann sie sich das leisten können.

Bei dem Angebot mit dem Eiskaffee und der *phở bò,* der Nudelsuppe, handelte es sich um ein Frühstücksangebot, das am Nachmittag in diesem Café nicht erhältlich war. Nur reichten die **Englischkenntnisse** dieses Kellners halt nicht aus, um dies zu erklären. Für ihn leicht unangenehm, deshalb das Verlegenheitslächeln. Und dann gleich darauf die Schmach, nicht zu verstehen, was Nina stattdessen bestellte. Besonders unangenehm wird es, wenn noch andere Gäste im Café diese Unzulänglichkeit des Kellners mitkriegen, da Nina beim Versuch, verstanden zu werden, etwas lauter wurde. Es wäre taktvoller gewesen, entspannt zu bleiben und zur Hilfe mit dem Finger auf der Speisekarte auf das Gewünschte zu zeigen.

Dass der Kellner Ninas Bestellung beim zweiten Versuch immer noch nicht verstand, kam für ihn schon fast einer Katastrophe gleich. Er zog sich aus der Affäre, indem er auf Nimmerwiedersehen verschwand. Mit einem **Deeskalationslächeln**. Die Szene war für ihn an keiner Stelle lustig. Die Nachfrage »Nur eines?« lässt sich möglicherweise damit erklären, dass Kellner die Bestellung oft noch einmal wiederholen, um sicherzugehen, diese richtig verstanden zu haben.

Phương dagegen lächelte aus Reflex, da sie entweder A) mit Ninas Aussage **nicht einverstanden** war und es nicht für sinnvoll hielt, den Bericht auf vier Seiten zu beschränken, aber aufgrund der für sie gegebenen Hierarchie weder Nina noch dem Hauptsitz widersprechen wollte, oder B) ein Gefühl der **Verlegenheit** verspürte, weil sie auf eine Unzulänglichkeit hingewiesen wurde. So oder so führte die Szene für sie zu einem **inneren Konflikt**, da für sie die sachliche und die persönliche Ebene kaum voneinander zu trennen sind. Sie fühlte sich also durch Ninas rein sachlich gemeinte Aussage persönlich infrage gestellt. Wir müssen nun nicht zwingend gleich ein »Leck mich am Arsch, du Trottel« in ihr Lächeln hineininterpretieren, aber Lächeln kann auch C) ein **Ventil** für unterdrückte Gefühlsäußerungen sein.

Neil L. Jamieson schildert in seinem Buch *Understanding Vietnam,* wie er in seinem beruflichen Alltag einmal Zeuge eines dieser klassischen kulturellen Missverständnisse wurde: Ein

Amerikaner hatte einen vietnamesischen Angestellten auf einen schwerwiegenden Fehler hingewiesen. Dieser »grinste über beide Ohren« und schwieg. Dem Amerikaner platzte darauf der Kragen: »Schau dir diesen Hurensohn an! **Er denkt, es sei lustig!**« Dabei habe das Lächeln, so Jamieson, Verlegenheit signalisiert, das Schweigen Zustimmung und Eingeständnis des Fehlers. Der Amerikaner hingegen habe das Schweigen als Desinteresse und das Lächeln als Unverschämtheit aufgefasst. Eine solche Eskalation kann dem Arbeitsklima und der Zusammenarbeit nachhaltig schaden. Wer mag hier noch behaupten, dass Lächeln als universelle Sprache gilt, die auf der ganzen Welt verstanden wird?

Der Mopedfahrer schließlich, mit dem es zum Zusammenstoß kam, wollte mit seinem Lächeln wahrscheinlich »kein Problem, nichts passiert« signalisieren. Eine zweite, häufig zu beobachtende Variante bei glimpflich ausgehenden Zusammenstößen ist, dass die Beteiligten den Augenkontakt vermeiden und einfach weiterfahren, als wäre nichts geschehen. Das ist keine Unhöflichkeit, sondern lediglich das **Vermeiden von Konfrontation**, Aggression und Beschuldigungen. Nichts ist passiert, keiner der Beteiligten muss der Verlierer sein.

Eine vietnamesische Bekannte machte uns darauf aufmerksam, dass sie sich im Gespräch mit Deutschen manchmal regelrecht **angestarrt** fühlt. »Wir gucken jemanden so nur an, wenn wir schimpfen«, sagte sie. Was bei uns der Anstand gebietet, nämlich unseren Gesprächspartnern in die Augen zu schauen, wirkt auf Vietnamesen mitunter unangenehm, ja geradezu bedrohlich. Das Vermeiden von Augenkontakt wird von uns schnell als Desinteresse missinterpretiert, oder als Zeichen von Unsicherheit oder sogar Unehrlichkeit. In Vietnam jedoch gilt dies als respektvoll.

Zusammengefasst lässt sich festhalten, dass sich hinter Lächeln, Grinsen oder Lachen je nach Situation **ein ganzes Spektrum an Emotionen und Bedeutungen** verbergen kann. Es reicht von Freundlichkeit, Wohlwollen, Freude und Zustimmung über Verlegenheit, Unsicherheit, Entschuldigung, Deeskalation, Ventil für starke Emotionen und »gute Miene zum bösen Spiel« bis hin zu Eingeschüchtertsein oder Ablehnung. Ein Lächeln richtig zu interpretieren erfordert einiges an Erfahrung, Einfühlungsvermögen und Verständnis des Kontexts und der ganzen Kommunikationskultur.

Die gute Nachricht ist dafür, dass Sie, wenn Sie gerade nicht weiterwissen (und das wird Ihnen in Vietnam wahrscheinlich mehr als ein Mal passieren), immer eine gute Option im Ärmel haben: **Lächeln Sie**. Selbst wenn dies nicht alle Probleme und Hürden sofort aus dem Weg zu räumen vermag, werden Sie die Situation automatisch zumindest einen Tick gelassener sehen. Experimentieren Sie ruhig ein bisschen mit diesem fantastischen kleinen Mienenspiel.

Anleitung zum Selberlächeln: in fünf Schritten zum Profi

Aufwärmübung für Anfänger: Zurücklächeln

Das geht fast automatisch. Im Allerleiladen, im Hotel oder im Büro, überall lauert Freundlichkeit.

Das Mit-sich-und-der-Welt-zufrieden-Lächeln

Wenn Ihnen auffällt, dass die Leute Sie erschreckt anstarren, wenn Sie durch die Straßen hasten, beobachten Sie sich selbst: Möglicherweise sind Sie mürrisch und verkrampft und machen dabei ein böses Gesicht. Machen Sie sich locker, denken Sie an etwas Schönes und versuchen Sie ein Lächeln.

Das echte Lächeln

So ein Lächeln sollte natürlich rüberkommen. Nicht einfach nur die Zähne fletschen! Beim echten Lächeln lachen auch die Augen mit. Nicht umsonst hat das gängigste asiatische Smiley keinen Mund, sondern nur Augenbrauen: ^^ Ein echtes Lächeln ist auch trotz Mundschutz als solches identifizierbar.

Man muss das nicht übertreiben. Ein irres Dauergrinsen ist nicht vonnöten; gerade die von Natur aus etwas misstrauischeren Hanoier könnten Sie sonst am Ende noch für einen heimlichen Tunichtgut halten.

Das akustische Lächeln für Fortgeschrittene

Ihr Lächeln hört man auch am Telefon. Gerade dort, wo der Blickkontakt fehlt, spricht man besonders oft aneinander vorbei. Ein kleines, freundliches Lachen kann Wunder wirken, wenn Sie nur Bahnhof verstehen, oder wenn Sie merken, dass Ihr Gesprächspartner mit der englischen Sprache hadert und Sie beide auf eine Kommunikationssackgasse zusteuern.

Das proaktive Lächeln für Profis

Wenn Sie sich bereits ganz gut in Vietnam durchs Leben lächeln, versuchen Sie sich ruhig auch mal an den härteren Brocken: einem strengen, zackigen Parkplatzwächter zum Beispiel. Lächeln Sie diesen an, bis es ihn in den Mundwinkeln zuckt. Oder strahlen Sie den Mann von der Immigrationsbehörde am Flughafen an. Sollten Sie es schaffen, einem solchen ein Lächeln zu entlocken, dann sind Sie definitiv ein Vollprofi.

25 Thuy oder Thuy?

Gefangen im Labyrinth der Namen

Nina steht in der 18. Etage, vor dem Büro im Gebäudekomplex M-4 an der dicht befahrenen, brummenden Láng-Hạ-Straße westlich des Stadtzentrums von Hanoi. Es ist neun Uhr am Morgen, die Haare kleben Nina in Strähnen auf der Stirn, und sie würde am liebsten gleich wieder nach Hause, nochmals duschen. Sie ist gerade mit dem Fahrstuhl hoch- und runtergefahren, hoch in die 19. und runter in die 17., um sicherzugehen, dass sie sich nicht im Stockwerk vertan hat. Aber nach Überprüfung aller Schilder ist sich Nina sicher, dass sie im 18. Stock richtig ist. Sie hat einen Termin mit Thuy, einer Kollegin von einer Partnerorganisation.

Eine Dame mit hochhackigen Schuhen, die in der Tür steht, sagt nochmals: »Tut mir leid, Frau Thuy arbeitet hier nicht.«

Nina wirft einen Blick auf das Logo an der Tür – doch, sie ist richtig hier. Sie insistiert: »Wirklich? Vorgestern hat sie nämlich noch hier gearbeitet. Ich saß mit ihr im Konferenzraum, hier, in diesem Büro.«

In der Stille, die darauf folgt, lässt die Dame an der Tür ihren Blick zuerst hilfesuchend durch das Großraumbüro hinter sich schweifen, betrachtet dann einen Moment lang ihre Fußspitzen und holt schließlich eine zweite Dame an die Tür. Diese fragt nochmals: »Thuy?« Nina nickt und versucht es mit dem vollen Namen: »Ich möchte zu Nguyễn Thuy.« Die zweite Frau rückt ihre Brille zurecht und sagt: »Miss Thuy arbeitet hier schon lange nicht mehr.«

Das kann doch wohl nicht sein! Wurde Thuy etwa fristlos gekündigt? Nina kramt ihr Mobiltelefon aus der Handtasche. Inzwischen haben sich fünf Leute aus dem Büro an der Tür versammelt, die sie neugierig betrachten. Bin ich eigentlich die Einzige hier, die schwitzt?, fragt sich Nina im Stillen. Sie sucht auf ihrem Telefon nach Thuys Nummer, als sie eine bekannte Stimme hört: »Hallo, Nina!«

Kommen Vietnamesen nie ins Schwitzen?

Asiaten schwitzen nicht weniger als Europäer – aber sie stinken weniger, die Glücklichen. Deutsche Forscher wollen dafür eine wissenschaftliche Erklärung gefunden haben: Der Unterschied steckt in einem einzigen, kleinen **Protein namens ABCC11**. Dieses transportiert die geruchsbildenden Schweißbestandteile an die Hautoberfläche. Dort werden sie durch Bakterien zerlegt, wodurch der üble Geruch entsteht. Nun sei bei vielen Asiaten dieses Transportprotein genetisch bedingt inaktiv, schreiben die Wissenschaftler vom Beiersdorf-Forschungszentrum.

Vor ihr steht – Thuy. Die Dame mit den hochhackigen Schuhen lacht und sagt: »Ach so, Sie meinen Thuy!« Nina blickt mit offenem Mund von einer zur anderen. »Bitte, komm doch rein«, sagt Thuy.

Warum es so wichtig ist, den richtigen Ton zu treffen

Thủy und Thúy sind zwei verschiedene Vornamen. Sie unterscheiden sich nur durch das kleine **Tonzeichen** über dem Buchstaben »u«: Ersteren spricht man mit einem tief absinkenden

Ton, den zweiten jedoch mit einem leicht steigenden Ton. Er klingt wie eine Frage.

Nun begegnet man in Vietnam beiden Namen häufig. So ist es kaum verwunderlich, dass in dem besagten Büro tatsächlich einmal eine Thúy gearbeitet hat. Und es steckt keine böse Absicht dahinter, dass Thủys Kolleginnen Ninas falsche Betonung nicht als solche identifizieren konnten. Sie haben den Namen mit einer ganz anderen Person in Verbindung gebracht. In ihren Ohren klingen diese beiden Namen mindestens so unterschiedlich wie für uns Tim und Tom oder Christoph und Christian.

Eine Sprache mit Hochs und Tiefs – die vietnamesischen Tonzeichen

Weshalb ist es so schwierig, auf Vietnamesisch verstanden zu werden? Das liegt daran, dass Sie für diese Sprache ein ziemlich gutes Musikgehör brauchen: Vietnamesisch ist eine sogenannte **Tonsprache**. Es gibt sechs verschiedene Tonhöhen. So kann ein- und dieselbe Silbe, in verschiedenen Tonhöhen ausgesprochen, unterschiedliche Bedeutungen haben. Hier jeweils ein Beispiel mit dem jeweiligen Tonzeichen:

- Normalton: gleichbleibend auf einer Höhe, ohne Tonzeichen, zum Beispiel *đi* (gehen, kommen)
- Tiefer, leicht sinkender Ton, zum Beispiel *xin chào* (höflicher Gruß, »Guten Tag«)
- Steigender Ton, zum Beispiel *Đức* (deutsch)
- Sehr kurzer, gepresster, fallender Ton, zum Beispiel *Việt Nam* (Vietnam); der Konsonant danach wird nicht ausgesprochen, sondern nur noch mit dem Mund angedeutet
- Langer, tief fallender und dann wieder ganz leicht steigender Ton, zum Beispiel *phở* (vietnamesische Nudelsuppe)

- In zwei Teile gehackter, zuerst kurz fallender und dann kurz steigender Ton, zum Beispiel *Mỹ* (amerikanisch)

Zusätzlich zu den Tonzeichen gibt es noch einige **Akzente** *(ă, â, ê, ô, ơ, ư)*. Erwähnenswert als besondere Exzentriker sind dabei die Laute ***ư*** und ***ơ***. Sie werden ähnlich wie »ü« beziehungsweise »ö« ausgesprochen, nur dass dabei die Lippen nicht gespitzt werden, sondern der Mund entspannt bleibt. Wikipedia bezeichnet sie als »Stöhnlaute«. Sie treten auch im Doppelpack auf, wie etwa im Namen Phương.

Und noch ein kleiner Bonus-Tipp: Der Buchstabe »D« wird im Hanoier Dialekt (der als Hochsprache gilt) als stimmhaftes »S« ausgesprochen, »Đ« als besonders weiches »D«. Der Buchstabe »R« klingt im Norden ebenfalls wie ein stimmhaftes »S«, im Süden wird das »R« jedoch gerollt.

Bei diesen Feinheiten der Aussprache drängen sich entsprechende **Wortwitze** förmlich auf. Hier eine Kostprobe:

Xe đạp điện bedeutet Elektrofahrrad. Diese mit Strom betriebenen Fahrräder erfreuen sich auf Hanois Straßen wachsender Beliebtheit. Allerdings sind sie nicht ganz mängelfrei: Bei Regen kommt es schon mal vor, dass die Dinger streiken. Sie werden deshalb manchmal scherzhaft *xe đạp điên* genannt. Der Punkt, der unter dem Buchstaben *ê* in *điên* fehlt, macht aus dem Elektrofahrrad ein »verrücktes Fahrrad«.

Eine kleine Variation in der Aussprache macht aus dem zärtlich klingenden *»Ngủ chưa?«* – »Schläfst du schon?« ein eher ungehobeltes *»Ngu chưa?«* – »Siehst du, wie dumm du gewesen bist?«

Darüber hinaus kommt in einer größeren Gruppe derselbe Name manchmal mehrfach vor. Untereinander überwinden die Vietnamesen dies nicht selten dadurch, dass sie **Kosenamen** verwenden. Ausländer stolpern spätestens dann über dieses Problem, wenn sie bemerken, dass sie drei Mal den Namen Phương und vier Mal den Namen Hùng in ihrem Mobiltelefon abgespeichert haben. Am besten machen Sie es wie die Einheimischen, indem Sie den Namen direkt mit dem Kosenamen oder einem Attribut einspeichern – entweder mit dem Hinweis, wodurch Sie die Person kennen, oder einem Stichwort zum Aussehen, etwa: »Hùng Wasserlieferant«, »Phương Tennis«, » Tú Büroleiterin Hanoi«, »Linh Brille« oder auch »dicker Anh«. Dieser Trick wird Ihnen früher oder später möglicherweise peinliche Verwechslungen ersparen, wenn Sie angerufen werden.

Viele **Vornamen** können sowohl für Frauen als auch für Männer gelten (zum Beispiel Tâm, Minh, Anh, Ngọc, Thanh, Tú und Linh). Manchmal ist dann der Mittelname ein Indiz für das Geschlecht des Namensträgers: Thị für Frauen und Văn für Männer. Bei Nguyễn Thị Tú beispielsweise handelt es sich also um eine Frau, bei Nguyễn Văn Linh um einen Mann. Nguyễn ist in beiden Fällen der Familienname, er wird im Vietnamesischen vorangestellt.

Viele Vietnamesen legen sich übrigens, wenn sie regelmäßig Kontakt mit Ausländern haben, westliche **Spitznamen** zu. So kommt es vor, dass Vietnamesen sich als Tom, Amy oder Phoebe vorstellen. Damit ist der Hintergedanke verbunden, dass solche Namen für die Gesprächspartner leichter auszusprechen, aber auch leichter zu merken sind.

Rund 40 Prozent der Bevölkerung tragen den **Familiennamen Nguyễn**. Dies erklärt, warum es kaum zielführend war, dass Nina Thuys Nachname mit ins Spiel brachte – ganz abgesehen davon, ob sie diesen überhaupt annähernd richtig auszusprechen vermochte.

Ein Erbe aus der Zeit der Monarchie: die Nguyễns

Als 1225 in Vietnam eine neue Königsdynastie an die Macht kam, zwangen die Herrscher zahlreiche Angehörige der alten Lý-Dynastie, ihren Namen in Nguyễn zu ändern. So hat es der vietnamesische Sprachwissenschaftler Lê Trung Hoa von der Hanoier Universität für

Sozialwissenschaften in seinem Klassiker *Họ và tên người Việt Nam* über vietnamesische Namen beschrieben. Dasselbe Spiel wiederholte sich in den kommenden Jahrhunderten weitere Male, teilweise änderten manche auch ihren Nachnamen freiwillig, vor allem nach 1802, als eine Nguyễn-Dynastie an die Macht kam. Lê Trung Hoa erklärt, dass die Nguyễns gegenüber Menschen desselben Nachnamens sehr großzügig gewesen seien. Die Nguyễn-Dynastie war das letzte Königshaus Vietnams. In ihre Regierungszeit fällt die Ankunft der Franzosen als Kolonialherrscher und schließlich die vietnamesische Revolution, in deren Zuge die Monarchie abgeschafft wurde. Der Sohn des letzten Nguyễn-Königs lebt heute im Exil in Frankreich.

Denn leider lässt sich auch sagen, dass der Name **Nguyễn** für uns Ausländer besonders schwierig auszusprechen ist – etwa so: »Ngü-en«, mit einer steigenden Frage-Intonation auf der zweiten Silbe und einer ganz kleinen, abgehackten Pause zwischen »Ngü« und »en«. »Ng« wird wie in »singen« ausgesprochen. Der Name tritt zudem auch in Straßen- und Ortsnamen auf, Sie werden also kaum um ihn herumkommen. Am Anfang wird jedoch mit ziemlicher Sicherheit kaum jemand verstehen, wovon Sie reden, wenn Sie versuchen, ihn auszusprechen. Bitten Sie eine Vietnamesin oder einen Vietnamesen, Ihnen den Namen ein paar Mal vorzusagen, und versuchen Sie, ihn nachzusprechen!

Wenn Sie nach einer Person fragen möchten, ohne Ihr Sprachtalent unter Beweis stellen zu müssen, lassen Sie sich den Namen am besten auf einen Zettel schreiben oder bringen Sie einfach die Visitenkarte der Person mit. Diese gibt zudem Auskunft über deren berufliche Funktion, was das Auffinden bestimmt noch einfacher macht.

26 Lauter Nullen

Und wie soll ich das bloß bezahlen?

Endlich – ein Schaufenster mit den Logos internationaler Kreditkartenfirmen! Florian seufzt erleichtert. Er hat gestern seine letzten Dong aus der Hand gegeben. In ein paar Stunden geht es weiter Richtung Norden, vorher will er unbedingt für die Verwandten zu Hause ein paar Souvenirs aus Hoi An kaufen. Geschäfte gibt es hier schließlich genug. Läden, die Kleidungsstücke aus Seide verkaufen, reihen sich an Läden mit handgeschnitzten Figuren und bunten Papierlaternen.

Hoi An, die alte Hafenperle

Im 17. Jahrhundert galt Hoi An als einer der wichtigsten Häfen Asiens. Chinesische Dschunken und japanische Handelsschiffe legten hier an, um Geschäfte zu machen. Die Bewohner lebten vom Handel mit Süßholz, Gold und Seide. Dann aber stellte Japan seinen Handel ein, gleichzeitig machte dem Hafen von Hoi An die zunehmende Versandung zu schaffen. Heute ist Hoi An eine Stadt, die vom Tourismus lebt: Zu besichtigen sind alte Handels- und Bürgerhäuser, berühmt ist die Stadt für ihre Schneider. Die historische Altstadt ist verkehrsfrei und lädt zum Stadtbummel ein – man begegnet allerdings zu manchen Zeiten mehr Touristen als Einheimischen. Im Jahr 2014 erregte Hoi An internationales Aufsehen, weil die städtischen Behörden auf die Idee kamen, für den Besuch der Altstadt sechs Dollar »Eintritt« zu verlangen. Zahlreiche Touristen reagierten mit Unverständnis, zumal unklar blieb, wie häufig und wo genau man diese Gebühr entrichten sollte. Die Behörden wiederum klagten, dass eine hohe Anzahl gefälschter Eintrittskarten verkauft würde.

An drei Geldautomaten hat Florian schon versucht, sich frische Scheine zu ziehen – vergeblich. Entweder hieß es, der Automat sei nicht in Betrieb oder die Maschine habe gerade kein Geld. An der dritten schließlich surrte der Automat eine Zeit lang, um zu verkünden: »Transaktion leider nicht möglich.« Dabei hat Florian eine ganz handelsübliche Kreditkarte, deren Logo auf allen Automaten aufgedruckt war. Nur – was hilft es, wenn kein Geld kommt? Aber das ist ja nun egal. Zum Glück gibt es bargeldlose Zahlung. Florian schlendert durch den engen Laden, sucht nach Souvenirs, die seinen Verwandten gefallen könnten und in seinen Rucksack passen, und geht dann schließlich mit einer Packung handgeschnitzter Essstäbchen, einigen bunten Seidenschals und einer sehr kleinen lackierten Vase zur Kasse. Die Verkäuferin nimmt freundlich seine Karte entgegen und steckt sie dann in eines von fünf vor ihr stehenden Kartenlesegeräten.

»Fehler!«, blinkt ein roter Schriftzug auf dem Display der Maschine. Die Verkäuferin zieht die Karte wieder heraus und versucht es beim nächsten Gerät. Es rattert. Dann blinkt auch dieses Gerät. »Karte nicht akzeptiert«. Die Verkäuferin versucht es mit den drei weiteren Maschinen. Bei der letzten steckt sie die Karte zwei Mal verkehrt herum ein, dann zieht sie die Karte durch den Leseschlitz, einmal vorwärts und einmal rückwärts. »Fehler«, sagt das Gerät.

»Tut mir leid, ihr Bankkonto ist leider überzogen«, sagt die Verkäuferin lächelnd und gibt Florian die Karte zurück.

Florian starrt sie ungläubig an. »Mein Bankkonto ist sicherlich nicht überzogen, ich hab doch noch heute morgen im Hotel damit bezahlt«, gibt er zurück. »Sie haben die Karte falsch eingesteckt beim letzten Gerät. Versuchen Sie es doch bitte noch mal.« Aber die Verkäuferin scheint das nicht alles im Detail zu verstehen, lächelt nur freundlich und sagt: »Tut mir leid, die Karte ist nicht möglich.«

»Ich habe aber kein Bargeld!«, sagt Florian. Die Verkäuferin lächelt freundlich. Augenrollend lässt Florian seine Einkäufe auf der Ladentheke zurück und stapft aus dem Geschäft. Dann eben beim nächsten. Es gibt ja genug Souvenirläden hier auf der Straße. Aber auch im nächsten Laden hat Florian kein Glück. Zwar behauptet nun niemand, sein Konto sei leer, aber die Verkäuferin dort erklärt ihm, ihr Lesegerät sei leider kaputt. Er müsse bitte in bar zahlen.

Im dritten Laden ist es abermals trotz großem Kreditkartenlogo an der Eingangstür, *»sorry, Sir!«*, nicht möglich, mit Karte zu zahlen. Was ist das denn hier? Touristenabzocke? Stecken die sich das Geld in die eigene Tasche? Die Verkäufer lächeln wieder freundlich: *»Sorry, card not possible.«*

Ohne Souvenirs verlässt Florian das malerische Hoi An. Am Abend, auf dem Stopp Richtung Norden, findet er endlich einen funktionierenden Bankautomaten und lässt sich einen dicken Stapel Dong-Scheine auszahlen. Dann ruft er Nina an: »Ist das eine Art Bargeldverschwörung?«

Warum hier alle Ihr Bares wollen

Florian ist keiner Verschwörung aufgesessen. **Kreditkarten** sind zwar nicht unbekannt, und an jeder Ecke in Vietnam stehen Geldautomaten. Von all dem darf man sich aber nicht irreleiten lassen: Wer ohne Scheine im Geldbeutel dasteht, kann schnell ein Problem bekommen. Mit Karte zu bezahlen wird erst langsam üblich, und kein Händler käme auf die Idee, dass er in irgendeiner Weise dazu angehalten ist, eine solche Möglichkeit bereitzustellen. Gerade für kleine Händler ist dies übrigens auch eine finanzielle Frage, denn um bargeldlose Zahlung zu ermöglichen, muss man Geld bei der Bank hinterlegen. Wer also als Kunde in Vietnam auf die bargeldlose Zahlung vertraut oder gar darauf pocht, bringt sowohl sich als auch den Händler in Schwierigkeiten. Das gilt nicht nur für die Kreditkarte, sondern auch für die Debitkarte – selbst für solche, die von vietnamesischen Banken ausgegeben werden.

Dabei hilft es sich vor Augen zu führen, wie arm das Land bis vor wenigen Jahrzehnten noch war und wie rasant die Entwicklung seitdem verlief.

Das führte zum einen dazu, dass sich die vietnamesischen Banken bislang noch nicht auf einen einheitlichen **Standard für Kartenlesegeräte** einigen konnten. So kommt es zu dem Bild, das Florian begegnet ist: fünf Lesegeräte nebeneinander. Da gleichzeitig oft relativ wenige Kunden bargeldlos zahlen und Verkäufer wie Kassierer häufig den Job wechseln, kommt es vor, dass die Angestellten gar nicht richtig wissen, wie man mit den Geräten umgeht. Am Ende hilft auch das Wissen nichts, wenn die Übertragung nicht funktioniert, das Gerät klemmt oder Fehlermeldungen produziert. (Achtung: Dort, wo das Bezahlen mit Kreditkarte möglich ist, wird häufig eine zusätzliche Gebühr von drei Prozent erhoben. Nicht immer wird dies anfangs klar kommuniziert.)

Tatsächlich werden in Vietnam auch größere Investitionen gerne mit **Bargeld** bezahlt. Das schließt das Flugticket genauso mit ein wie das Auto oder die Wohnung.

Vor allem in staatlichen Betrieben ist die **Lohntüte** bis heute wörtlich zu nehmen: Das Gehalt wird jeden Monat vom Buchhalter vor den Augen des Angestellten abgezählt und in einem Briefumschlag überreicht. Auch die Stromrechnung oder die Fernsehgebühren werden von Menschen eingetrieben, die mit einem Ordner und vielen Papieren beladen von Tür zu Tür wandern. Dass gleichzeitig **Interneteinkauf und Onlinezahlung** jedes Jahr neue Rekordzuwachsraten erreichen, ist kein Widerspruch, sondern eher ein anschauliches Bild dafür, wie das Land in zwei Welten gleichzeitig lebt. Auch das erwähnte Flugticket kann problemlos online gekauft werden. Übrigens: Einkauf über das Internet bedeutet nicht automatisch, dass damit auch die Bezahlung über das Internet erfolgt. Bei zahlreichen Läden kann man online bestellen und bekommt anschließend die Ware per Motorroller geliefert. Mitsamt der Rechnung – die man doch bitte in bar bezahlen möge.

Opfer der Inflation: der vietnamesische Dong

Nach der Erklärung der Unabhängigkeit von Frankreich führte 1946 erstmals eine vietnamesische Regierung den Dong ein. Bis in die 70er-Jahre war die größte Note der 50-Dong-Geldschein. Dann folgten mehrere Runden teilweise sehr hoher Inflation. Heute ist die höchste Notierung der 500.000-Dong-Schein, was ungefähr 20 Euro entspricht. Diese großen Geldscheine sind jedoch eher selten, im Alltag sind der 100.000er-Geldschein (umgerechnet rund 4 Euro) oder noch kleinere Notierungen gebräuchlicher. Auf der Vorderseite der Geldscheine ist immer Staatsgründer Hồ Chí Minh abgebildet, auf den Rückseiten verschiedene historische Orte. Der kleinste Geldschein ist der 100-Dong-Schein (etwa 0,5 Cent), der im Alltag eher ungebräuchlich ist und vor allem in Tempeln als Opfergabe genutzt wird. Die aktuellen Banknoten bestehen ab 10.000 Dong aufwärts aus Polymerfasern, also aus Plastik, was im feuchtwarmen Klima für deutlich höhere Beständigkeit sorgt. Münzen gibt es übrigens auch. Sie wurden 2003 wieder eingeführt, sind jedoch mittlerweile fast völlig aus dem alltäglichen Gebrauch verschwunden.

27 Aber er hatte doch »Ja« gesagt ...

Von den Tücken der Kommunikation

Im Büro der Entwicklungsorganisation, für die Nina und ihre Kollegin Phương mit ihrem Team arbeiten, ereignet sich Folgendes:

Nina (gestresst): »Die Broschüren über das Schweinezuchtprogramm sollten so schnell wie möglich gedruckt werden.«

Phương: »Ja.«

Nina: »Wir müssen die übermorgen haben.«

Phương: »Ja.«

Nina: »Können wir sie jetzt gleich bestellen?«

Phương: »Ich rufe bei der Druckerei an.«

Wenig später

Phương: »Ich habe die Broschüren schon bestellt.«

Nina: »Können die bis übermorgen liefern?«

Phương: »Er ist sehr beschäftigt. Er sagt, er werde es versuchen.«

Zwei Tage später

Nina: »Phương, können die Broschüren heute geliefert werden? Um wie viel Uhr?«

Phương: »Ich ruf ihn an.«

Wenig später

Phương: »Er sagt, vielleicht um 17 Uhr.«

17:30 Uhr. Nina ruft selber an.

Nina: »Sie sagten, Sie könnten um 17 Uhr liefern ...«

Der Mann von der Druckerei: »Ja.«

Nina: (erwartungsvolle Pause)

Nina: »Es ist jetzt 17:30 Uhr. Warum sind Sie noch nicht hier?«

Der Mann von der Druckerei: »Ja. Viel Verkehr. *So sorry.*«

Nina: »Können Sie heute noch liefern?«

Der Mann von der Druckerei: »Ja, ich werde mein Bestes tun.«

Danach ist sein Telefon ausgeschaltet.

Am nächsten Morgen, Meeting im Büro, anwesend sind Phương, Nina, Thu und fünf weitere Mitarbeiter.

Nina: »Also, wir haben hier ein Problem. Die Broschüren, die Phương für gestern bestellt hatte, sind immer noch nicht da. Was sollen wir tun?«

Phương: »Es ist nicht mein Fehler, dass die Broschüren nicht geliefert wurden.«

Nina: »Das habe ich doch gar nicht gesagt.«

Phương: »Ich werde ihn nochmals anrufen und ihn fragen, wann er liefern kann.«

Nina: »Okay, danke. Wir müssen das nächstes Mal anders lösen. Der Entwurf von dir hätte wie verabredet schon am vergangenen Freitag fertig sein müssen. Ich hatte ihn jedoch erst am Dienstag. Wir hatten ursprünglich für den Druckauftrag aus gutem Grund mehr Zeit eingeplant.«

Phương starrt auf ihre Hände und schweigt.

Wie Sie das Wesentliche zwischen den Zeilen finden

Diese Dialoge setzen sich aus vielen kleinen Katastrophen des Aneinander-Vorbeikommunizierens zusammen. Es beginnt schon mit dem kleinen, für unser Verständnis simpel und eindeutig daherkommenden Wörtchen **Ja**.

»Ja«, so erklären die Autoren des Buches *Vietnam Today – A Guide to a Nation at a Crossroads* bedeutet oft lediglich »Ich höre dir zu« beziehungsweise »Ich habe gehört, was du gesagt hast« und meint nicht automatisch eine Zustimmung zum Gesagten (»Wo es schwierig ist, ›nein‹ zu sagen, kommt ›ja‹ weniger Bedeutung zu«).

Ja (beziehungsweise *yes*) kann darüber hinaus je nach Situation Unterschiedliches bedeuten – und ob Sie's glauben oder nicht, manchmal bedeutet es sogar Nein. Wenn zum Beispiel jemand fragt: »Warst du gestern nicht im Büro?«, und die Antwort lautet Ja, dann will die gefragte Person höchstwahrscheinlich damit sagen: »Ja, das stimmt, ich war gestern in der Tat nicht im Büro.« Das hat mit dem Aufbau und der Struktur der vietnamesischen Sprache zu tun.

Für das Wörtchen Nein, das im Vietnamesischen ohnehin ein Schattendasein führt, gibt es nur ein Wort *(không);* um das vietnamesische Äquivalent des Ausdrucks Ja einigermaßen begreiflich zu machen, bedarf es dagegen einer etwas längeren Erklärung. Dafür gibt es nämlich verschiedene Wörter: *Có*, das eigentlich »haben« bedeutet, fungiert in der Fragebildung als bejahendes Hilfswort. Zum Beispiel ist die Frage *»Em có khỏe không?«* folgendermaßen aufgebaut: »Du [bejahendes Hilfswort] gesund [verneinendes Hilfswort]?« Das bedeutet: »Wie geht es dir?« Die Kurzantwort darauf, Ja, lautet *»có«*. Oder das entscheidende Wort in der Frage wird zur Bestätigung wiederholt: Die Frage *»Em có khỏe không?«* kann auch mit *»Em khỏe«* (»Ich gesund«) beantwortet werden.

Die höfliche, formelle Variante der Ja-Antwort (gegenüber älteren Personen) lautet *vâng*, während unter gleichaltrigen Freunden und gegenüber jüngeren Personen *ừ!* gebräuchlich ist, was einem informellen, lockeren ja oder mhm gleichkommt.

Weitere Fallstricke in unserem Dialog haben damit zu tun, dass in Vietnam normalerweise nur ungern direkt mit dem Wort **Nein** hantiert wird. Eine solch direkte Ablehnung gilt dem Gesprächspartner gegenüber generell als zu schroff. Ein Nein wird in der Regel durch die Blume vermittelt. Wenn also ein Geschäftspartner oder jemand an der Hotelrezeption sagt, man sei sehr beschäftigt, werde aber versuchen, Ihrer Anfrage gerecht zu werden, sollten Sie hellhörig werden. Die Bedeutung einer solchen Antwort tendiert zwischen den Zeilen eher zu einem bedauernden, höflichen Nein.

Daraus folgt auch die Interpretation von dem, was wir im Westen gemeinhin als **Ausrede** oder **(Not-)Lüge** bezeichnen: Der Mann von der Druckerei schob den Grund seiner Verspätung auf den dichten Verkehr, sozusagen auf das Schicksal, eine höhere Macht, an deren Einflüssen niemand direkt Schuld trägt. Er will sein Gesicht nicht verlieren. Vielleicht war der Auftrag in so kurzer Zeit schlicht nicht machbar, es wurde Unmögliches von ihm erwartet. Das »Vielleicht« und »Ich werde mein Bestes tun« signalisierte seinen guten Willen, bedeutete aber gleichzeitig auch zwischen den Zeilen: »Das wird schwierig!« Den Liefertermin hatte er offenbar weder garantiert noch schriftlich bestätigt. Nun können wir leider nicht immer erwarten, dass unsere Gegenüber uns direkt und klipp und klar in Kenntnis setzen, dass sie unseren Anfragen gar nicht nachkommen können, da sie dies mitunter als persönliches Versagen empfinden würden. Es bleibt uns also wenig anderes übrig, als unsere Zwischen-den-Zeilen-lesen-Kompetenz zu schärfen.

Genauso komplex verhält es sich mit dem **Schweigen**. Wie schon im Kapitel »Es muss nicht immer lustig sein« (ab Seite 159) angesprochen, kann Schweigen Zustimmung bedeuten. Es kann aber auch bedeuten, dass unser Gesprächspartner nicht mit uns einiggeht oder dass er das Gesagte nicht vollständig verstanden hat. Eine westliche Arbeitgeberin sagte kürzlich etwas frustriert über ihre neuen vietnamesischen Angestellten: »Die fragen nicht nach, wenn etwas unklar ist! Sie machen einfach so weiter wie bisher.« Hier ist viel Geschick in Form einer klaren, verständlichen Kommunikation und präziser, verbindlicher Anweisungen gefordert. Nachfragen, hinterfragen sowie das eigenständige Treffen von Entscheidungen im Arbeitsprozess sind nicht immer selbstverständlich, da manche vietnamesischen Angestellten mitunter andere Hierarchiestrukturen und Arbeitsabläufe gewohnt sind.

Hierzu eine Erfahrung von Neil L. Jamieson, die er in seinem Buch *Understanding Vietnam* festhielt: Ein mittlerer Beamter, der zu einer dringenden Entscheidung nicht befugt war und dem Jamieson deshalb riet, umgehend den Provinzchef anzurufen, sagte zu ihm: »Bitte verstehen Sie, dass dieses Telefon nicht auf meinen Schreibtisch gestellt wurde, damit ich den Provinzchef anrufen kann. Es steht hier, damit mich der Provinzchef anrufen kann.« Nun stammt dieses Beispiel aus den 70er-Jahren des vergangenen Jahrhunderts und kann natürlich nicht eins zu eins in die heutige Zeit übertragen werden. Vietnam war und ist schon seit vielen Dekaden einem rasanten **sozialen Wandel** unterworfen und unterschiedlichsten, zum Teil widersprüchlichen Einflüssen ausgesetzt. Die Erfahrung, dass Traditionen und Hierarchien auf alternative Ideen prallen, ist in Vietnam bei Weitem nicht neu.

Was wir im Allgemeinen unterlassen sollten, ist, eine bestimmte Person namentlich in der Gegenwart weiterer Personen zu **kritisieren**. Phương fühlte sich durch Ninas Ansage im Büro in Anwesenheit mehrerer Mitarbeiter empfindlich exponiert und an den Pranger gestellt. Solche Gespräche sind unter vier Augen und konstruktiv formuliert viel zielführender. In der Gruppe können Kritikpunkte auch allgemein formuliert und diskutiert werden, ohne direkt Namen zu nennen. Eine vietnamesische Bürokollegin beschrieb es einmal so: »Ihr Deutschen denkt und argumentiert sehr linear. Auf Problem X folgt Lösung Y, und auf den ersten Schritt müssen ein zweiter und ein dritter Schritt folgen, bei einem Fehler muss immer ein Schuldiger gefunden werden. Wir Vietnamesen denken und diskutieren eher spiralförmig. Wir umkreisen den Punkt und kommen so vorwärts.«

Etwas vereinfacht zusammengefasst könnte man also sagen, dass Reden in Vietnam im besten Falle als Silber und manchmal auch nur als Blech gesehen wird. Das Gold liegt zwischen den Zeilen vergraben. Und manchmal auch im Schweigen.

28 Die Dongs im Briefumschlag

Einladung zu Hochzeitsfeiern, Totenehrungen und Geburtstagen

10:30 Uhr morgens ist eine etwas merkwürdige Zeit für eine Hochzeit. Aber so hat es Ngọc ihnen gesagt. Zunächst war Nina überrascht, dass sie zusammen mit einer Gruppe von Mitschülern von ihrer Vietnamesisch-Lehrerin zu deren Hochzeit eingeladen wurde. Nina geht seit einiger Zeit zweimal die Woche abends zum Unterricht, und sie trifft ihre Lehrerin zwar häufig, aber eigentlich kennt sie sie nicht gut genug, um auf ein so privates Fest wie eine Hochzeit eingeladen zu werden.

Jetzt stehen die fünf Ausländer vor einem großen grauen Gebäude, das aussieht wie eine Mischung aus Konferenzhalle und Theatersaal. Zwei große Fotos zieren den Eingangsbereich. Auf dem einen ist Ngọc in einem roséfarbenen Hochzeitskleid neben ihrem zukünftigen Mann zu sehen, auf dem anderen Foto ein anderes Pärchen. Offenbar beherbergt das Gebäude heute zwei Hochzeitsgesellschaften gleichzeitig, eine im ersten Stock und eine im Erdgeschoss.

Nina reiht sich mit den anderen in den Strom der Gäste ein.

Die Halle ist riesig. Drei, vier, fünf lange Tischreihen ziehen sich den kompletten Saal entlang nach hinten, und an den Seiten stehen noch einmal zwei Dutzend weiterer kürzerer Tische quer. Schwer zu schätzen, wie viele Leute hier hineinpassen. 200? 400? An einem Teil der vorderen Tische sitzen bereits Gäste, sprechen, lachen und trinken. Kellner eilen durch die Tischreihen und tragen die ersten Gänge auf: Frühlingsrollen, kaltes Huhn, Klebreis und frittierte Tintenfische.

Die kleine Gruppe der Ausländer entscheidet sich schließlich für einen der Seitentische. So langsam füllt sich die große Halle, ein endloser Strom an Gästen kommt durch den Eingang hinein und verteilt sich im Raum. Die Kellner tragen auch bei ihnen am Tisch die ersten Gänge auf, und Nina zögert kurz: Sollte man nicht mit dem Essen warten? Da es die anderen Gäste auch nicht tun, ist das offenbar nicht nötig. Die nächste Viertelstunde vergeht damit, dass die drei Deutschen, die zwei Australier und der Finne neugierig dem Treiben zusehen und gelegentlich nach einer Frühlingsrolle greifen. So richtig hungrig ist Nina eigentlich noch nicht. Es ist schließlich gerade mal kurz vor elf Uhr.

Dann geht das Licht aus, und aus einem hohen Lautsprecherturm ertönen die Klänge von Mendelssohns Hochzeitsmarsch vom Band. Scheinwerfer bestrahlen in blendend gleißendem Weiß vom Eingang her das Brautpaar, das in die Halle schreitet. Nina sieht gebannt zu und nimmt am Rande wahr, dass der Einzug eine Gruppe am Nachbartisch nicht davon abhält, weiterhin laut zu reden und zu essen.

»Das war ziemlich beeindruckend«, sagt Nina am Nachmittag zu Phương. »Ein echt einmaliges Erlebnis.«

Gegen halb eins hatte sich das Fest bereits wieder aufgelöst, Nina war rechtzeitig im Büro. »Nach dem Einzug kamen noch einige Reden«, erzählt sie Phương. »Dann wurde Sekt ausgeschenkt und ein großer Kuchen angeschnitten. Und ich habe keine Ahnung, wie Ngọc den Rest des Tages überstehen will – die ist mit ihrem Ehemann anschließend an wirklich jeden Tisch gelaufen und hat mit den Gästen getrunken. Und das waren …

keine Ahnung, wie viele Tische das waren!«

Phương nickt. »Das Brautpaar trinkt nur kleine Schlucke«, sagt sie dann, »... wenn überhaupt, vielleicht tun sie auch nur so.«

»Ich bin echt froh, so was mal erlebt zu haben, das ist ja schon was Außergewöhnliches, bei so einem privaten Fest dabei zu sein«, sinniert Nina.

»Na, dann ist ja gut, dass du jetzt den Ablauf kennst«, sagt Phương fröhlich. »Nhung heiratet nächste Woche, da ist unser Büro auch eingeladen. Und übernächste Woche heiratet Lan Hương aus der Personalabteilung. Und gestern hat Cường Hochzeitseinladungen verteilt. Ich glaub, das ist auch übernächste Woche ...«

Wie in Vietnam gefeiert wird

Hochzeitsfeiern folgen in Vietnam einer recht festgelegten Struktur. Die meisten Bestandteile bekommen ausländische Gäste nicht mit, es sind **rein familiäre Rituale**. Eine Woche vor der Hochzeit zum Beispiel findet die Verlobungsfeier statt, und am Morgen der Hochzeitsfeier wird die Braut aus ihrem Elternhaus abgeholt. Beides sind sehr traditionelle Feiern, zu denen aber nur die engste Familie eingeladen ist (was in Vietnam immer noch ein paar Dutzend Personen bedeuten kann). Auch die religiösen Riten, sollten sie überhaupt Bestandteil sein, finden zu diesem Zeitpunkt statt (zur Erinnerung: Nur 18 Prozent der Vietnamesen bekannten sich bei der Volkszählung 2009 zu einer Religion, der deutlich weiter verbreitete Ahnenkult kennt keine Priesterschaft).

Das offizielle **Hochzeitsfest** dagegen kann auf Gäste ein wenig befremdlich wirken, weil es so kurz ist. Die Gästeliste umfasst im Normalfall sowohl Kollegen als auch Bekannte oder

Geschäftspartner. In Nordvietnam häufen sich die Hochzeitsfeiern in den Winter- und Frühlingsmonaten, weil dann das Wetter noch nicht zu warm ist. Wer die Tatsache hinzurechnet, dass mehr als die Hälfte der Bevölkerung unter 30 Jahre alt ist, bekommt eine Ahnung davon, was so eine »Hochzeitssaison« bedeutet: Ein bis zwei Hochzeitseinladungen pro Woche sind bei größeren Firmen, die vielleicht noch mit vielen Kunden zu tun haben, tatsächlich möglich. Im Süden Vietnams ist das etwas entzerrter, weil das Wetter ohnehin das ganze Jahr über ähnlich ist.

Als Geschenk wird ein **Umschlag mit Geld** erwartet, der Betrag richtet sich nach der Beziehung zwischen Gast und Hochzeitsfamilie. Der Vorgesetzte sollte sich zum Beispiel großzügiger zeigen als der entfernte Bekannte. Da sich solche Beträge auch durch die allgemeine Preisentwicklung schnell ändern können, fragen Sie am besten vietnamesische Freunde oder Kollegen, diese wissen normalerweise sehr genau, was im aktuellen Jahr von wem erwartet wird. Wer kreativ werden und ein Sachgeschenk überreichen möchte, tritt damit übrigens in kein Fettnäpfchen – es ist nur eher unüblich. Auf dem überreichten Geldumschlag sollte der Name (und vielleicht noch ein freundlicher Glückwunsch) stehen – denn Umschläge und Inhalt werden anschließend akribisch von der Hochzeitsfamilie ausgewertet, weil sich daraus wichtige Rückschlüsse ziehen lassen, was man dem Gast zu schenken hat, sollte in dessen Familie demnächst eine Hochzeit stattfinden.

Der Rest der Feier wird in etwa so ablaufen, wie es Nina erlebt hat. Es gibt keine besonderen Regeln für die Gäste, eventuell abgesehen von der Konvention, dass man **nicht zu lange bleiben** sollte (etwa eine Stunde). Immer häufiger finden Hochzeiten auch abends statt, hier wird dann länger gefeiert. Im Süden des Landes sind abendliche Feiern relativ weit verbreitet.

Weitaus seltener wird es passieren, dass in Vietnam lebende Ausländer auf eine **Begräbnisfeier** eingeladen werden. Auch hier sind vor allem die erweiterte Familie und die Nachbarn involviert. Wer jedoch befreundeten Vietnamesen oder engen Kollegen vor Ort kondolieren möchte, der kann dies tun: Begräbnisfeiern finden stets von morgens bis mittags statt, der Ort ist meist das Wohnhaus, in dem der Sarg aufgebahrt ist. Wenn das zu klein ist, wird der Raum meist durch ein blaues Zelt erweitert, das auf den Bürgersteig ragt. (Dasselbe geschieht auch bei Hochzeiten). Wer selbst dann zu wenig Platz hat, begeht die Abschiedszeremonie in speziell dafür vorgesehenen Tempeln.

Von Gästen wird erwartet, dass sie am Sarg des Verstorbenen Räucherstäbchen anzünden und anschließend einmal um den Sarg herumlaufen. Es ist nicht wesentlich, wie lange man bleibt – entscheidend ist, dass man erschienen ist. Enge Familienmitglieder binden sich weiße Tücher (bei Urenkeln: gelbe Tücher) als Zeichen der Trauer um den Kopf, das schließt Gäste allerdings nicht mit ein.

Ein Wort noch zum **Geburtstag**: Für diesen existieren so gut wie gar keine gesellschaftlichen Traditionen, denn die Geburtstagsfeier ist etwas relativ Modernes. In vergangenen Jahrhunderten feierten Vietnamesen ihren Geburtstag nicht – sie kannten ihn in der Regel noch nicht einmal. Das Alter wird anhand des neuen Jahres gezählt, mit dem Neujahrstag werden alle ein Jahr älter. Heute werden Geburtstage zwar gefeiert, aber das Fest hat nicht dieselbe Bedeutung wie in westlichen Ländern. Manche laden Kollegen oder Freunde ein und gehen gemeinsam essen. Tatsächlich hat in den vergangenen Jahren die Chance deutlich zugenommen, im Restaurant plötzlich aus Lautsprechern *Happy Birthday to You!* zu hören – von dem Lied gibt es auch eine vietnamesische Version.

29 »Hallo?!«

Telefonieren in jeder Lebenslage

Der Chor singt gerade von der Erschaffung der Tiere, von Walfischen und Lerchen und Gewürm. Das vietnamesische Opernensemble präsentiert heute in der Hanoier Oper gemeinsam mit dem nationalen Sinfonieorchester Haydns »Schöpfung«. Nina lässt sich ein wenig tiefer in den roten Polstersessel sinken. Plötzlich kräht laut ein Hahn.

Eine Oper auf Sumpf gebaut

Die Hanoier Oper wurde 1911 zur Kolonialzeit von den Franzosen errichtet, die sich hier mit Ensembles, die aus Frankreich eingeschifft wurden, die Zeit vertrieben. Die Oper ist auf sumpfigem Untergrund gebaut, 30.000 Bambuspflöcke sorgten damals für die Stabilität im Boden. Für damalige Verhältnisse war die Hanoier Oper größer als die meisten Bühnen im französischen »Mutterland«. Nach der vietnamesischen Revolution diente sie für eine kurze Zeit als Parlamentsgebäude. Tagsüber ist das Gebäude heutzutage geschlossen, »Besichtigungen« sind nur im Rahmen von Konzerten und Veranstaltungen möglich.

Nina zuckt zusammen. Ein missglückter Soundeffekt zur Oper? Oder – Nina denkt an das viele Geflügel, das von den Hanoiern in kleinen Gassen und Hinterhöfen gehalten wird und gelegentlich über die Bürgersteige marschiert – hat sich in die Oper tatsächlich ein Hahn eingeschlichen?

Dann verstummt der Hahnenschrei, und stattdessen ist eine Männerstimme zu hören, zwei Reihen hinter ihr: »Hallo?« Ein Telefon! Einer der Zuschauer hat sein Handy nicht ausgeschaltet, wurde angerufen und – geht auch noch ran?! Nina dreht sich um.

Der Mann nuschelt etwas mit der Hand vor dem Mund, aber er hat eindeutig ein Mobiltelefon am Ohr.

»Sscchhhh!!«, zischt Nina in Richtung Telefonierer, und mehrere Köpfe drehen sich um. Allerdings nicht in Richtung Mann – sondern in ihre. Ups. Sie wirft einen Blick nach links und nach rechts und lässt sich dann wieder in den Sitz fallen. Am besten wohl einfach ignorieren, den Telefonierenden, der zum Glück nach kurzer Zeit wieder aufhört zu sprechen.

Dann aber, vielleicht eine halbe Stunde später, klingelt das Telefon ihres Nachbarn. Dem ist das zwar offenbar etwas unangenehmer als dem Mann von vorhin, denn er nestelt recht hastig nach dem Gerät in der Jackentasche – aber auch er geht ran. Er macht sich dabei ganz krumm und hängt über Ninas Armlehne. Nina würde in diesem Moment gerne schreien.

Nach der Vorstellung, als im hell erleuchteten Foyer die Gäste noch eine Weile beisammenstehen, kann sie nicht mehr an sich halten, als sie dort zufällig auf Nương trifft, eine ihrer Kolleginnen.

»In der Oper! Telefon!«, empört sich Nina. »Das gibt's doch gar nicht, das versteh ich nicht, ist denen denn gar nichts peinlich? Sag mal, Nương, das geht doch nicht, oder? Was meinst du denn, ich mein, in der …« Nina unterbricht sich. Nương hat ihr Telefon aus der Tasche gezogen.

Es hat geklingelt.

»Hallo?«, sagt Nương.

Warum in Vietnam so tabulos telefoniert wird

Nina hat gerade Bekanntschaft mit dem **etwas anderen Telefonknigge** in Vietnam gemacht. Zunächst einmal ist es nicht zwangsläufig unhöflich, mitten in einem Gespräch ans Telefon zu gehen. Das liegt daran, dass es umgekehrt sehr wohl unhöflich wäre, *nicht* ans Telefon zu gehen. Und wenn nicht unhöflich, dann zumindest ungewöhnlich. Vermutlich käme kurze Zeit später eine besorgte SMS mit dem Text: »Warum gehst du nicht ran? Geht es dir gut?«.

Daraus folgt auch, dass man im Kino, in der Oper oder mitten während einer Rede telefoniert. Genauso, wie es offenbar in Vietnam kaum jemanden stört, wenn in diesen Situationen laut ein Handy klingelt. Zwar laufen mittlerweile auch vor Filmvorführungen kleine Einspieler, die zum Abschalten des Mobiltelefons auffordern. Peinlich ist das Klingelgeräusch aber den Besuchern eher nicht. Passiert halt. Wichtiger Anruf!

Das Klingen wird also von den Anwesenden nicht zwangsläufig als ungehobelt wahrgenommen. Lärm gehört eben dazu, so wie der Krach von der Straße, den man ja auch nicht abstellen kann. (Tatsächlich kann es im Hanoier Opernhaus passieren, dass in die Stille einer leise gespielten Klaviermelodie hinein draußen ein Motorroller hupt.) Die vietnamesische Lärmhintergrundkulisse wiederum mag dafür verantwortlich sein, warum vietnamesische Klingeltöne **mit Vorliebe auf höchste Lautstärke** gestellt sind.

Es gibt aber durchaus einige, die versuchen, in Anwesenheit anderer leise zu telefonieren. Wobei auch die dabei angewendeten Strategien bisweilen seltsam anmuten mögen. Zum Beispiel ist die Gewohnheit weitverbreitet, eine Hand vor den Hörer zu halten. Der Effekt ist, je nach Stimmgewalt des Sprechers, eher minimal. Eine andere Strategie besteht darin, leicht zur Seite zu kippen und halb unter dem Tisch zu telefonieren.

Wer möchte, kann sich diese Telefonkultur übrigens historisch herleiten. Wer sich in Westeuropa umhört, wann die ersten Festnetztelefone in die Häuser einzogen, der wird meistens auf die 50er- oder 60er-Jahre stoßen. Außerdem hat das erste Telefon in vielen Familien deutlich weniger Aufregung und Erinnerung hinterlassen als der erste Fernseher. In Vietnam geht die Geschichte völlig anders: Die ersten Festnetztelefone standen in Hanoi **erst Ende der 90er-Jahre** auf den Haustischen. Nachbarn versammelten sich im Wohnzimmer, um Verwandte auf dem Land anzurufen, die dazu ebenfalls in das Wohnzimmer wohlhabender Nachbarn kommen mussten. Das Thema »Erzähl mal von eurem ersten Telefon« hat sich bei unseren Recherchen als eines der unterhaltsamsten und kreativsten Smalltalk-Themen herausgestellt, durch das ganze Gruppen von Vietnamesen plötzlich anfingen, in alten Erinnerungen zu schwelgen. Erst Anfang der 2000er-Jahre wurde das Telefon langsam Normalität, zumindest in den Städten. Da waren die ersten Handys aber bereits im Land und verbreiteten sich deutlich schneller. Schließlich brauchten die Mobiltelefone keine Telefonleitungen und waren damit auch in ländlicheren, schlechter entwickelten Gegenden sinnvoll. In Vietnam ist deswegen Mobiltelefon Standard – und deswegen ist man immer erreichbar und geht auch immer dran.

Mehr zum Thema Lärm erfahren Sie im Kapitel »Gockel gegen Presslufthammer« ab Seite 207.

30 Schlafen die alle hier?

Was einen bei einer privaten Einladung erwartet

»Schön, dass du wieder da bist!«, sagt Phương herzlich. Seit ein paar Tagen ist Florian von seiner Reise zurück; Phương hat ihn und Nina zum Abendessen bei sich zu Hause eingeladen. Das Haus, in dem sie mit ihrer Familie wohnt, befindet sich etwas außerhalb des Stadtzentrums. Es ist ein schmales Haus mit vier Stockwerken, umgeben von lauter anderen schmalen Häusern mit vier Stockwerken.

Phươngs Mutter begrüßt die beiden Gäste. Eine weitere, ältere Frau kommt die Treppe herunter. Florian betritt neugierig und staunend das Haus. Direkt hinter der Schwelle beginnt schon das Wohnzimmer, hier stehen schwere Sofas, allerdings nicht aus Plüsch und Stoff, sondern von oben bis unten aus dunklem Holz. An den Wänden hängen Familienbilder und fremde Schriftzeichen, und Florian will sie sich gerade genauer anschauen, da bremst ihn Phương: »Du kannst die Schuhe gleich hier ausziehen.«

Ein *chào* kommt selten allein: die Begrüßung in Vietnam

Das vietnamesische Wort zum Begrüßen ist *chào* und spricht sich sehr ähnlich wie das italienische *ciao* aus. Allerdings ist das Wort alleine recht nutzlos, denn entscheidend ist, wer wen grüßt. Florian würde Phương zum Beispiel korrekt mit *»Chào em«* ansprechen: »Sei gegrüßt, jüngere Schwester«. Wenn eine jüngere Person eine ältere grüßt, sollte sie respektvoll beide Personen benennen, also: »Neffe grüßt Onkel«, auf Vietnamesisch: *»Cháu chào chú«*. Wem es zu kompliziert ist, dafür einen kompletten Satz vietnamesischer Verwandtschaftsbezeichnungen zu lernen (siehe dazu auch das Kapitel »Hast du zugenommen?« ab Seite 122), kann stattdessen auf das neutrale *»Xin chào«* zurückgreifen. Das wiederum benutzen Vietnamesen selten untereinander, für Ausländer ist es aber eine hilfreiche Notlösung. Junge Vietnamesen halten sich untereinander oft nicht mit diesen formellen Begrüßungsfloskeln auf, sondern grüßen sich informell mit: *»Em đi đâu?«* (wörtlich: »Wohin gehst du?«, bedeutet etwa: »Was machst du so?«).

Oh! Florian schaut hinunter auf seine Turnschuhe und bemerkt dann, dass alle anderen keine Straßenschuhe, sondern Gummislipper tragen. Auch Nina war im Eingang stehen geblieben und hat bereits ihre Schuhe abgestreift. Etwas peinlich berührt macht Florian drei Schritte zurück zum Eingang, zieht ebenfalls seine Schuhe aus und steht jetzt in Socken da. »Du kannst dir eines der Hausschuh-Paare hier nehmen«, sagt ihm Phương, und er will gerade erwidern, dass er sich in Socken wohler fühlt, als Phươngs Vater die Treppe herunterkommt. »Oje, sind wir zu früh, Phương? Du hattest doch sieben Uhr gesagt, oder?«, flüstert Florian. Denn ihr Vater ist offensichtlich auf Besuch noch gar nicht vorbereitet und trägt einen Schlafanzug. Phương aber scheint die Frage überhaupt nicht zu verstehen. »Nein, ihr seid nicht zu früh.«

Florian überlegt, wie er das mit dem Schlafanzug jetzt möglichst höflich fragt, da fährt Phương bereits fort: »Wir warten noch auf meinen Bruder, der holt seine Frau gerade von der Arbeit ab, dann essen wir«, sagt sie. »Oh, kommt dein Bruder auch? Nur wegen uns?« Phương lächelt. »Natürlich will er euch sehen, er freut sich sehr, aber er kommt nicht nur wegen euch, er wohnt hier!«

»Ich dachte ... du sagtest doch gerade, dein Bruder wäre verheiratet?« Phương nickt. Florian überlegt kurz. Plötzlich ergeben die vier Stockwerke Sinn, allerdings schrumpft diese neue Erkenntnis eine scheinbar komfortable Wohnsituation auf ein sehr beengtes Wohnen zusammen. »Also, du wohnst hier mit deinen Eltern, dein Bruder wohnt hier mit seiner Frau, und deine Großmutter, die eben herunterkam, auch ...«

Phương kichert: »Das war doch nicht meine Großmutter, das war Hoa, unsere Haushaltshilfe. Meine Großmutter ist im zweiten Stock, sie kommt die Treppe nur sehr schwer herunter. Zurzeit ist auch noch meine Cousine da, die hat gerade ihr Studium begonnen und lebt jetzt bei uns, und meine Tante vom Land, weil sie regelmäßig in ein Spezialkrankenhaus hier in Hanoi geht, und ...«

»Moment, wo schlafen die denn alle?«, unterbricht Florian sie verwirrt.

»Na, meine Cousine schläft bei mir im Bett.«

»Du meinst, bis sie was eigenes gefunden hat?«

»Wie, was eigenes? Nein, die schläft jetzt die nächsten zwei Jahre bei mir im Bett«, sagt Phương. »Meine Tante schläft im Wohnzimmer. Und Hoa schläft bei Großmutter im Raum.«

»Komm, ich zeig euch unser Haus«, fügt Phương an. Die steinerne Treppe führt hinauf in ein Stockwerk mit zwei Türen an jeder Seite des Flurs. »Hier links schläft Großmutter, rechts meine Eltern«, sagt Phương und steigt dann eine Treppe höher. »Und hier wohnen ich und meine Cousine, rechts wohnt mein Bruder mit seiner Frau.« Phương öffnet kurz die Tür zu ihrem Zimmer, und Florians Blick fällt auf ein großes, recht niedriges Bett, einen großen Schrank und einen sehr kleinen rechteckigen Schreibtisch. Das Zimmer kommt ihm sehr leer vor, vor allem wenn er es mit seiner vollgestopften Studentenbude vergleicht, wo er zwei Bücherregale hat, seinen Arbeitstisch, seinen Lesesessel, die Zimmerpflanzen, die Musikanlage ... nichts davon ist hier zu sehen. Das Zimmer wirkt zwar geräumig, aber nur, weil die Decke so hoch ist. Florian kann sich gar nicht vorstellen, dass in einem ähnlichen Zimmer gegenüber das junge Ehepaar lebt. »Und wer wohnt im obersten Stockwerk?«, fragt er Phương.

»Die Ahnen«, sagt Phương. »Oben ist ein Balkon, da hängen wir Wäsche auf. Und der Raum gegenüber ist der Raum für den Ahnenaltar.« Ein ganzes Zimmer allein für einen Ahnenaltar? Florian würde sich diesen Raum so gerne anschauen. Aber er findet es aufdringlich, danach zu fragen.

Wie man sich bettet und wohnt in Vietnam

Das vietnamesische Haus war früher ein Ort, der vor allem der **Familie** und engen Freunden vorbehalten war. Das hat sich inzwischen geändert. Einladungen nach Hause passieren aber nicht ständig und sind ein Zeichen von Wertschätzung. Zum Beispiel auch weil jemand die berufliche Zusammenarbeit vertiefen möchte oder einem besonders geschätzten Arbeitskollegen oder Bekannten auf diese Weise seine Freundschaft versichert.

Es gehört sich, vor dem Besuch von Privathäusern die **Schuhe** auszuziehen. Im Gegenzug werden dem Gast Gummisandalen als Hausschuhe zur Verfügung gestellt – oder man läuft einfach barfuß. Und was in unseren Augen wie ein Schlafanzug aussieht, ist tatsächlich eine in Vietnam häufig anzutreffende Hauskleidung.

Wie steht es mit **Gastgeschenken**? Nicht etwa Alkohol, Pralinen oder Blumen seien das beste Geschenk, versichern uns unisono zahlreiche vietnamesische Freunde, sondern Obst, gerne auch besonders teures Obst. Gefolgt von Geschenken für das Kind. Vietnamesen schenken also gerne praktisch. Und, nebenbei, manche Vietnamesen machen sich recht wenig aus Schokolade und ähnlichen europäischen Süßigkeiten. Die Flasche Wein oder Schnaps funktioniert auch, Blumen hingegen bringt man eher zu besonderen Anlässen wie Geburtstagen oder dem Frauentag mit.

Oft schlafen **mehrere Personen in einem Bett** – nicht nur Ehepaare, sondern auch etwa erwachsene Brüder oder Verwandte, die gerade zu Besuch sind. Und mit »Besuch« kann auch gemeint sein, dass ein entfernter Verwandter für ein paar Monate in der Stadt lebt, um zu studieren oder zu arbeiten.

Vietnamesische Häuser sind häufig schmal und hoch, selbst auf dem Land, wo sie nicht dicht gedrängt nebeneinanderstehen. Grund für diese Bauweise war ursprünglich die Ladensteuer, die nach der Größe der Ladenfront berechnet wurde. Heute fällt dieser Grund weg, die Tradition hat sich aber erhalten. Die schmalen Häuser haben oft nur nach vorne hin Fenster, sodass die Sonne weniger hineinscheint. Im Haus mag man es lieber etwas dunkler. Auch innen sind viele vietnamesische Häuser sehr ähnlich aufgebaut: Im Erdgeschoss befindet sich, gleich hinter dem Eingang, das Wohnzimmer, oft folgt dahinter die Küche. Im ersten Stock liegen die Schlafräume der Familie. Es ist in Vietnam Tradition, dass nach der Hochzeit die Braut in das Haus des Ehemannes (und dessen Eltern) einzieht, dadurch ergeben sich dann schnell mindestens Drei-Generationen-Familien in einem Haus. Arbeitszimmer oder Spielzimmer sind eher unbekannt, der Computer steht im Schlafzimmer. Vietnamesen zählen das Erdgeschoss als ersten Stock.

Haushaltshilfen leben normalerweise 24 Stunden am Tag und fast das ganze Jahr über innerhalb der vietnamesischen Familie. Je nach Größe des Hauses haben auch diese Angestellten entweder ein eigenes Zimmer, schlafen im selben Raum wie die pflegebedürftige Großmutter oder rollen sich abends die Strohmatte im Wohnzimmer aus.

Der bereits im Kapitel »Geld verbrennen am Straßenrand« beschriebene **Ahnenaltar** (ab Seite 28) kann in städtischen Familienwohnungen ein komplettes kleines Zimmer für sich allein beanspruchen, das meist direkt unter dem Dach liegt. In kleineren Wohnungen befindet sich der Ahnenaltar über Kopfhöhe an der Wand im Wohn- oder Schlafzimmer. Hier müssen Sie Ihre Neugierde nicht zurückhalten: Als ausländischer Gast den Ahnenaltar anschauen zu wollen, werden Ihre Gastgeber weder als unhöflich noch als aufdringlich empfinden.

31 Zwischenlandung im Schälchen

Die wichtigsten Tischsitten

Der salzig-saftige Duft von gebratenem Hackfleisch zieht durch den Raum. Der Tisch ist voll. Irgendwie passen Phương Bruder mit Frau, die Tante, die Cousine, die ganze Familie rund um den schmalen Tisch, wobei Florian schon nicht mehr genau weiß, wer hier eigentlich wer ist. Phươngs Mutter steht noch am Herd und löscht das Hackfleisch gerade mit Fischsoße ab.

Phươngs Vater erhebt sich und die anderen tun es ihm gleich. Er spricht ein paar Worte auf Vietnamesisch. »Er freut sich sehr, euch als Gäste zu haben«, übersetzt Phương. Florian fragt sich, ob er jetzt auch etwas sagen sollte. Oder Nina, weil sie die Ältere ist? Aber da ist Phươngs Vater bereits dazu übergegangen, ihnen Bier in die Gläser einzuschenken, und alle prosten sich gegenseitig zu.

Als jeder wieder sitzt, bringt die Mutter das dampfende Hackfleisch auf den Tisch. Womit jetzt anfangen? Auf dem Tisch stehen ein Teller mit einer Art Wurst, ein Teller mit Frühlingsrollen, ein Teller mit kaltem Huhn, eine Schüssel mit Garnelen, eine große Schüssel mit Suppe und ein paar weitere Gerichte, bei denen Florian keine Ahnung hat, was das sein könnte. *»Ăn đi!«*, sagt der Vater. »Bitte nehmt euch doch was«, übersetzt Phương. Florian schöpft sich aus der großen Suppenschüssel. Mutter und Hoa, die Frau, die vorhin als Haushaltshilfe vorgestellt wurde, sind immer noch gemeinsam am Kochen. Gerade geht es um etwas mit Eiern, das in der Pfanne zu einem Omelett verrührt wird.

Die Suppe schmeckt lecker, wenn auch überraschend sauer. Phương knabbert an einem Stück kaltem Huhn, der Vater hat mit den Stäbchen eine Frühlingsrolle gegriffen. Hoa sitzt mittlerweile am Tisch und hat neben sich den Reiskocher stehen, einen großen Behälter aus Plastik, aus dem sie auf Nachfrage mit einer Art kurzem hölzernen Löffel Reis in die Schalen schaufelt. Florian beginnt, sich sein Menü zusammenzustellen: Die Frühlingsrollen sehen lecker aus. Dann greift er nach einem Stück Wurst, einem Stück Huhn, eine Garnele obendrauf ... bald ist kein bisschen Reis in seinem Schälchen mehr zu sehen, stattdessen stapeln sich die Häppchen.

Schließlich serviert Phương's Mutter, die bisher keinen einzigen Bissen gegessen hat, das Omelett. Der Vater schneidet es in Stücke. Mit einer feierlichen Geste nimmt er ein Stück und legt es Florian in die Schüssel. Bei genauerem Hinsehen steckt darin etwas Dunkles, Längliches. Es sieht aus, als sei das ein Omelett mit Hundertfüßern. »Mein Vater hat das seit Jahren nicht mehr gegessen«, erklärt Phương. »Weder meine Mutter noch ich mögen das, das sind irgendwelche Strandwürmer. Er dachte sich, wenn wir heute Abend ausländische Gäste haben, kann er das endlich einmal wieder probieren.«

Todesmutig steckt sich Florian ein Stück Wurm-Omelett in den Mund. Er kaut. Die Würmer schmecken nach ... gar nichts. Florian schluckt hastig ein paar Bissen hinunter und beschließt einfach zu vergessen, was er da gerade isst. Den Nachschlag lehnt er dann allerdings höflich, aber entschieden ab.

»Ich glaube, ihr müsst mich hier nachher rausrollen, ich kann nicht mehr!«, sagt Florian schließlich, als ihm unentwegt weiterhin Sachen angeboten werden: noch eine Frühlingsrolle. Noch ein Stück Fleisch. Und noch mal was vom Fisch. Phương sagt etwas zu ihren Eltern. Der Vater lächelt daraufhin freundlich, greift dann zu einem Stück Huhn und legt es Florian in den Teller.

»Ich kann mich nicht mehr bewegen«, flüstert Florian leise zu Nina, als der Tisch abgeräumt wird und die Haushaltshilfe große Schüsseln mit Melone, frischen Litschis und anderen Früchten aufträgt. »Ich glaube, ich muss heute Nacht hier schlafen. Vermutlich neben der Tante im Wohnzimmer.«

»Dann pass auf, dass du nicht zu viele Litschis isst, die machen sehr schnell satt«, raunt Nina zurück. »Satt?«, japst Florian. »Ich bin schon satt! Schon seit einer Stunde bin ich satt!« Nina grinst: »Hättest du halt am Anfang nicht so zugeschlagen.«

Als die beiden schließlich in das Taxi steigen, stellt Florian erstaunt fest, dass er sich tatsächlich noch bewegen kann. »Meine Eltern haben sich sehr gefreut«, sagt Phương. »Mein Vater hat sich allerdings gewundert, dass ihr so wenig esst.« Florian starrt sie an. »Ach so, und er hat gefragt, ob alle Deutschen immer die Suppe zuerst essen.«

Wie Sie beim Essen eine gute Figur machen (und diese auch behalten)

Gäste sollten sich auf jeden Fall darauf gefasst machen, dass ihnen die »**besten Stücke**« in die Schüssel gelegt werden. Vor allem der Gastgeber, also normalerweise der Familienvater, wird das als Etikette ansehen. Dementsprechend unhöflich wäre es, dieses Angebot zurückzuweisen. Die Sache wird dadurch etwas kompliziert, dass »beste Stücke« nicht selten ausgerechnet jene

Dinge sind, die in Europa eher selten auf dem Tisch landen: Innereien zum Beispiel, der Kopf des Hühnchens, der Kopf des Fisches oder undefinierbare, geleeartige Leckereien. Florians Wurm-Omelett ist dann doch eher selten, aber auch solche Raritäten sind nicht völlig auszuschließen.

Die beste Variante wäre, die dargereichten Stücke zu probieren. Wer das im Einzelfall nicht fertigbringt, der bedankt sich höflich, lässt die Stücke dezent in seinem Schüsselchen ruhen und deckt den Mantel des Schweigens (und etwas Reis und Gemüse) darüber.

Wenn keine Gäste im Haus sind, gilt vor dem Familienessen die Sitte, dass alle jüngeren Familienmitglieder die **ältesten Verwandten** am Tisch zum Essen einladen müssen und dann mit dem Essen warten, bis diese sich aufgetan haben. Bei Einladungen ist es stattdessen meist so, dass das Familienoberhaupt eine kurze Ansprache hält (das kann auch nur ein Satz sein) und dann die Gäste zum Essen auffordert.

Aber alle Tischsitten in Ehren: Entspannen Sie sich! Gemeinsam essen ist in Vietnam etwas Fröhliches. Man wird Ausländern die eine oder andere Unbeholfenheit verzeihen, und keine der folgenden Sitten ist in Stein gemeißelt. Manche haben eher den Charakter von Knigges Hausregeln: Man kennt sie, aber hält sich nicht sklavisch daran. Und jede Familie hat so ihre eigenen Gewohnheiten.

Allgemein gilt: Jeder holt sich aus der Mitte des Tisches das gewünschte Essen ins eigene Schüsselchen. Führen Sie die Happen **nicht direkt von der Platte in den Mund**, sondern legen Sie sie zuerst kurz in die eigene Schüssel. Auch zu »hamstern« und sich das Schüsselchen mit möglichst vielen Dingen vollzuladen, wie es Florian getan hat, ist nicht besonders stilvoll. A propos

Tisch: In vielen vietnamesischen Familien wird nicht an einem Tisch, sondern auf dem Fußboden gegessen.

Vor allem bei älteren Vietnamesen gilt es als fürchterlich schlechtes Verhalten, die Stäbchen in den Reis zu stecken – denn das erinnert an die Räucherstäbchen vor dem Ahnenaltar und ist damit ein Symbol für den Tod. Stattdessen kommen die Stäbchen auf das Schüsselchen – da liegen sie stabil. Es ist übrigens völlig in Ordnung, die Schüssel **mit der Hand aufzunehmen**, damit der Weg der Stäbchen zu den Lippen nicht so weit ist.

Lange Zeit galt **Schmatzen** in Vietnam als normal oder sogar als begrüßenswertes Zeichen, dass das Essen besonders gut schmeckt. Das scheint sich mittlerweile zu ändern: »Ich bringe meinen Kindern bei, geräuschlos zu essen«, berichtete uns eine Mutter. Eine andere Bekannte sagte, das sei auch eine Frage, ob man »unter sich« sei oder mit Gästen esse. Leises Schmatzen scheint aber immer noch flächendeckend akzeptiert, und geschlürfte Suppe schmeckt besser.

Reis nimmt man sich nicht selbst, sondern bekommt ihn von der Person, die neben dem Reiskocher sitzt (meist die Gastgeberin, die jüngere Tochter oder eben auch die Haushaltshilfe) in die Schüssel gefüllt. Wer drei Schüsseln mit Reis geleert hat, darf überzeugend und zum allgemeinen Verständnis ankündigen, dass er satt ist.

Die **Suppe** (eine klare Brühe mit Gemüse, oft auch mit Fisch, Hackfleisch oder Meeresfrüchten) bildet immer den Abschluss des Essens und wird normalerweise über den restlichen Reis in der eigenen Schüssel geschüttet. Das Ergebnis ist ein Reissuppengemisch, je nach Vorliebe mehr oder weniger flüssig, mit dem der letzte Reis aufgegessen wird. Das **Dessert** bilden häufig

Früchte der Saison: Litschi, Pomelo, Rambutan, Melone ... Vietnam verfügt über unzählige Obstsorten.

Da der Besuch auf keinen Fall hungrig nach Hause gehen soll, werden die Gastgeber auch gegen Ende noch weiter höflich Portionen anbieten. Vom vietnamesisch-amerikanischen Autor Andrew Pham stammt der dazu passende Tipp: »Die weise Variante ist, frühzeitig zu erklären, dass man sich satt fühlt, und anschließend noch zwei oder drei angebotene Portionen anzunehmen.«

Im Zweifelsfall: Schauen Sie einfach, wie es die anderen am Tisch machen. Und vergessen Sie nicht zu erwähnen, wenn es Ihnen schmeckt!

Falls Ihnen Fleisch Wurst ist: vegetarisch essen in Vietnam

Vegetarier werden feststellen, dass die vietnamesische Art, von verschiedenen Platten zu essen, es sehr einfach macht, auf Fleisch zu verzichten und stattdessen eben gezielt beim Gemüse, beim Reis und beim Tofu zuzugreifen. Allerdings ist komplett vegetarisches Leben in Vietnam kaum verbreitet (üblicher ist hingegen, für eine bestimmte Zeit auf Fleisch zu verzichten, beispielsweise an buddhistischen Feiertagen). Gelegentlich kann es zu Missverständnissen bei der Definition von »vegetarischem Essen« kommen. Einer deutschen Bekannten, die überzeugte Veganerin ist, wurde bei ihren Erklärungen zu ihren Essgewohnheiten von verschiedener Seite interessiert zugehört, mit der abschließenden Frage: »Aber Wurst isst du doch, oder?«

32 Gockel gegen Presslufthammer

Der Aufschwung ist unüberhörbar

Nina taucht mit dem Kopf unter die Bettdecke und drückt sich das Kissen auf die Ohren. Es ist zwecklos: Der Krach ist markerschütternd. Sie hat das Gefühl, dass sie gleich durch die Schlafzimmerwand brechen.

Es ist 6:27 Uhr, am Sonntagmorgen, und sie bohren, hämmern und bauen nebenan.

Nina wälzt sich seufzend aus dem Bett, tapst barfuß in die Küche und greift nach einer der Kaffeetassen, die im Regal vibrieren.

Hanoi ist die Stadt, die einen niemals schlafen lässt. Um Mitternacht kam ein Lastwagen, um mehrmals mit Getöse Baumaterial zu entladen. Um halb drei Uhr begann der Gockel des Nachbarn zu krähen, heiser wie eine rostige Kinderschaukel. Der Gockel des anderen Nachbarn begann zurückzukrähen. Dann das Geräusch einer stampfenden, pfeifenden Wasserpumpe. Irgendwo in der Nähe kläffte ein Hund.

Um fünf Uhr, kurz vor Sonnenaufgang, beginnt in der Stadt der neue Tag. Typischerweise als Auftakt mit irgendjemandem, der unten auf der Gasse mit dem Fauchgeräusch eines jungen, erwachenden Drachen den Rotz in der Kehle sammelt und diesen anschließend ausspuckt, so als wäre da noch eine Altlast, böse Geister aus den Träumen der vergangenen Nacht, denen es sich mit Nachdruck zu entledigen gilt, um frisch in den neuen Tag zu starten.

Dann quäkt die erste Mopedhupe. Viele Menschen machen sich auf den Weg zum Markt und beherrschen die Kunst, unfassbare Mengen an Waren auf ihre Motorroller zu packen: drei ausgewachsene Schweine; Dutzende von Goldfischen, einzeln in kleinen Plastiktüten herumschwimmend, die wie Socken auf der Wäscheleine an einen Metallrahmen gehängt wurden; vier riesige Keramikvasen. Dazwischen Fahrräder voller Blumen und alte Marktfrauen, die schwere Körbe, an einer Stange befestigt, auf den Schultern tragen und damit tapfer die Straße überqueren.

Am Ufer des Westsees recken sich menschliche Silhouetten der aufgehenden Sonne entgegen. Man trifft sich zum Morgenturnen, da und dort zu Musik aus dem Ghettoblaster. Der Verkehr beginnt die Stadt zu überfluten und entwickelt sich gegen acht Uhr zur Rushhour zu einem donnernden, hupenden Blechtsunami.

An diesem Morgen flieht Nina nach dem Kaffee ungeduscht und ungekämmt aus dem Haus und schwingt sich auf ihren Roller. Sie hat beschlossen, sich ein bisschen Ruhe und Zivilisation in einem der klimatisierten Cafés nach westlichem Vorbild zu gönnen – dort, wo der Kaffee nur halb so gut schmeckt wie der an der Straße, dafür aber das Dreifache kostet. Hier lässt sie sich in einen Sessel sinken, um in ihrem neuen Buch zu lesen: *Zen in jeder Lebenslage.*

Ein paar junge, gut gekleidete Leute sitzen im Café. Einer spielt ein Computerspiel auf seinem iPad, das wie ein Meerschweinchen klingt. Hinten an der Theke drehen sie die Musik noch ein bisschen lauter, sie spielen gerade eine Perversion von Bobby McFerrins *Don't Worry Be Happy.* Ein Kleinkind rennt zwischen den Tischen hin und her, mit kleinen Turnschuhen, die bei jedem Schritt blinken und wie ein Hunde-Kauspielzeug quietschen. *Don't worry.* Nina lässt ihr Buch sinken. *Be happy.*

Abwarten, dann trinken: Vietnams Kaffee im Sitzen

Vietnamesische Kaffeekultur ist das Gegenteil von *Coffee to go* – es ist vielmehr ein *Coffee to sit.* Kaffee wird in Vietnam nicht im Vorbeigehen konsumiert, sondern ist ein Grund, sich zu treffen, zu plaudern und gemeinsam zu rauchen. Der klassische Hanoier Kaffee wird auf dem Bürgersteig serviert, man erhält eine kleine Tasse, auf der ein Hut aus Metall sitzt – der **Kaffeefilter**, aus dem in den folgenden Minuten der Kaffee in die Tasse tröpfeln wird. Dort vermischt er sich mit der klebrigsüßen **Kondensmilch** *(cà phê sữa).* Wer will, trinkt den Kaffee auch pur oder mit Eiswürfeln.

Meistens ist der Kaffee eine Mischung aus den Sorten Arabica und dem strengeren Robusta-Kaffee. Vietnam ist neben Brasilien einer der größten Kaffee-Exporteure der Welt und der größte Produzent der Sorte Robusta. Die vietnamesischen Kaffeeanbaugebiete liegen in Mittelvietnam, rund um die Städte Buôn Ma Thuột und Nha Trang.

Heute sieht man auch in Vietnam die verglasten, modernen Cafés, in denen Gebäck und geschäumter Milchkaffee serviert wird.

Die Kaffeehauskette **Highlands Coffee** ist die erste Privatfirma, die auf einen Auslandsvietnamesen, David Thai, registriert wurde. Die wichtigste Kaffeemarke des Landes ist hingegen **Trung Nguyên**. Geschäftsführer Đặng Lê Nguyên Vũ möchte seinen Kaffee zur globalen Marke machen. Bisher exportiere Vietnam 90 Prozent der Kaffeebohnen roh. Konkurrenz im Inland macht ihm seit Kurzem die amerikanische Kette **Starbucks**, die Anfang 2013 in Ho-Chi-Minh-Stadt ihre erste Filiale in Vietnam eröffnete.

Nach ein paar Stunden gibt Nina auf. Heute wird das irgendwie nichts mit Zen und irgendwie auch nichts mit dem Tag. Sie will nach Hause. Sie steigt auf den Roller und fädelt sich wieder ein in den dichten Verkehr. Sie weicht einem Ballonverkäufer aus, der am Straßenrand läuft, und duckt sich, damit ihr der baumkronengroße Strauß an silbrig glitzernden Ballons, bedruckt mit grinsenden Katzen und zornigen Vögeln, nicht ins Gesicht klatscht. Als sie kurz stehen bleibt, um einen aus einer engen Gasse einbiegenden Kleinlaster vorzulassen, bleibt jemandem hinter ihr der Daumen auf dem Hupknopf kleben. Es dröhnt Nina durch Mark und Bein, und sie will sich eigentlich die Ohren zuhalten, aber geht ja nicht mit dem Helm auf. Stattdessen dreht sie sich um und brüllt: »Was denn, zum Teufel noch mal?!« Der Huper, ein Mann mittleren Alters, schaut sie erschreckt an. Er fährt einen alten, violett-weißen Roller mit einem schwarzen Drahtkörbchen vorne am Lenker. Als er an ihr vorbeifährt, sieht Nina, dass hinter ihm ein kleines Mädchen mit Zöpfen und einem pinkfarbenen Barbie-Rucksack sitzt. Es hebt eine Hand und winkt Nina freudig zu.

Zu Hause legt sich Nina bäuchlings aufs Bett und versucht, an nichts zu denken. Sie lauscht den halb schmatzenden, halb quietschenden Paarungsrufen der Geckos. Hört der vom Tonband abgespielten Stimme des Brotverkäufers auf dem Fahrrad zu, die auf- und wieder abebbt, als er durch die Gasse fährt. Gegen fünf ertönt blecherne Marschmusik aus den Straßenlautsprechern. Dann erklingt das hämmernde Stakkato einer Glocke. Du lässt mir keine Ruhe, Hanoi, denkt Nina.

Worin der kleine Unterschied zwischen laut sein und laut werden besteht

Vietnams Städte warten mit einem gewaltigen Orchester an Geräuschen auf. Es ist eine Symphonie zwischen Tradition und Moderne. Neben glänzenden Hochhäusern, die in den Himmel gebaut werden, rennen Hühner und Gockel auf engen Gehsteigen zwischen Motorrollern herum. Strohhuttragende Straßenverkäufer fahren mit ihren kleinen Lautsprechern vorbei an blinkenden Elektro-Fachgeschäften, aus denen Popmusik mit stampfenden Bässen dröhnt. Hier vermengt sich der Rhythmus des geschäftigen ländlichen Straßenlebens mit dem Soundtrack der Großstadt.

Wenn die Frauen von der **Müllabfuhr** kommen, schieben sie einen Karren durch die Straßen und hämmern in den Quartieren auf eine Glocke, worauf die Bewohner die Mülltüten und -eimer aus ihren Häusern bringen.

Die öffentlichen **Lautsprecher**, die die Quartiere beschallen, funktionieren als Lokalradio: Morgens und abends werden unter anderem neue Regierungsbeschlüsse, Vorschriften und Gesundheitshinweise verkündet, es wird darauf hingewiesen, wann im Stadtviertel die Stromzufuhr unterbrochen wird, und man spielt patriotische Musik.

Überall wird **gebaut**, sieben Tage die Woche. Das Baumaterial muss häufig mitten in der Nacht zur Baustelle geliefert werden, weil die Lastwagen tagsüber nicht in alle Bereiche der Innenstadt fahren dürfen.

Und ja, auf Vietnams Straßen wird oft gehupt, geradezu inflationär **gehupt**. In der Masse wirkt dies ungezügelt, tabulos, vielleicht sogar ein bisschen anarchistisch. Man könnte jedoch argumentieren, dass auch hier kulturelle Unterschiede mit im Spiel sind. Denn beim vietnamesischen Hupen handelt es sich nicht etwa um das deutsche, belehrende, vorwurfsvolle, mit erhobenem Zeigefinger um Disziplin und Ordnung bellende Hupen, sondern um einen Warnton, der mit etwas anderen Vortritts- und Überholregeln einhergeht.

Die **Straße** teilen sich Motorroller- und Autofahrer zusammen mit Marktfrauen, tollkühnen Mädchen auf Fahrrädern in Schuluniform, Bussen und Lastwagen, manchmal auch mit Kühen und Wasserbüffeln. Jeder in seinem eigenen Tempo, überholt wird beidseitig. Vortritt hat der, der vorne ist. Auf der Straße wie im wahren Leben gilt in Vietnam allgemein: Schau vorwärts, nicht zurück. Bei engen Überholsituationen – und wann sind die in Vietnams Großstädten schon nicht eng? – wird mit Hupen auf sich aufmerksam gemacht.

So sieht es zumindest Anemi, die hier für das proaktiv-fröhliche Hupen eine Lanze bricht. Sie hat sich integriert und ist auf Hanois Straßen längst zur überzeugten Vielhuperin geworden. David hingegen ist eindeutig auf der Seite der (auch unter Vietnamesen zu findenden) Hupgegner. Er ist der Meinung, dass die Hupe als nonchalanter Hinweiston zwar theoretisch sinnvoll sein mag, in der Praxis aber völlig absurd wird, weil jeder ständig hupt. Wenn alle auf irgendetwas hinweisen, hört am Ende niemand mehr zu. David hupt deswegen aus Prinzip nie. Weder auf dem Motorroller noch hinter dem Lenkrad. Vereinzelte vietnamesische Freunde haben ihm vorgeworfen, das sei verantwortungslos.

Es gibt **Taxifahrer**, die durchgehend hupen, auf der ganzen Fahrt, im Vier-Sekunden-Rhythmus. Und eine Prise Ventilfunktion ist wahrscheinlich manchmal auch dabei, etwa wenn eine Horde Mopeds vor der roten Ampel steht wie nervöse Rennpferde in der Startbox und die Ampel auf Grün wechselt. Aber immerhin – dafür wird auf Vietnams Straßen weniger geflucht.

Ninas Wutausbruch war für den hupenden Verkehrsteilnehmer deswegen wohl kaum nachvollziehbar: Er hatte ja nur gehupt. Überhaupt gilt laut werden, im Sinne von ausrasten, sowie jegliche Art von heftigen **Gefühlsausbrüchen** in Vietnam als höchst uncool. Was aber nicht bedeutet, dass die Menschen hier durchwegs still und leise sind – ganz im Gegenteil: In Vietnam geht es gerne gesellig zu, es wird gesungen, geklatscht, gelacht, gefeiert, gerufen.

Weshalb sogar in der Oper Mobiltelefone klingeln, erfahren Sie im Kapitel »Hallo?!« ab Seite 191.

33 Zieh! Dich! Aus!

An- und Entspannung bei Massage und Spa

Ergeben schließt Florian die Augen und hofft, dass dies alles hier bald ein Ende nimmt. Keine Schmerzen mehr. Die Frau ist auf den Tisch geklettert und hat seinen Rücken mit ihren Füßen und Ellenbogen traktiert. Auf seine Beine eingeschlagen. An den Zehen gezogen, bis es knackste. Gerade drückt sie seine Beine Richtung Hinterkopf – Florian wird bei lebendigem Leibe zusammengefaltet. Florian stöhnt. »Gut?«, fragt die Masseurin. Florian stöhnt erneut.

Zum Schluss greift sie sein Kinn und dreht seinen Kopf ein paar Mal ruckartig, bis es im Genick kracht. *»Okay, finish!«*, sagt die Frau zackig. Florian erhebt sich benommen von der Massageliege und ordnet seine Knochen. »Duschen!«, sagt die Masseurin und deutet auf eine Dusche mit Glastür. Florian steht da in seiner Unterhose. Er räuspert sich und streicht sich eine Locke aus der Stirn, bis die Dame Anstalten macht, den Raum zu verlassen. Schnellstmöglich bringt er die Dusche hinter sich.

Als Florian angezogen ist und sich wieder halbwegs wie ein normaler Mensch fühlt, sagt die Frau: »Gibst du mir Trinkgeld?«

»Äh, ja, klar«, sagt Florian aufgeschreckt und streckt ihr mit beiden Händen einen 20.000-Dong-Schein entgegen.

Die Frau guckt ernst. Statt den Schein zu nehmen, fragt sie: »Gibst du mir mehr?«

Florian schüttelt den Kopf, fragt sich kurz, ob er all das hier nur träumt, und bezahlt die Massage unten an der Theke.

»... und die massierte bis HIER zwischen den Beinen«, berichtet Florian später, als er mit Nina in einem Café am Westsee sitzt, mit einem Trinkhalm den Saft aus einer Kokosnuss trinkt und sich langsam wieder ein bisschen entspannt, während die Sonne kitschrot hinter dem See untergeht und die sanft auf dem Wasser schaukelnden Schwanenboote in ein goldenes Licht taucht. »Ich glaube, nach dieser Massage brauche ich erst mal eine Massage«, sagt er weinerlich. »So verspannt wie nach diesem Erlebnis war ich noch selten.«

Nina kippt vor Lachen fast von ihrem Plastikhocker. »Manche mögen's halt hart, andere weniger, nicht wahr, Flo?«

Florian fühlt sich gerade nur rudimentär ernst genommen. »Denkst du ... meinst du, die wollte, dass ich mehr wollte?«, fragt er.

»Du meinst eine SOLCHE Massage? Woher soll ich das wissen?«, sagt Nina. »Immerhin war's doch ein Erlebnis.«

»Ja ja, na ja«, brummelt Florian.

»Auch mir ist neulich etwas Lustiges passiert, bei der Maniküre«, erzählt Nina. »Als ich mit frisch lackierten Fingernägeln versuchte, meinen Geldbeutel aus der Handtasche zu holen, nahm mir die Frau die Tasche ab, machte sie auf, holte meinen Portemonnaie heraus, nahm sich Geld heraus und steckte das Wechselgeld hinein. Immerhin, Trinkgeld gegeben hat sie sich keines.«

Womit Sie bei Massagen rechnen müssen

Zehenknackser, Ohrmassage, Haarzupfer, Schädelklopfer, Genickkracher – Massagesalons in Vietnam warten mit allerlei interessanten, ausgefallenen **Techniken** auf. Natürlich können Sie immer signalisieren, wenn es Ihnen zu viel des Guten wird und Sie sich unwohl fühlen – bevor das vermeintliche Verwöhnprogramm mit tagelangen Rückenschmerzen oder anderen ungewollten Versteifungen endet. Gute Spas oder Massagesalons zu finden ist hingegen nicht immer so einfach. In der Masse gibt es viele, deren Mitarbeiter wenig bis gar keine Ausbildung in diesem Bereich vorweisen können. Genauso schwierig ist es für Männer, die lieber nicht mit einem sexuellen Angebot für ein ***happy ending*** konfrontiert werden möchten, das geeignete Lokal zu erkennen. Seriöse Spas sind auf den ersten Blick von zweifelhaften Etablissements schwierig zu unterscheiden.

Deshalb verlässt man sich am besten auf **Empfehlungen**, entweder von Freunden, aus dem Reiseführer oder im Internet. Auf der Website *The New Hanoian*, dem sozialen Netzwerk für Ausländer, die in Hanoi leben, werden im Forum auch Diskussionen rund um dieses Thema geführt. Hier können zudem Beurteilungen für Spas und Massagesalons abgegeben und gelesen werden. Dort finden sich auch gute, bewährte und sinnvolle Tipps. Sowohl in Hanoi als auch in Ho-Chi-Minh-Stadt gibt es übrigens mindestens einen Salon, in dem sehbehinderte Masseurinnen und Masseure beschäftigt werden.

Seien Sie darauf vorbereitet, dass auch eine **Fußmassage** mindestens die ganzen Beine bis nach oben, wenn nicht zum Schluss sogar den ganzen Körper mit einschließt. In vielen Salons arbeiten auch männliche Masseure – wenn Sie als Frau lieber nur von Frauen massiert werden möchten, können Sie diesen Wunsch am Empfang kundtun. Auch andere Wünsche, etwa wenn Sie keinen »Genickkracher« wollen, kommunizieren Sie am besten schon dort, da das Massagepersonal oft kein Englisch spricht.

Auch beim **Friseurbesuch** gehört eine sehr ausführliche Kopfmassage oft mit zum Programm, Sie sollten sich aber vorher erkundigen, ob dafür Zusatzkosten anfallen. Ebenso verbreitet sind dort alle möglichen anderen, für Ausländer teils befremdlichen Pflegetechniken, zum Beispiel eine intensive Säuberung der Ohren oder der Nase. Wer nicht möchte, dass der Friseur mit langen, dünnen Stäbchen in der Nase herumbohrt, sollte dies deutlich kommunizieren.

Wie ist es denn nun mit dem **Trinkgeld**? Soll nach einer Massage, soll in einem Restaurant, soll überhaupt Trinkgeld gegeben werden? Generell ist dies in Vietnam nicht üblich; da hier eine Kultur des Verhandelns und Feilschens vorherrscht und es dabei für beide Seiten darum geht, einen möglichst guten Deal zu erzielen, wäre es ja absurd, danach ein Trinkgeld zu geben. Auch bei Dienstleistungen mit angeschriebenen Preisen – etwa Restaurants oder eben Massagesalons und Spas – ist es sicher kein Muss.

Einige Ausländer argumentieren, dass sie in guten **Restaurants**, in denen keine *service charge* erhoben wird, überdurchschnittlichen Service gerne mit einem Trinkgeld honorieren möchten. Eine vietnamesische Forum-Nutzerin gab jedoch zu bedenken, dass Trinkgelder manchmal vom Besitzer oder Kassierer einbehalten werden. Eine Angestellte eines Strand-Resorts immerhin erzählte uns, Trinkgelder würden in ihrem Hotel anschließend zwischen allen Angestellten gleichmäßig aufgeteilt. Das sei allerdings nicht überall der Fall. Mehrere Vietnamesinnen sagten uns, dass sie in Schönheitssalons, die sie regelmäßig besuchen, Trinkgeld geben. Eine Kollegin sagte, sie gebe nur in Ausnahmefällen ein bisschen mehr, wenn jemand »wirklich sehr nett und zuvorkommend war«. Ein anderer sagte, er habe noch nie Vietnamesen in einem Restaurant oder Hotel Trinkgeld geben sehen. Kurz gesagt: Es besteht hier keine klare Norm. Was aber, wenn Salonmitarbeiter auf Trinkgeld beharren? Eine vietnamesische Bekannte sagt, in einen solchen Laden würde sie kein zweites Mal gehen. »Es gibt ja genügend andere.«

Massagesalons, Bardamen und *boyfriends* – das Sexgewerbe in Vietnam

Prostitution ist **illegal** in Vietnam. Schätzungen über die Zahl der Sexarbeiterinnen sind sehr vage und bewegen sich zwischen 30.000 und 300.000 Personen. Nach einer Gesetzesänderung im Jahr 2013 werden Prostituierte nicht mehr in Rehabilitationszentren gesteckt, sondern nur noch mit Geldstrafen belegt. Es bestünden nur sehr beschränkt Angebote zur Wiedereingliederungshilfe in einer Gesellschaft, die von *Thanh Nien News* in einem Bericht als »höchst diskriminierend gegenüber diesen Menschen« bezeichnet wurde.

In Vietnam leben 3 Prozent der Sexarbeiterinnen mit **HIV**, wobei die Verbreitung in den Städten weit größer ist (Hanoi: 22,5 Prozent). Laut dem *Viet Nam Aids Response Progress Report 2012* sind die Daten über die konsequente Verwendung von Kondomen im Sexgewerbe für Hanoi und Ho-Chi-Minh-Stadt »besorgniserregend«.

Das englischsprachige Onlineportal *Tuoi Tre News* veröffentlichte 2011 in einer Artikelserie ihre investigativen Recherchen in »**Massagesalons**« in Ho-Chi-Minh-Stadt und zwei Nachbarprovinzen. Demnach werden junge Frauen in ärmlichen, ländlichen Gebieten für die Arbeit in diesen Etablissements rekrutiert und verschulden sich gegenüber ihren Arbeitgebern oft gleich am Anfang für teure gefälschte Zertifikate. Ihr Einkommen aus den »erotischen Massagen« bestehe nur aus den Trinkgeldern.

Die Arbeit der Wissenschaftlerin Kimberly Kay Hoang über **Saigons Sexindustrie** wurde von der American Sociological Association als Dissertation des Jahres 2012 ausgezeichnet. Darin untersuchte sie unter anderem die ökonomische Nische der Bardamen, die im

Touristenviertel im Stadtzentrum westliche Budgetreisende sexuell bedienen. Die 31 interviewten Frauen waren für städtische Verhältnisse hinsichtlich Bildung und Wohlstand unterprivilegiert, jedoch etwas besser situiert als die mittellosen Sexarbeiterinnen, die in den Distrikten fern des Stadtzentrums arbeiteten. Sie verfügten über moderate Englischkenntnisse und investierten mit Schönheitsoperationen und Kosmetik in ihren Körper. Mit ihren Kunden gingen sie nicht nur ausschließlich einmalige Sex-gegen-Geld-Transaktionen ein, sondern hielten auch mehrere westliche *boyfriends* gleichzeitig längerfristig bei der Stange, die nach der Abreise dann regelmäßig Geld aus dem Ausland überwiesen, um sie zu unterstützen – jeder im Glauben, er sei der einzige »Auserwählte«. Die befragten Frauen, darunter auch junge Mütter, hofften nicht nur darauf, ihre finanzielle Situation in Vietnam kurzfristig zu verbessern, sondern auch, irgendwann durch Heirat mit einem solchen Kunden in ein reicheres Land auswandern zu können, wovon sie sich bessere Perspektiven versprachen.

Die zwölf in der Studie befragten Sexarbeiterinnen in der Peripherie der Stadt waren allesamt alleinerziehende Mütter aus der **armen, wenig gebildeten Schicht**. Ihre Arbeit bestand aus kurzfristigen Sex-gegen-Geld-Transaktionen mit vietnamesischen Kunden. Sie sahen kaum Einkommensalternativen: Mit durchschnittlich 100 US-Dollar pro Monat verdienten sie als Sexarbeiterinnen rund das Doppelte von dem, was sie in Restaurants, seriösen Friseursalons oder als Haushaltshilfe einnehmen würden.

Insbesondere in ärmeren, ländlichen Gebieten wie der nördlichen Provinz Ha Giang sind Frauen und Kinder gefährdet, Opfer von **Menschenhandel** zu werden. Sie werden entführt, von ihren Familien verkauft oder mit falschen Jobversprechungen gelockt und über die Grenze an Bordelle oder als Bräute zur Heirat verkauft, unter anderem nach China oder Kambodscha. Mädchen, denen es gelingt zu fliehen oder die gerettet werden, sind häufig mit dem Problem konfrontiert, dass sie von ihren Familien nicht mehr akzeptiert werden.

34 Sieg oder Frieden?

Was es mit der ominösen Foto-Pose auf sich hat

Noch etwa 100 Stufen. Nina schnauft, ihre Beine brennen. Die sogenannten Tausend Stufen im bergigen Nationalpark Ba Vì westlich von Hanoi sind eine knackige Aufgabe. Nina wollte nachzählen, ob es tatsächlich 1.000 Stufen sind, aber irgendwo bei Stufe 658 hat sie den Faden verloren. Das gesamte Büro hat beschlossen, als Büro-Ausflug nach Ba Vì zu fahren, wo es etwas kühler ist als in Hanoi, und außerdem gibt es ganz oben noch einen kleinen Tempel zu Ehren von Hồ Chí Minh. Nina schaut sich um. Den Kolleginnen in ihren Ballerinaschuhen scheint es nicht besser zu gehen, sie sind sogar noch etwas weiter zurück. Nina stützt sich erschöpft auf ein Mäuerchen und beobachtet vier fremde Vietnamesinnen, die gegenseitig Fotos von sich schießen.

»Kann ich helfen?«, ruft sie schließlich zu den Frauen hinüber und deutet an, dass sie ein Foto von den vier jungen Frauen gemeinsam schießen kann. Die stutzen kurz und kommen dann kichernd zu Nina herübergeeilt. Eine nimmt ihre Kamera in Anschlag und ... Moment mal! So war das doch nicht gemeint. Plötzlich steht Nina umringt von drei Frauen vor der Linse. Nina muss sofort an die Nepper in der Hanoier Altstadt denken, die mit Fotomotiven Geld von Touristen abschwatzen wollen. Klick, macht die Kamera, mit einer wenig glücklich dreinblickenden Nina drauf. »*Smei!*«, fordert eine der jungen Frauen sie auf und lacht, und die drei Vietnamesinnen neben ihr heben die Zeige- und Mittelfinger zum Victory-Zeichen. Klick. Dann tauschen zwei Frauen die Plätze. Wieder das Siegeszeichen. Wieder klick. Die Frauen eilen dann, immer noch lachend, gemeinsam die Treppenstufen hinunter.

Was war das jetzt?

Ist sie irgendeinem Ritual zum Opfer gefallen?, fragt sich Nina. »Erleg die Ausländerin« oder so? Oder haben die Leute hier das Prinzip mit den Hasenöhrchen, mit denen man jemandem von hinten hinter dem Kopf heimlich das Foto ruiniert, nur bis zur Hälfte kapiert?

Sie macht sich an die letzten Stufen. 20 Minuten später ist auch der Rest der Kollegen da, fröhlich miteinander quatschend werden auch von hier oben munter Fotos geschossen. Kollegen zu zweit, Kollegen zu viert, Gruppenfoto. Die Aussicht ist in der Tat spektakulär, aber die scheint außer Nina kaum jemanden zu interessieren. Sie zieht ihre eigene Digitalkamera aus der Tasche und ruft einer Mitarbeiterin zu: »Komm her, Vân, ich mach ein Foto von dir mit dem Tal im Hintergrund!«

Vân stellt sich lächelnd neben die Mauer – und hebt dann die Finger nach oben. V-Zeichen. »Vân, nimmt doch mal die Hand runter, was wollt ihr denn mit dem Siegeszeichen die ganze Zeit? Oder was soll das heißen? Frieden?«, ruft Nina der jungen Frau zu.

Die schaut jetzt völlig irritiert.

Weshalb die Leute so gerne die Finger zeigen

Das Zeichen der zum »V« gespreizten Finger hat einen schier unerschöpflichen Fundus an kulturellen Bedeutungen und Hintergründen. Winston Churchill benutzte es als »Victory«, als Siegeszeichen, John Lennon führte es als Friedenszeichen ein, was von der amerikanischen Friedensbewegung aufgenommen wurde (wobei das »V« vermutlich für Vietnam, also für den Vietnamkrieg stand). In England ist ein **V-Zeichen** mit dem Handrücken nach außen eine sehr rüde Geste.

Dementsprechend schwierig ist auch die Frage zu beantworten, was Vietnamesen mit dem V-Zeichen auf den Fotos ausdrücken wollen. »Sieg« oder »Frieden« jedenfalls nicht. Die nachvollziehbarste Antwort wäre ein Import aus Japan, wo das Zeichen, genau wie in weiten anderen Teilen der asiatischen Welt »Mir geht's gut« ausdrücken soll. Das Ostasieninstitut Ludwigshafen mutmaßt, dass die Japaner sich das Zeichen nach dem Zweiten Weltkrieg von im Land stationierten US-Soldaten abgeschaut und bei Aufnahmen anschließend *»Pisu« (peace)* gerufen haben – denn der I-Laut führe automatisch zum Fotolächeln. Eine japanische Fernsehsendung hingegen kam zu der Erkenntnis, die Popularität des V-Zeichens als »Mir geht's gut«-Zeichen sei auf eine Werbekampagne der Firma Konica aus dem Jahr 1972 zurückzuführen, in der Menschen mit den zwei ausgestreckten Fingern lächelnd in die Kamera schauten.

Die kurioseste Antwort lautet, die Sache sei ein Missverständnis aus der Zeit der Amerikaner in Vietnam gewesen, die kleine Kinder mit *»Hi«* begrüßten, was diese äußerst lustig fanden, weil es so klingt wie das vietnamesische Wort *hai,* auf Deutsch: »zwei« – daher die zwei Finger. »Denn mal ehrlich – was könnte lächerlicher sein, als jemanden zu grüßen und dabei ›zwei‹ zu sagen«, erklärte es ein amerikanischer Professor von der Universität Washington in einer Diskussionsrunde. Er hatte festgestellt, dass tatsächlich alle seine vietnamesischen Studenten der Meinung seien, das V-Zeichen bedeute »zwei«.

Ein chinesischer Blogger stellte kürzlich die These auf, das Zeichen erlebe eine Bedeutungsverschiebung von »Mir geht's gut« zu »Ich bin cool«, was von Teenagern durch entsprechende Mimik (vor allem das komplette Fehlen von Lächeln) unterstrichen werde.

Als Ausländer kann es Ihnen durchaus passieren, dass Vietnamesen sich mit Ihnen zusammen fotografieren lassen wollen. Nina hätte auch höflich ablehnen können, allerdings gibt es bei solchen Aktionen nichts zu befürchten – es sei denn, man fühlt sich schlicht unwohl bei dem Gedanken, künftig in den Fotosammlungen von Fremden aufzutauchen.

35 *Một, hai, ba,* Leberzirrhose?

Diplomatisches Saufen und unmoralische Angebote

Florian will sich gerade bei Nina zu Hause auf der Couch schlafen legen, als er seltsame Geräusche an der Haustür vernimmt. Es klingt, als ob jemand mit einem Metallgegenstand von außen an der Tür kratzt und sich dann am Schloss zu schaffen macht. Ein Einbrecher! Denkt Florian. Er ist ganz alleine im Haus.

Sollte er sich hinters Sofa werfen und klein machen, in die Küche rennen und nach dem Fleischmesser greifen oder vielleicht doch lieber aus dem Fenster klettern? Oder einfach schreien?

Da geht die Tür auf, und Nina stolpert ihm vor die Füße. »Hi!«, sagt sie, und wirft ihm einen seltsamen, lasziven Blick zu. Dann geht sie an ihm vorbei und lässt sich auf die Couch fallen. Sie beginnt, *Hänschen klein* zu singen. »Was ist denn jetzt los?«, fragt Florian.

»... in die weite Welt hinein!«, lallt Nina. »Singen musste ich auch nach dem Essen. Aufstehen und singen. Ein deutsches Lied. Mir fiel nichts anderes ein.« Florian schüttelt den Kopf. »Ein deutsches Lied? Und dir fiel nichts Besseres ein? Vielleicht etwas von den Toten Hosen oder so?« Nina überlegt. Dann trompetet sie: »Ich geh mit mir von West nach Ost ... widewide wie sie mir gefällt!«

»Du bist verrückt«, sagt Flo.

»Wir sind alle verrückt«, meint Nina. »Sonst wären wir nicht hier.«

»Warum trinkst du bloß immer so viel auf der Arbeit?«, fragt Flo.

»Ich muss!«, ruft Nina. »Normalerweise geht das schon beim Mittagessen los. Heute war eher die Ausnahme.«

Florian geht in die Küche, um Nina ein Glas Wasser zu holen. Als er zurückkommt, ist Nina auf dem Sofa eingepennt. Florian deckt sie sanft mit seinem Schlafsack zu, während sie noch ein undeutliches »kehrt nach Haus' geschwind« murmelt.

Florian rollt sich auf einem Sessel zusammen und denkt: So was! Und ich dachte immer, Nina sei hier, um die Welt zu retten ...

Was Sie geschäftlich so alles (nicht) mitmachen müssen

Nicht selten wird der Alltag in der internationalen Zusammenarbeit zur Gratwanderung zwischen eigenen und fremden Werten. Ein gutes Beispiel hierfür ist der Alkoholkonsum in Vietnam. Wo hören eigentlich die Höflichkeit, Offenheit und die ganze Interkulturelle-Kompetenz-Kiste auf, und wie kann man sich notfalls elegant und diplomatisch aus der Affäre ziehen? Wir haben uns umgehört bei Experten und Projektleitern, die in Vietnam arbeiten – junge Frauen und Männer, zumeist Deutsche und Schweizer.

»Es ist ein bisschen wie eine Mutprobe. Traust du dir zu, das Gesöff, welches dir eingeschenkt wurde, leer zu trinken, oder bist du zu feige?«, erklärt einer. In dieser Hinsicht könne es schon ein Indikator sein für das **Vertrauen** zwischen den Partnerorganisationen oder -unternehmen. »Mir hat es in meiner Arbeit sicherlich mehr geholfen, mitzutrinken, als es auszuschlagen. Aber ich habe nicht jedes angebotene Glas auch getrunken, dann wäre ich wahrscheinlich bereits an Leberzirrhose gestorben.« Das Saufen bei Geschäftsessen, sagt ein Weiterer, sei nicht nur in Vietnam »ein Problem«, sondern werde etwa in Russland, China und Turkmenistan »zum Teil noch viel krasser« praktiziert.

Saufen oder nicht saufen, und wenn ja mit wem und wie viel? In der Entwicklungszusammenarbeit kommt diese Frage mitunter einer heiklen diplomatischen Entscheidung auf höchster Ebene gleich: »Man muss bestimmte Regeln setzen, gleichzeitig aber auf den anderen zugehen. Gruppenälteste und hochrangige Personen sollte man beim Trinken aber besser nicht versetzen, das könnte Ärger geben, je nach Familie oder Unternehmen«, sagt ein Berater. »Leider«, fügt eine Projektverantwortliche hinzu, »ist das Trinken unausweichlich, wenn man mit Regierungsbeamten zusammenarbeitet in Vietnam. Ich glaube, die haben die informelle Abmachung, dass man mindestens einmal zusammen abstürzen muss, um zusammenarbeiten zu können.«

Wie es dabei so zu und her gehen kann: »An einer internationalen Konferenz standen auf dem Mittagstisch ein Bierglas, ein Weinglas und ein Schnapsglas. Alle wurden befüllt, und alle mussten **auf ex getrunken** werden. Der Leiter der Akademie ging beim Essen persönlich herum und trank mit jedem Gast – es waren etwa 20 – ein Glas seiner Wahl auf ex. Im Anschluss bat er Gäste, miteinander zu trinken, indem er auf sie zeigte. Ich war mir sicher, als Neuer häufig dranzukommen, aber glücklicherweise hatte er es vor allem auf die chinesische Delegation abgesehen.«

Vietnamesische Frauen trinken weit seltener. Eine Studie der Weltgesundheitsorganisation von 2004 bezifferte die Zahl der Nichttrinker unter Vietnamesinnen auf etwa 95 Prozent. Hier scheinen sich die Dinge allerdings zu ändern. Gerade in der Privatwirtschaft, erzählte uns ein Wissenschaftler, würden auch Frauen immer mehr trinken; in den Staatsbetrieben sei das noch nicht der Fall. Was nicht bedeutet, dass Ausländerinnen nicht auch zum Saufen genötigt werden, wie das offenbar bei Nina mehrfach der Fall war. Im Allgemeinen, meinte eine Gesprächspartnerin, sei es als Frau aber etwas einfacher, Nein zu sagen. »Als Mann hat man eigentlich keine Chance, und wenn dieser wirklich darauf besteht, nicht zu trinken, dann ist er ziemlich abgeschrieben.«

Während es in den größeren Städten oft noch einigermaßen gesittet abläuft, ginge es vor allem in den **ländlichen Provinzen** so richtig ans Eingemachte, wie die meisten berichten. Gesoffen wird dort manchmal buchstäblich bis zum Umfallen: »Ein ehemaliger Kollege aus England hatte bei einem Business-Lunch so viel ›Vodka Hanoi‹ getrunken, dass er vom Stuhl kippte. Sein Praktikant musste ihn ins Taxi tragen und nach Hause bringen.« Um einen solchen Kollaps zu vermeiden, sollte man also besser die eine oder andere Gegenstrategie im Ärmel haben. Hier ein kleiner Katalog aus unserer Befragung:

Das Prost-Kollektiv: »Sie haben immer versucht, dass jeder einzeln ein Glas mit mir trinkt. Das wären dann pro Veranstaltung etwa 40 Schnäpse oder Biere gewesen. Ich habe dann gesagt, ich trinke mit jedem Tisch einen Schnaps. Das haben sie akzeptiert.«

Der Profi-Spucker: »Grundsätzlich habe ich zu jedem Essen ein Bier bestellt. Das Bier habe ich zur Hälfte getrunken, und jeden Schnaps, mit dem ich angestoßen habe und den ich im Mund hatte, habe ich dann direkt danach in das angesetzte halb leere Bier gespuckt. Es fiel niemandem auf, dass am Ende des Mittagessens mein Bierglas wieder voll und etwas klarer war. Ging es jedoch ums Biersaufen, funktionierte das nicht mehr. Da musste man dann durch.«

Trink-Geografie: »Wenn ich dazu aufgefordert werde, das Bier auf ex zu trinken, verhandele ich und sage, ich trinke nur bis Danang [eine Stadt in Zentralvietnam], also die Hälfte des Glases, oder bis Haiphong [eine Stadt im Norden Vietnams], nur ein Viertel des Glases.«

Undercover-Wässerchen: »Ich hatte unter dem Tisch den Wodka ausgeleert und heimlich mit Wasser aufgefüllt. Das funktionierte auch super, bis unser Projektchef es gemerkt hat.«

Der schüchterne Simulant: »Man kann immer nur am Glas nippen oder Magenprobleme vortäuschen.«

Alkohol-Allergie: »Wenn ich erzähle, dass ich gegen Blüten oder Pollen allergisch bin, fangen hier alle an zu lachen, das scheint komplett unbekannt. Diverse Lebensmittelallergien dagegen sind recht verbreitet; meine angebliche Allergie gegen den Alkohol bezweifelte bislang niemand. Der Nachteil ist: Man muss das dann auch durchziehen. Und überhaupt gar nicht mitzutrinken kann halt schnell zur Ausgrenzung führen.«

Der-strenge-Boss-erfährt-alles-Trick: »Von befreundeten Organisationen kenne ich den Trick, dass man immer sagen kann: ›Mein Arbeitgeber verbietet mir das leider, und wenn nur rauskommt, dass ich einmal einen kleinen Schluck genommen habe, werde ich gefeuert.‹«

In Wahrheit berichtete jedoch keiner unserer Gesprächspartner von irgendwelchen Anweisungen oder hilfreichen Ratschlägen aufseiten des Arbeitgebers, wie man sich in solchen Situationen verhalten kann oder soll. Meist ist man da draußen in den Provinzstädtchen also auf sich alleine gestellt bei der Entscheidung, mit welchem (Trink-)Verhalten man seinen Betrieb, seine Organisation oder sein Land noch einigermaßen vertretbar repräsentiert.

Offenbar gehen jedoch auch manchen Parteioberen die Sauforgien und die daraus resultierende Ineffizienz auf dem Lande mitunter auf den Senkel. So haben in der südlichen Provinz Tra Vinh die Behörden für Beamte ein **Verbot** ausgesprochen, während geschäftlicher Mittagessen Alkohol zu trinken, wie *Thanh Nien News* schreibt. Auch in der Provinz Quang Binh seien bei einer Inspektion 15 Beamte dabei erwischt worden, während der Arbeitszeit in Cafés »herumzuhängen«. Vize-Premierminister Nguyễn Xuân Phúc wurde damit zitiert, dass bis zu 30 Prozent der rund 2,8 Millionen Beamten »bei ihrer Arbeit keine Effizienz bringen«.

Einer der Befragten erkennt Anzeichen der Veränderung: »Es wird immer mehr akzeptiert, wenn man Nein sagt. Man sieht Schilder mit Informationskampagnen, die dazu aufrufen, **nicht in betrunkenem Zustand zu fahren**. Dies wird auch stärker sanktioniert als früher. Außerdem gibt es auch Vietnamesen, die keinen Bock auf die ewige Sauferei haben.«

Laut einem anderen Gesprächspartner ist es mit dem Problembewusstsein diesbezüglich jedoch noch nicht weit her: »Bei einem Führungskräftetraining hatten wir **Alkoholsucht** einmal thematisiert, und es war unheimlich schwierig, dieses Problem begreiflich zu machen. Im Endeffekt hatte die Übung nicht funktioniert, da dies nicht als gesamtgesellschaftliches Problem anerkannt ist.«

Möglicherweise werden Sie bei solchen Trinkrunden wie Nina dazu aufgefordert, patriotische Lieder zu singen. Während eine deutsche Expertin darauf *Hänschen klein* zum Besten gab, fiel einer Schweizer Journalistin nach ein paar Gläsern Pferdeknochen-

Wodka nur noch die Nationalhymne ein. An der Stelle »wenn der Alpenfirn sich rötet …« wurde sie leider von einem alkoholbedingten Kicheranfall übermannt. Glücklicherweise konnte sie sich wenigstens mit der Bitte durchsetzen, ihren Dolmetscher nicht zum Trinken zu drängen, da dieser noch fahren musste.

Einige Männer berichteten uns von einem weiteren unangenehmen Zwang – und wie sie diese Klippe umschiffen konnten: »Manchmal konnte das Saufen aber auch als dankbare Ausrede herhalten«, sagte einer. »Zumindest wenn man vorgab, besonders betrunken zu sein. Gerade in den Provinzstädten ist es nach wie vor widerlicher Brauch, dass die Männer nach dem Essen und Saufen gemeinsam ins ›**Kuschel**‹-**Karaoke** gehen. Wenn man beim Singen dann besonders schief gelallt hat, hob das einerseits die allgemeine Stimmung noch mal, andererseits war das dann immer meine erfolgreiche Ausrede, um den Besuch im ›Massagesalon‹ ein Stockwerk höher abzulehnen: ›*Sorry, I am too drunk, I go to bed.*‹«

Ein anderer macht es so: »Bei Einladungen zum Karaoke frage ich dann jeweils, ob ich eine Freundin mitbringen kann. Wenn die Antwort Nein ist, sage ich: Schade, ich habe leider schon eine Verabredung mit ihr.«

Die wichtigsten Trinksprüche – 100 Prozent

Một, hai, ba, yo! **– Ein, zwei, drei, los!**

Besonders beliebt in größeren Gruppen zum gegenseitigen Anfeuern.

Chúc sức khỏe! **– Auf die Gesundheit!**

Das ist der Standardspruch, der immer geht. Auch beim gesitteten Abendessen.

Trăm phần trăm! **– 100 Prozent!**

Entspricht unserem »Auf ex!«

36 Kommunisten in der Shoppingmall

Politik und Wirtschaft auf dem langen Scheideweg

Der Blick ins Wohnzimmer in Deutschland löst für einen Augenblick Heimweh bei Nina aus. Das Videobild ist leicht unscharf und verpixelt, aber deutlich genug: Alle sind sie da, ihre Eltern, die Großmutter und die Familie von Ninas Tante. Alle schauen neugierig auf den Bildschirm und winken. »Hallo, Nina!«, ertönen gleich mehrere Stimmen.

»Hallo, ihr!«, antwortet Nina lächelnd. »Entschuldigung, dass ich etwas zu spät bin, aber ich musste gerade noch etwas einkaufen!«

»Einkaufen?«, fragt Tante Beate in ihrem hohen, etwas steifen Ton: »Kind, es ist doch Sonntag!«

»Ja, hier ist auch sonntags offen ...«, beginnt Nina zu erklären, da wird sie bereits von ihrer Großmutter unterbrochen: »Dass du ausgerechnet in ein Land gehen musstest, in dem Krieg herrscht!«, sagt diese vorwurfsvoll.

»Mutti ...«, lässt sich Ninas Vater vernehmen, »... der Krieg ...«

»Nee, nee, dort regieren doch jetzt die Kommunisten, richtig?«, schießt Tante Beate hinterher und rückt sich die Brille zurecht.

Nina holt Luft: »Also ... jjja ...«, fängt sie an und überlegt sich gerade, wie sie jetzt am besten das politische System Vietnams erklärt, als ihre Tante bereits wissend nickt: »Das heißt, du warst gerade im Intershop!«

»Nein, Tante Beate, ich war nicht im Intershop. Ich war in einem glitzerbunten Einkaufszentrum, wo ich mich an sündhaft teuren Läden für Parfüm, Uhren und Massagesesseln vorbeiquetschen musste, um zur Elektronikabteilung zu kommen und einen neuen Flachbildschirm zu kaufen.«

»Einen ...« Ihre Tante blinzelt. Nach einer kurzen Stille sagt sie nochmals: »Am Sonntag?!?«

»Ja«, sagt Nina, »sonntags sind eigentlich nur die Behörden geschlossen, und viele Vietnamesen gehen dann besonders gerne shoppen.«

»Ja, haben die denn das Geld dafür?«, mischt sich jetzt Ninas Onkel ein.

»Die Leute in der Stadt, ja«, antwortet Nina, um dann kurz zu überlegen und nachzuschieben: »Also, natürlich nicht alle. Es gibt auch Armut. Aber Mobiltelefone und anderen Elektronikkram scheint sich irgendwie fast jeder leisten zu können.«

»Ja, was sagen denn die Kommunisten dazu?«, schaltet sich nun Tante Beate wieder ein.

»Also, das mit dem Kommunismus ...«, fängt Nina an und wird abermals unterbrochen.

»Pass bloß auf, Kind, dass die dich nicht verhaften!« Das war ihre Großmutter.

»Oma, es verhaftet mich niemand!«, sagt Nina gequält.

»Und trink da bloß kein Leitungswasser!«, lässt sich Onkel Werner vernehmen.

»Nein, werd ich nicht ...«, setzt Nina an, aber ihr Onkel ist schneller.

»Gut, sehr gut! Das ist nämlich alles noch mit Agent Orange verseucht, aus dem Krieg!«

Wie Vietnams politisches System heute aussieht

Die Vorstellung, dass man sich in einer »**sozialistischen Republik**« befindet, mag beim Anblick des geschäftigen Treibens in einer vietnamesischen Großstadt etwas schwerfallen. Blinkende Neonlichter, Werbeplakate für die neuesten Produkte von Apple, Canon oder Coca-Cola, moderne Shoppingmalls mit Gucci, Hermès und Dolce & Gabbana, und an jeder Ecke wirbt eine Bank mit lukrativen Zinsen und günstigen Krediten – all das passt nun nicht gerade zu den ersten Assoziationen mit dem Begriff Sozialismus.

Ihre sozialistische Wirtschaftsordnung lockerte die vietnamesische Regierung 1986 unter dem Begriff ***Đổi mới*** (etwa: »neuer Weg«): Ausländische Investitionen und Exporte wurden möglich, landwirtschaftliche Kooperativen aufgelöst, Preiskontrollen beseitigt. Damit wurde der Weg für den beeindruckend rasanten wirtschaftlichen Aufschwung geebnet (siehe ab Seite 19).

Da Vietnam noch kaum mit den internationalen Finanzmärkten verbunden war, war das Land von der **Weltwirtschaftskrise** nur minimal betroffen, seine Wirtschaft erwies sich als stabil. Allerdings wird immer deutlicher, dass es dem noch vor einigen Jahren international bejubelten »aufsteigenden Drachen« an Nachhaltigkeit fehlt. Das Schwellenland muss folgende Herausforderungen in den Griff kriegen:

- **Misswirtschaft:** Die mächtigen Staatsbetriebe kranken an Ineffizienz, Vetternwirtschaft, mangelnder Transparenz und hoher Verschuldung. Banken haben durch die zügellose Kreditvergabe an marode Staatskonzerne faule Schulden angehäuft. Zahlreiche Bürokomplexe, Hotels und Luxusresidenzen stehen leer oder bleiben unvollendet.

- **Korruption:** Aus dem *Global Corruption Barometer 2013* der Nichtregierungsorganisation Transparency International geht hervor, dass knapp die Hälfte der Befragten die Maßnahmen der Regierung zur Bekämpfung von Korruption für »ineffizient« hält. Vor allem bei Alltagsgeschäften gaben viele Vietnamesen an, regelmäßig Geld zahlen zu müssen: wenn es um die Polizei, Ärzte, Bildungseinrichtungen oder Baugenehmigungen geht. Nur 27 Prozent der Befragten erklärten, geforderte Schmiergeldzahlungen verweigert zu haben – damit erzielte Vietnam den weit tiefsten Wert in Südostasien. Während Schmiergeldzahlungen am häufigsten damit begründet wurden, Abläufe zu beschleunigen, werden sie laut der Studie immer mehr als unumgänglich betrachtet. Sogar die Staatsmedien waren in jüngerer Zeit ungewöhnlich direkt beim Thematisieren von Korruptionsfällen, in die Parteifunktionäre und deren Familien verwickelt waren.
- **Sinkendes Vertrauen:** Ausländische Investoren reagierten merkbar verunsichert auf die wirtschaftliche Instabilität, schlechte Infrastruktur und steigende Löhne.
- **Angst vor Machtverlust:** Angekündigte Reformen kommen nur schleppend voran. Gesucht wird ein Weg zwischen Kontrolle und Effizienz, denn die Kontrolle abgeben will die Partei nach wie vor auf keinen Fall.

Das System wird heute offiziell als **Marktwirtschaft mit sozialistischer Orientierung** bezeichnet. 2007 ist Vietnam (noch vor Russland) der Welthandelsorganisation beigetreten. Die USA hatte ihr Handelsembargo gegen Vietnam, das seit dem Krieg bestand, 1994 aufgehoben. Die EU sowie die EFTA-Staaten haben mit Vietnam Verhandlungen über Freihandelsabkommen aufgenommen.

Der Wirtschaftswissenschaftler Adam Fforde weist darauf hin, dass vieles, was von *Đổi mới* legalisiert wurde, zuvor bereits üblich war. Schon in den 70er-Jahren hätten Provinzbeamte und Staatsunternehmer vorgeblich »spontan« beschlossen, die sozialistischen Vorgaben der nationalen Regierung zu ignorieren. Die vietnamesische Bezeichnung dafür ist *phá rào*, was sich mit »über den Zaun steigen« übersetzen lässt. Gemeint ist damit, Regeln oder Gesetze zu ignorieren, um eine Sache voranzutreiben.

Ist Vietnam also offiziell sozialistisch, in Wirklichkeit aber alles **Kapitalismus**?

Die Macht im Einparteienstaat: das politische System Vietnams

Das Staatsoberhaupt Vietnams ist der **Staatspräsident**, der allerdings überwiegend repräsentative Funktionen innehat. Die Regierung wird geleitet von einem **Premierminister**, der wiederum aus dem Parlament, der **Nationalversammlung**, hervorgeht. Sein Kabinett besteht aus vier Vize-Premierministern, 18 Ministern und vier weiteren Personen mit Ministerrang (zum Beispiel dem Intendanten des Staatsradios). Die Nationalversammlung mit ihren aktuell 500 Delegierten tritt zwei Mal im Jahr für etwa einen Monat zusammen, für den Rest des Jahres übernimmt der sehr viel kleinere **ständige Ausschuss** die Alltagsgeschäfte.

Das Parlament wird alle fünf Jahre von der Bevölkerung neu gewählt, die aktuelle Legislaturperiode geht bis 2016. Die Kommunistische Partei Vietnams (KPV) ist die **einzige legale Partei in der Sozialistischen Republik Vietnam**. Das amerikanische Außenministerium bezeichnete in seinem Menschenrechtsreport 2012 die vietnamesischen Wahlen 2011 als »weder frei noch fair«. Aktuell sind im Parlament 42 Abgeordnete nicht Mitglieder der KPV, sondern als »unabhängige Kandidaten« gewählt worden.

In der Verfassung schreibt der Artikel 4 die führende Rolle der KPV in Staat und Gesellschaft fest. Das bundesdeutsche Auswärtige Amt schrieb dazu: »Die KPV wird verpflichtet, im Rahmen der Verfassung und Gesetze zu handeln. In der Praxis werden **Legislative, Exekutive und Judikative** weiterhin von der KPV-Führung kontrolliert.« Das höchste Parteigremium ist das aus 14 Mitgliedern bestehende **Politbüro**, das vom **Parteigeneralsekretär** geleitet wird, gefolgt vom **Zentralkomitee** mit 175 Mitgliedern, das zwei Mal im Jahr tagt.

Seit einigen Jahren nimmt das Parlament seine Kontrollfunktion gegenüber der Regierung deutlich stärker wahr, Parlamentsdebatten werden in den Medien (die alle staatlich kontrolliert sind) übertragen und auch kommentiert.

Die Realität ist komplizierter, der Staat ist gegenwärtiger, als es zunächst scheint, vor allem in Form der erwähnten **Staatsunternehmen.** Bis heute halten die Staatsbetriebe etwa 40 Prozent des Kapitals, sie sind die dominierenden Mitspieler im Wirtschaftssystem. Die Staatsbetriebe werden von staatlichen Banken mit günstigen Krediten gefüttert, sie beherrschen in vielen Sektoren den Markt. Nicht selten sind kleine, private Firmen komplett von der Auftragsvergabe staatlicher Betriebe abhängig. Mehr noch: Selbst wenn ein Unternehmen als privat gilt, kann das bedeuten, dass ein Staatsbetrieb oder ein Staatsbeamter die Zügel in der Hand hält. Die beiden französischen Autoren Philippe Papin und Laurent Passicousset beschreiben in ihrem Buch *Vivre avec les Vietnamiens,* wie im Bauministerium zahlreiche Beamte nebenher noch ihr eigenes privates Bauunternehmen besitzen (und sich fleißig Aufträge zuschieben). Um die Verwirrung perfekt zu machen, werden umgekehrt manche Staatsunternehmen so geführt, wie man sich eher private Firmen vorstellt: Topmanager verdienen attraktive Boni, und die Firma spekuliert nebenher noch mit Aktien und Immobilien oder investiert in den Einzelhandel, anstatt sich um ihr offizielles Kerngeschäft zu kümmern. Die **Vermischung von Privatem und Staatlichem** ist ein wesentliches Kennzeichen der heutigen vietnamesischen Wirtschaftsordnung. Wie sehr Staat und Privatwirtschaft vermischt sind, zeigt sich auch in ganz anderen Bereichen: Lehrer geben ihren eigenen Schülern nach Schulschluss offiziell noch Nachhilfestunden (und verdienen damit deutlich besser), Ärzte betreiben neben ihrer Arbeit in staatlichen Kliniken ihre eigenen privaten Praxen.

Der **starke Einfluss des Staates** wird in verschiedenen Bereichen sichtbar: Noch immer gehören zum Pflicht-Curriculum an Schulen und Universitäten die Lehren über Sozialismus und die Lehren von Hồ Chí Minh. Bis heute müssen sich Gruppierungen oder Vereine einem der staatlich-gesellschaftlichen Verbände anschließen, um überhaupt legal existieren zu dürfen, das gilt bis hin zum Schachclub. Auch die Lautsprecher in den Straßen, die nach wie vor zwei Mal am Tag die Verlautbarungen und Nachrichten der Partei verkünden, können auf den ersten Blick Assoziationen an Orwell auslösen. Laut Berechnungen des Militärexperten Carl Thayer arbeiten in Vietnam etwa sieben Millionen Menschen für die **Armee, die Polizei oder eine der staatlichen Sicherheitsorganisationen**.

Blogger im Gefängnis: Vietnam und die Menschenrechte

Vietnams Menschenrechtslage wird von mehreren westlichen Staaten und Organisationen kritisiert:

Meinungsäußerungs- und Versammlungsfreiheit: Das Recht auf freie Meinungsäußerung und das Recht, sich friedlich zu versammeln, werde durch die vietnamesischen Staatsorgane systematisch unterdrückt: Verfolgt würden jene, die die Staatspolitik infrage stellen, Korruption aufdecken oder Alternativen zum Einparteiensystem fordern, stellte das Europäische Parlament Anfang 2013 in einer Resolution fest und kritisierte, dass Internet-Dissidenten mit teilweise hohen Haftstrafen belegt wurden. Die Menschenrechtsorganisation Reporter ohne Grenzen hob im selben Jahr die fünf Länder Vietnam, China, Syrien, Iran und Bahrain als »Feinde des Internets« hervor. Vietnam begründete Bestrafungen von Bloggern und Menschenrechtsaktivisten jeweils mit seinen Gesetzen gegen »Missbrauch demokratischer Freiheiten« und »Propaganda gegen die Sozialistische Republik Vietnam«. Festnahmen und Schikanen von Bloggern, Demonstranten und Menschenrechtsverteidigern sind laut *Foreign & Commonwealth Office Report 2013* gegenüber dem Vorjahr angestiegen.

Gefangene aus Gewissensgründen: Mehrere Gefangene aus Gewissensgründen seien aufgrund vage formulierter Bestimmungen über die »nationale Sicherheit« verurteilt wurden, in denen nicht zwischen Gewaltakten und der friedlichen Äußerung abweichender Meinungen oder Überzeugungen unterschieden werde, hieß es in der Resolution des Europäischen Parlaments.

Polizei und Justiz: Offizielle Medien und weitere Quellen berichteten weiterhin von vielen Fällen von Misshandlungen durch die Polizei sowie Folter, darunter solche mit Todesfolge, so der *World Report 2014* der internationalen Nichtregierungsorganisation Human Rights Watch. Vietnamesische Gerichte seien von der Regierung und der Partei kontrolliert.

Folter: Am 7. November 2013 unterschrieb Vietnam die Anti-Folter-Konvention der Vereinten Nationen.

Todesstrafe: Nach dem Wechsel vom Erschießungskommando zur Giftspritze wurden ab November 2011 längere Zeit keine Todesurteile mehr vollstreckt, da die EU sich weigert, Vietnam mit den für die tödliche Injektion benötigten Chemikalien zu beliefern. Mitte 2013 saßen mehr als 500 Verurteilte im Todestrakt. Vietnam formulierte seine gesetzlichen Bestimmungen um, um stattdessen im Inland hergestellte Chemikalien verwenden zu können, und exekutierte im August 2013 den ersten Häftling per Giftspritze. Vietnam hatte in der Vergangenheit mehrmals die Anzahl der Delikte, die mit dem Tode bestraft werden können, reduziert: Nach wie vor können zum Beispiel Drogenhandel, Terrorismus und Hochverrat mit der Todesstrafe belegt werden, hingegen wurden Delikte wie Schmuggel, Bestechung und Entführung 2009 aus der Liste entfernt.

Landenteignung: Berichte über Landstreitigkeiten und Landenteignungen haben laut der Menschenrechtsorganisation Amnesty International 2013 zugenommen.

Religionsfreiheit: Es gebe Hinweise darauf, dass die vietnamesische Regierung mehr Raum für Religionsfreiheit lasse, aber eine viel härtere Linie fahre, wenn sie vermutet, dass Angehörige religiöser Gruppen sich an politischen Bewegungen oder Protesten beteiligen, schreibt das britische *Foreign & Commonwealth Office* in seinem Report.

Rechte der Frauen: Siehe Seite 31

Die Vereinten Nationen lobten die Regierung und die Bevölkerung Vietnams für den »großen Fortschritt« gegen Diskriminierung wegen **sexueller Orientierung**. 2012 hatte die vietnamesische Regierung damit begonnen, die Themen gleichgeschlechtliche Ehe und die Rechte Homosexueller offen zu diskutieren. Im selben Jahr wurde von Aktivisten die erste Gay Pride in Form eines Demo-Umzugs auf Fahrrädern durch Hanoi veranstaltet. Die Polizei griff nicht ein. Die Regierung entkriminalisierte Heiratszeremonien gleichgeschlechtlicher Paare.

Einige Menschenrechte und fundamentale Freiheiten (unter anderem Meinungsäußerungs- und Religionsfreiheit) sind zwar in der Verfassung Vietnams festgehalten, die gleiche Verfassung schränkt solche Freiheiten jedoch durch andere Gesetze ein. Zu Vietnams Verfassungsrevision 2013 wurde auch die Öffentlichkeit zur Diskussion des Entwurfs eingeladen. Die Resonanz auf diese seltene Gelegenheit, Dissidenz zu äußern und offen politische Reformen zu fordern, war überraschend groß. Nach Regierungsangaben gingen mehr als 26 Millionen Kommentare aus der Bevölkerung ein, die hauptsächlich Menschen- und Bürgerrechte betrafen. Das Resultat war hingegen äußerst ernüchternd. In Anbetracht der von der Nationalversammlung am 28. November verabschiedeten revidierten Verfassung, die vom Regierungsentwurf nur unwesentlich abweicht, entpuppte sich der Aufruf an die Bevölkerung, zur Diskussion beizutragen, als Alibiübung. Die Verfassung zementiert die führende Kraft der Kommunistischen Partei, sieht weder Gewaltenteilung noch einen unabhängigen Verfassungsrat vor und verbietet nach wie vor den »Missbrauch« von Grundrechten zur Verletzung nationaler Interessen. Nicht nur Menschenrechtler äußerten sich enttäuscht: »Leider bestätigt die Verfassung die führende Rolle des Staates in Vietnams Wirtschaft«, so die Amerikanische Handelskammer in Vietnam in einer Stellungnahme. »Dies ist kein ermutigendes Zeichen dafür, dass das Land bestrebt ist, sich in der globalen Wirtschaft zu behaupten.«

Am 12. November wurde Vietnam neben 14 weiteren Staaten, darunter China, Russland, Saudi-Arabien, Kuba und Algerien, für eine dreijährige Amtszeit in den **UNO-Menschenrechtsrat** gewählt.

Daraus aber nun zu folgern, dass in Vietnam die Partei mit eiserner Faust alle Bereiche des Lebens bestimmt, wäre genauso falsch. Auch heute steigen in den Provinzen, auf lokaler Ebene oder in den Unternehmen zahlreiche Vietnamesen gerne »über die Zäune«, sprich, sie halten sich nicht an Beschlüsse aus der Parteizentrale oder interpretieren Gesetze und Regeln bewusst nach eigenem Gewissen. Fforde gibt zu bedenken, dies sei im System angelegt: Obwohl die Partei es gerne anders darstelle, liege die **politische Macht in Vietnam eben nicht komplett in der Spitze.** Das schafft auch Probleme: Umweltverschmutzung, Korruption und wirtschaftliche Schwächen lassen sich gerade deswegen nicht in den Griff bekommen, weil die Zentrale schwach ist. »Vietnam mag ein Einparteienstaat sein, es ist aber keine Diktatur«, schrieb der ehemalige BBC-Korrespondent Bill Hayton in seinem Buch *Rising Dragon.* Politik beschreibt er als das Ergebnis im Hintergrund mühsam ausgehandelter Kompromisse zwischen Bauernverband und Bankern. Gerade weil die Partei ihre Macht sichern wolle, sei sie so bedacht darauf, keiner Bevölkerungsgruppe oder Provinz zu sehr vor den Kopf zu stoßen.

Papin und Passicousset beschreiben, wie die Partei versucht, stärker für junge Menschen attraktiv zu werden, um langfristig ihre Macht zu sichern – die Jüngeren ließen sich aber kaum noch durch die Aussicht auf Politik werben, sondern nur noch durch die **Aussicht auf eine gute Karriere**. Hayton formuliert seine Eindrücke noch prägnanter: »Es ist cool, unter Freunden zu sagen, man sei in der Partei, um seinen beruflichen Aufstieg zu sichern; uncool ist es, in der Partei zu sein, um Sozialismus und Revolution voranzutreiben.«

Solange die Menschen das Gefühl hätten, dass es ihnen **heute besser gehe als vor fünf Jahren**, solange die Schere zwischen Arm und Reich sich nicht noch weiter öffne, sei kein landesweiter Unmut über die Regierung zu erwarten, glaubt der britische Journalist. In Vietnam darf öffentlich über Korruption, Verkehrsstaus und Inflation geschimpft werden – die rote Linie wird nur da überschritten, wo diese Kritik direkt mit dem politischen System in Verbindung gebracht wird.

Đổi mới sei gezeichnet gewesen von Hin und Her, Vor und Zurück, von Richtungsverlust und manchmal auch der Sehnsucht nach der Einfachheit der Vergangenheit, schrieb der Konfliktexperte und Journalist Robert Templer schon 1998 am Ende seines Buches *Shadows and Wind*, und es scheint noch immer aktuell. »Angesichts schwindender Kontrolle und Respekt öffnet und schließt die Kommunistische Partei ihren Griff auf Wirtschaft und Gesellschaft mit wachsender Verzweiflung, während ihr die Macht langsam durch die Finger rinnt.«

Vom Unabhängigkeitskampf zum Schlachtfeld des Kalten Krieges: der Vietnamkrieg

Der Militäreingriff der Amerikaner von 1964 bis 1975 an der Seite von Südvietnam sollte die unkontrollierte **Ausdehnung des Kommunismus** in Asien eindämmen. Der Gegner, das kommunistische Nordvietnam, wollte nach dem Sieg gegen die Franzosen das Land wiedervereinigen und seine **Unabhängigkeit** sichern.

Dem Vietnamkrieg unmittelbar vorangegangen war der **Indochinakrieg.** Nachdem die Japaner, die während des Zweiten Weltkriegs

Indochina besetzten, kapitulierten, nutzte die vietnamesische Unabhängigkeitsbewegung **Việt Minh** die Gelegenheit und rief die Augustrevolution aus. Der Revolutionär **Hồ Chí Minh**, schon in jungen Jahren antikolonialistisch politisiert, hatte sich während Stationen in Paris und Moskau mit der marxistischen Theorie beschäftigt und war 1941 nach Vietnam zurückgekehrt. Er erklärte am 2. September 1945 in Hanoi die Unabhängigkeit der Demokratischen Republik Vietnam, dessen Regierung wurde jedoch von keinem Land anerkannt.

Die **Franzosen** wollten ihre Kolonie, die sie an die Japaner verloren hatten, wieder besetzen. Ein Abkommen zwischen Hồ Chí Minh und den Franzosen scheiterte, und der acht Jahre dauernde Krieg zwischen den Franzosen und den Việt Minh begann. Ein Wendepunkt stellte 1950 dar, als die Sowjetunion und das seit kurzem kommunistisch geführte China begannen, Vietnam mit Waffen und Militärberatern zu unterstützen, während die USA den größten Teil von Frankreichs Krieg finanzierte. Indochina war zum Schlachtfeld des Kalten Krieges geworden.

In der Schlacht bei **Điện Biên Phủ** unterlagen die Franzosen im Frühling 1954. Dies beendete 70 Jahre Kolonialherrschaft der Franzosen in Indochina. Auf der Indochinakonferenz in Genf wurde am 21. Juli 1954 die **provisorische Teilung Vietnams** entlang des 17. Breitengrades beschlossen, mit einem kommunistischen **Nordteil** unter Führung von Hồ Chí Minh und einem **Südteil** unter dem antikommunistischen, katholischen, von den USA unterstützten Präsidenten Ngô Đình Diệm.

Die 1956 vereinbarten gesamtvietnamesischen Wahlen fanden nie statt, da für Diệm gegenüber seinem Rivalen Hồ Chí Minh eine Niederlage erwartet wurde. Die kommunistischen Việt Minh vereinten sich mit der verbotenen kommunistischen Partei Südvietnams und weiteren Oppositionsgruppen zur Nationalen Front für die Befreiung Südvietnams (Việt Cộng). Die USA erhöhte die Zahl der Militärberater in Südvietnam. Diệm, der mit brutalem Vorgehen gegen Kommunisten, Buddhisten und anderen Regimegegnern immer größere Teile der Bevölkerung im Süden gegen sich aufgebracht hatte, wurde in einem von der amerikanischen Botschaft geduldeten Putsch getötet. Es folgte eine politisch instabile Phase für den Süden.

Ausgelöst wurde das militärische Einschreiten der USA in den Bürgerkrieg durch eine bewusste Falschmeldung, den **Tonkin-Zwischenfall**: Ein amerikanischer Zerstörer provozierte 1964 im Golf von Tonkin den Beschuss durch nordvietnamesische Patrouillenboote, was vom US-Nachrichtendienst als unprovozierte Angriffe umgedeutet wurde. Eine zweite gemeldete Attacke hatte in Wirklichkeit nie stattgefunden. US-Präsident Johnson ordnete darauf Luftangriffe gegen Nordvietnam an und erhielt vom Kongress die Vollmacht für militärische Operationen – **ohne Kriegserklärung**.

Bis 1968 waren zeitweise mehr als 500.000 amerikanische Soldaten in Vietnam stationiert. Ihre Gegner waren Dschungelkämpfer, die über ein ausgeklügeltes Netz von versteckten Nachschubwegen verfügten, den **Hồ-Chí-Minh-Pfad**. Die USA setzten die Brandwaffe **Napalm** und das Entlaubungsgift **Agent Orange** ein (siehe Seite 245), konnten aber trotz materieller und technischer Überlegenheit nicht die Überhand gewinnen.

Am Vorabend des vietnamesischen Neujahrsfestes *(Tết)* 1968 starteten die Nationale Front und nordvietnamesische Truppen einen unerwarteten Großangriff auf mehr als 100 Städte und Dörfer, auch auf die US-Botschaft in Saigon. Die ***Tết*-Offensive** war zwar für den Norden militärisch erfolglos, aber für die USA moralisch eine Niederlage und ein Wendepunkt in der öffentlichen Wahrnehmung. Zweifel über den Sinn dieses Krieges machten sich breit, Medienbilder und Berichte über Bomben, Tod und Verwüstung erschütterten und demoralisierten die amerikanische Bevölkerung. Der Vietnamkrieg der Amerikaner, der eigentlich ein kurzes Muskelspiel gegen die Kommunisten hätte sein sollen, fand weder in der Bevölkerung noch in den Medien genug Rückhalt. Der Vietnamkrieg gilt als die erste militärische Auseinandersetzung, die die Amerikaner zu Hause am Bildschirm verfolgen konnten – in ihrer brutalen, schmutzigen Realität. Es kam zu Massenprotesten und der **Friedensbewegung** in den USA und vielen weiteren westlichen Ländern.

US-Präsident Nixon beschloss die »**Vietnamisierung**« des Krieges: Der Süden sollte seine militärische Verteidigung selber in die Hand nehmen, während die USA ihre Truppen schrittweise abzogen. Am 27. Januar 1973 wurde in Paris das **Friedensabkommen** von allen beteiligten Parteien unterzeichnet. Am 29. März verließen offiziell die letzten US-Soldaten das Land. Am 1. Mai 1975 endete der Krieg in Vietnam mit dem **Einmarsch der Kommunisten in Saigon**. Am 2. Juli 1976 wurde die wiedervereinigte Sozialistische Republik Vietnam gegründet.

Die Nachkriegsjahre waren von massiven wirtschaftlichen Schwierigkeiten, Repression und der Massenflucht der Boatpeople (siehe ab Seite 120) gekennzeichnet. Rund eine Million Vietnamesen aus dem ehemaligen Süden wurden in **Umerziehungslager** gebracht.

Kriegsfolgen, die bis heute andauern: Agent Orange

Fast 80 Millionen Liter **Entlaubungsmittel** versprühte die US-Armee in zehn Jahren Krieg über Vietnam. Ihr Ziel: Wälder und Ernte zu zerstören, um den gegnerischen Soldaten die Deckung und die Nahrungsgrundlage zu nehmen.

Die Pflanzengifte waren je nach Wirkstoff sortiert in verschiedene Farben. Neben Agent Orange gab es auch Agent Blue oder Agent Pink, das Gift aus den orangefarbenen Fässern wurde aber nach dem Krieg zum Synonym für den gesamten Einsatz. Agent Orange ist **dioxinhaltig** und die Rückstände führen bis heute zu schweren **Fehlbildungen** und teilweise unerklärlichen Krankheitsverläufen. Das vietnamesische Rote Kreuz schätzt die Zahl der Betroffenen unter Bezug auf lokale Studien auf etwa eine Million Menschen. Die Vereinten Nationen sprechen in ihrem »UN-Data«-Glossar von »einer der toxischsten Verbindungen, die Menschen bekannt ist«.

Bis heute gibt es in Vietnam Landstriche mit hoher Dioxinbelastung. Das sind allerdings nicht jene Regionen, in denen das Gift versprüht wurde, sondern Orte, an denen die Fässer tonnenweise gelagert waren – also ehemalige amerikanische Militärbasen wie zum Beispiel der Flughafen von Danang. Die amerikanische Regierung hat im August 2012 erstmals angefangen, sich mit Hilfsgeldern an der **Reinigung vergifteter Böden** zu beteiligen. Vietnamesische Opferverbände haben in den vergangenen Jahren mehrmals vergeblich versucht, Prozesse gegen die amerikanischen Chemiehersteller zu beginnen.

37 Vietnam, du nervst

Wenn der Kulturschock zuschlägt

Nina steht barfuß in der Mitte der Küche, drückt sich das Smartphone ans linke Ohr, hält sich mit der anderen Hand das rechte zu und fragt sich: Warum ist Trinkwasser bestellen jedes Mal so ein verdammtes Abenteuer? Und wo zur Hölle sind meine Haus-Flip-Flops? Zum dritten Mal buchstabiert sie ihre Adresse, während Bích, die Putzfrau, direkt neben ihrem Ohr mit ihrer Kollegin spricht, ach was, schreit! Die Kollegin sitzt im Hauseingang auf Ninas Motorroller und schneidet ihre Fingernägel.

Zur gleichen Zeit steht Florian irgendwo im Stadtzentrum in einem Laden, den Helm noch auf dem Kopf, ein paar Körbe in den Händen haltend, und könnte vor Wut die Wände hochgehen. Der Motorradtaxifahrer, der ihn eigentlich zum Hồ-Chí-Minh-Mausoleum hätte bringen sollen, wo er verabredet war, hatte ihn stattdessen zum Korbladen seiner Frau gefahren.

»Ich – versteh – kein – Wort!«, bellt Nina ins Telefon, während Bích auf Ninas Schienbeine deutet. Nina schaut an sich herunter: Sie sind dreckverschmiert. Beim Ausparken war ihr der Motorroller entgegengekippt und auf den regennassen Boden gekracht. Alle um sie herum glotzten, niemand half. »Denkt hier in diesem Land eigentlich irgendwer nicht nur an sich selbst?«, hatte Nina auf Deutsch vor sich hin gewettert und hätte heulen können, ohne genau zu wissen, was eigentlich in sie gefahren war. Irgendwie war plötzlich alles um sie herum eine einzige Zumutung. Der alte Mann, der auf dem Parkplatz irgendetwas verbrannte und beißende Rauchschwaden produzierte, der langsame Parkplatzwächter, der kein Wechselgeld hatte, und der wieder einsetzende Nieselregen. Außerdem roch es nach Pisse. Es schien, als ob sich auf einmal eine hässliche graue Schicht auf alles gelegt hätte, hässlich und grau wie die Schicht aus Schimmel, die sie heute Morgen in ihrem Schrank auf der Rückseite einer Handtasche, die sie einige Wochen nicht mehr benutzt hatte, entdeckte.

Florian reißt sich endlich den Helm vom Kopf, drückt ihn dem Fahrer in die Hände, zusammen mit den Körben, und stapft fluchend davon. Er versucht, Nina anzurufen, aber dort ist besetzt. Nina wird diese Geschichte wohl für extrem witzig halten, denkt er sich. Dann muss er selber ein bisschen lachen.

Derweil wandert Nina immer noch in der Küche auf und ab und brüllt ihre Wasserbestellung ins Telefon, als es um sie herum dunkel wird und der Deckenventilator seufzend zu wirbeln aufhört. Stromausfall. Nina gelüstet plötzlich ganz dringend nach einer Pizza. Bíchs Kollegin betritt den Raum, ihre Füße stecken in Ninas Flip-Flops.

»Das fandest du doch sonst immer so lustig«, sagt Florian später an diesem Abend. »Heute nicht«, sagt Nina.

Weshalb manchmal plötzlich alles doof ist

Es kann sein, dass er Ihnen gleich am ersten Tag, gleich auf der ersten Taxifahrt vom Flughafen in die Suppe spuckt; wahrscheinlicher ist es, dass er sich erst nach ein paar Tagen, Wochen, Monaten oder gar nach Jahren von hinten anschleicht, langsam und zermürbend, und Ihnen irgendwann unvermittelt als Asienkoller auf die Schulter tippt. Treffen kann er jeden: der **Kulturschock**.

Am Anfang ist meist noch alles gut. Der deutsche Sinologe Martin Woesler bezeichnet in seinem Kulturschock-Modell diese Anfangsphase als »**Honeymoon-Phase**«: Alles ist aufregend, toll, exotisch und schnuckelig und wahnsinnig faszinierend, die kryptischen Speisemenüs witzig, die verwinkelten Gassen geheimnisvoll, die tropischen Nächte wildromantisch, die Sprachbarriere ein Heidenspaß. Darauf folgt Ernüchterung, die »**Krise**«: Sie verstehen im Grunde genommen kein Wort von dem, was die Leute hier sagen (selbst dann, wenn diese Englisch sprechen). Sie fühlen sich irgendwie insgesamt fehl am Platz, und Sie gelangen zwischenzeitlich zu der Überzeugung, dass die Leute um Sie herum nur freundlich sind, weil sie an Ihr Geld wollen.

Eigentlich ist es ja, wenn man es genau nimmt, eine paradoxe Sache mit dem Kulturschock: Wir geben eine Menge Geld dafür aus, in ein fernes Land zu reisen, um eine andere Kultur kennenzulernen. Wir verlassen freiwillig und in voller Absicht unseren **Wohlfühlbereich** und suchen in einem neuen Job weit weg von zu Hause die Herausforderung – und sind dann schockiert, wenn es dort tatsächlich anders ist? Wenn wir an die Grenzen unserer eigenen Abenteuerlust und Weltoffenheit stoßen?

Klar, an manchen Tagen kann man verzweifeln, an sich selbst oder an Vietnam. Sei es an irgendetwas, von dem einfach gerade zu viel da ist (Motorroller, Menschen, Hitze, Gehupe, Feuchtigkeit, Baustellen, Stromleitungen, Gerüche, Durcheinander, Karaokemaschinen, Kakerlaken, riesige Spinnen), oder irgendwas, das gerade fehlt (Platz, Menschen, die einen verstehen, Transparenz, funktionierende Lichtschalter, sauberes Wasser, Sonnenlicht nach sieben Uhr, Klopapier, Ordnung, Beinfreiheit, Schokolade, Salami, Erdbeeren, Strom, Ruhe). Anfälle von Kulturschock sind wohl unausweichliche, kleine Schlaglöcher im großen **Lern- und Gewöhnungsprozess** an ein anderes Land.

Immerhin konnte Florian am Ende über sich selbst lachen, was bestimmt nicht die schlechteste Einstellung ist. Aber natürlich ist nicht immer alles lustig. Vietnam hat seine **Abgründe**. An schlechten Tagen ist das Land laut, verwirrend, chaotisch, unfair, brutal, und nichts funktioniert, wie es sollte. Hier zu arbeiten kann äußerst frustrierend sein – während unsere Freunde zu Hause denken, dass wir Urlaub unter Palmen machen.

Ein vietnamesischer Informationsmanager zitierte einmal einen Spruch, der Hồ Chí Minh zugeschrieben wird: »Um in zehn Jahren zu ernten, pflanze Bäume. Um in hundert Jahren zu ernten, ändere die Menschen.« Es ging um ein Tourismus-Ausbildungsprojekt, in das die EU mehr als zehn Millionen Euro gebuttert hatte. Der Punkt ist: Sie werden Vietnam nicht ändern. Aber vielleicht wird Vietnam Sie ein bisschen ändern.

Atmen Sie tief durch – und halten Sie durch! Denn nach der »Krise« geht es in Woeslers Kulturschock-Modell wieder steil bergauf. Woesler hat in seiner Grafik eine **Befindlichkeitskurve** gemalt, die sich zwischen einer X-Achse (Zeit) und einer Y-Achse (Zufriedenheit) windet wie ein Tatzelwurm. Es folgt die Phase der »**Erholung und Anpassung**«: Der Lärm wird ein bisschen zum Alltag, die Hitze und die Mentalität auch, Sie freuen sich über kleine Spracherfolge und unvergessliche Ausflüge, erzählen die unglaublichsten Anekdoten, schließen neue Freundschaften und finden Ihre innere Ruhe wieder.

Manches ist auch lediglich eine Frage der **Perspektive**. Es gibt bestimmt 1.000 Gründe, sich jeden Tag und immer wieder neu in Vietnam zu verlieben. Das Essen. Atemberaubende Landschaften. Menschen, die ihr Essen mit Ihnen teilen, die Ihnen ihr Haus und ihr Herz öffnen, die sich bemühen, mit Ihnen ins Gespräch zu kommen.

Die Australierin Tabitha Carvan hat es in ihrem Hanoi-Blog *The City That Never Sleeps In* so ausgedrückt: »Pack die **Möglichkeiten**, wenn sie sich bieten, mit beiden Händen, und, wenn es sein muss, auch mit den Zähnen. Das ist nicht unbedingt etwas, was man planen oder worauf man sich vorbereiten kann – sie kommen meist dann, wenn man es am wenigsten erwartet. Und dann sag einfach immer Ja. Ich habe in Vietnam Ingenieure getroffen, die hier ein Café eröffnet haben; eingeschworene Singles, die hier die Liebe fürs Leben fanden; NGO-Mitarbeiter, die zum ersten Mal auf einer Bühne vor Publikum sangen. Ich kenne Leute, die Vietnam ein Jahr lang hassten und nun niemals wieder gehen wollen.«

Das ist aber noch nicht alles. Woeslers Modell geht nämlich noch weiter. Demnach lauert, nach der Rückkehr in die Heimat, der hundsgemeine »**Eigenkulturschock**«: die Schwierigkeit, wieder in die Normalität, den einst vertrauten Alltag zu Hause einzutauchen, der einem inzwischen fremd geworden ist. Alles ist so geordnet und geregelt und pünktlich, und sauteuer obendrein. Ihr Improvisationstalent bei kaputten Plastiklatschen ist genauso wenig gefragt wie Ihre Fähigkeit, auf Vietnamesisch einen Zitronensaft ohne Zucker zu bestellen. Sie sehen sich mit mürrischen Gesichtern in blitzsauberen Bussen konfrontiert, erschrecken sich über automatische Schiebetüren, vermissen Ihre Haushaltshilfe und verzweifeln an hochmodernen Fahrkartenautomaten. Und kein Mensch nennt Sie mehr »Bruder« oder »Schwester«. Dieser Schock, heißt es, könne schlimmer sein als alles andere.

Anemi graut so dermaßen vor diesem Eigenkulturschock, dass sie sich seit mehr als zehn Jahren nicht mehr traut, dauerhaft in die Schweiz zurückzukehren. David lebt seit der Geburt seiner Tochter und den damit verbundenen häufigeren Deutschlandbesuchen in einem ständigen Doppelkulturschock: Er seufzt bei der Ankunft in Vietnam über die anarchisch dauerhupenden Taxifahrer und er seufzt bei der Ankunft in Frankfurt über die aggressiv hupend-schimpfenden Raser auf der Autobahn. Dann schließt er die Augen, atmet dreimal tief ein und freut sich, dass er beides erleben kann: das organisierte Deutschland mit den grünen Kinderspielplätzen und das sinnliche Vietnam, das an jeder Ecke mit einer Überraschung wartet.

38 *Hẹn gặp lại Việt Nam*

Der Abschied, und eine Art Schlusswort

Florian dreht sich noch einmal um. Wie gerne würde er noch ein letztes Mal frühmorgens eine *phở* schlürfen. Irgendwo in der Provinz in einem Pfahlhaus unter dem Moskitonetz zur mystischen Symphonie des Dschungels einschlafen. Mit all seinen neuen Freunden in einer Karaokebar eine schiefe Version von Frank Sinatras *My Way* schmettern. Und hinten auf Ninas Motorroller bei Sonnenuntergang dem Ufer des Hanoier Westsees entlangdüsen, dort, wo der Lotus blüht, den Fahrtwind auf der Haut spüren, vorbei an den Vogelkäfigen, die in den Bäumen hängen, den schreiend bunten Windrädchen, die am Straßenrand verkauft werden, und den Kindern, die freundlich »*Hello!!*« brüllen, wenn sie einen Ausländer sehen.

Florian wuchtet vor Ninas Haus seinen Rucksack ins Taxi, das ihn zum Flughafen bringen wird. Eine schwangere Frau, die in der Hand eine Plastiktüte mit drei lebenden Hühnern trägt, läuft vorbei. Ein älterer Mann zurrt eine Kloschüssel und ein Fahrrad auf dem Rücksitz seines Motorrollers fest. Ein roter Porsche wendet in der Gasse. Am Straßenrand liegen ein paar Spielkarten. Von irgendwoher klingt Musik, *Happy New Year* von Abba. Es ist Juni.

»Das glaubt mir zu Hause kein Mensch«, sagt er. Er hat sich inzwischen so sehr daran gewöhnt, jeden Tag die ungewöhnlichsten, abgefahrensten Dinge zu erwarten, dass ihn der Gedanke, dass er aus diesem Traum erwachen und sein Leben nun sehr bald einfach wieder seinen normalen Gang nehmen würde, auf einmal ängstigt. Nina nickt. »Ich weiß, was du meinst. Einerseits kann man es nicht erklären. Andererseits könnte man mindestens ein ganzes Buch darüber schreiben.«

Florian umarmt Nina zum Abschied, dann schaut er Phương an. Sie grinsen. Phương streicht sich die Haare aus dem Gesicht. »Alles Gute, Bruder«, sagt sie dann. »*Hẹn gặp lại Việt Nam*«, sagt Florian, bevor er ins Taxi steigt.

Was wir noch sagen wollten

Alice was quite surprised to find that she remained the same size: to be sure, this generally happens when one eats cake, but Alice had got so much into the way of expecting nothing but out-of-the-way things to happen, that it seemed quite dull and stupid for life to go on in the common way. – Lewis Carroll, Alice's Adventures in Wonderland

Nina würde wahrscheinlich noch viele weitere Abenteuer erleben – in Vietnam schleicht sich für Ausländer nicht so schnell ein wirklich alltäglicher Alltag ein. Auch David und Anemi bleiben noch ein bisschen hier, im Wunderland der Plastikstühle, Tonzeichen und Sonnenjäckchen, der lauten Klingeltöne und winzigen Kleidergrößen, irgendwo zwischen Hồ Chí Minh und Burger King.

Anemi hat an manchen Tagen das Gefühl, dass sie noch immer ganz am Anfang steht und möglicherweise gar nichts begriffen hat:

»Manchmal, in den langen Schreibnächten, saß ich da, starrte in den Bildschirm auf die Gedankenfetzen, aus denen dieses Buch hier entstehen sollte, und dachte: Wer bin ich denn, dass ich glaube, ich könne den Leuten Vietnam erklären? Was weiß ich denn schon, nach nur viereinhalb Jahren, in denen ich höchstens an der Oberfläche gekratzt habe? Kann das überhaupt gelingen? Eines weiß ich ziemlich genau: Dieses Land hat sehr vieles, was ich über Menschen und die Welt zu wissen glaubte, infrage gestellt.

Wenn ich dies meinen vietnamesischen Freunden erzählte, mit denen ich stundenlang über seltsame Komplimente, das Jenseits und die Untiefen des Lächelns sprach, Bekleidungsstile diskutierte und Blutpudding essen ging, dann lächelten sie milde. Ich blickte in diese dunklen Augen, tief wie ein Ozean, und irgendwo auf dem Grund dieses Ozeans vermutete ich einen kleinen Tresor mit geheimen Gedanken, zu dem niemand den Code kennt.

Eine gute Freundin, die auch Phương heißt, wie Ninas Kollegin, sagte, sie fände es schön, dass ich mich für ihr Land interessiere. Nga legte manchmal den Kopf schief, wenn ich sie mit Fragen bombardierte, lachte, und meinte: ›Ich finde das spaßig, solche Dinge habe ich mir selber noch nie so genau überlegt.‹ Liên fragte mich, wie das denn bei uns sei, wo die Toten in Deutschland und der Schweiz hingehen und in welchem Alter wir normalerweise heiraten. ›Du kannst vielleicht Fragen stellen‹, sagte ich.

Wenn mich meine Freunde zu Hause fragen, was mich hier hält, weiß ich gar nicht, wo ich anfangen soll, geschweige denn, wie ich's erklären soll. Jedes Mal, wenn ich das Haus verlasse, sehe oder höre ich etwas Neues. Jedes Mal, wenn ich mit dem Motorroller durch Hanoi fahre, staune ich. Oft sind es die Details: zum Beispiel die Fähigkeit der Menschen, so viel auf ihre Fahrräder und Roller zu packen, bis sie halb darunter verschwinden, und ihre Gefährte damit durch den irren Verkehr zu manövrieren.

Vietnam ist für mich ein bisschen wie sein Kaffee: Erst tropft es ganz langsam und schüchtern durch den Filter, mit diesem verführerischen Duft, und dann fährt es einem so dermaßen ein, dass man in Schweiß ausbricht, einem der Kopf schwirrt und man für den Rest des Tages die Wände hochgehen möchte. Vietnam weckt in mir alle Emotionen gleichzeitig, nur keine Gleichgültigkeit oder Langeweile. Es ist süß und stark, und manchmal auch ein bisschen bitter. Vietnam zieht mich immer wieder von Neuem in seinen Bann, verschlingt mich, und dann spuckt es mich aus und fragt mich: Was willst du eigentlich von mir?

Als ich ganz am Anfang in einer Rundmail meine Expat-Freunde in Hanoi fragte, welche Fettnäpfchen ihrer Meinung nach in dieses Buch gehören, schrieb mir ein dänischer Freund zurück: ›Leute für dumm zu halten, die ohne Helm fahren und sich nicht um Sicherheit oder Umweltschutz zu kümmern scheinen – ohne zu verstehen, dass sich all diese Dinge vor nicht allzu langer Zeit auch in unserer eigenen Kultur erst entwickeln mussten. Sie sind nicht automatisch der menschlichen Natur inhärent.‹ Ich finde, da ist was dran. Überheblichkeit ist wahrscheinlich, in Vietnam wie in jedem anderen Land, das größte Fettnäpfchen; sicher schlimmer, als die Essstäbchen falsch zu halten, seine Freunde zu umarmen, oder *thịt lợn* nicht richtig auszusprechen.«

David hätte niemals gedacht, dass er hier landet.

»Dazu muss man erklären: Ich bin in einem Haus aufgewachsen, in dem gelegentlich *phở* gekocht wurde und vereinzelte Bilder aus Vietnam an der Wand hängen. Mein Urgroßvater ist als Kolonialbeamter nach Vietnam ausgewandert, sein Sohn und sein Enkel sind in dem Land geboren. Zwei Urgroßmütter waren Vietnamesinnen. Trotzdem war das alles ›Vergangenheit‹, alte Geschichte. Dass ich hier längere Zeit lebe, war nie geplant. Tatsache ist allerdings auch: Von meiner Urgroßmutter väterlicherseits gibt es heute noch vietnamesische Verwandte, die mich als Verwandten in Hanoi angenommen haben. Das vermittelt ein ganz seltsam wohliges Gefühl von heimatlicher Verbundenheit. Und die vietnamesische Familie meiner Frau ist so herzlich und aufrichtig, wie man es sich nur wünschen kann. (Das Wurm-Omelett nehme ich meinem Schwiegervater aber trotzdem noch übel.)

Die Arbeit am Buch hatte viel damit zu tun, sich selbst, die eigenen Vietnam-Erlebnisse, und das, was ich glaubte über Vietnam zu wissen, zu hinterfragen. Als ich an der Episode über den deutsch sprechenden Taxifahrer saß, kamen mir zum Beispiel plötzlich Zweifel. Das letzte derartige Treffen war doch nun wirklich schon zwei oder drei Jahre her. Wie realistisch, wie wahrscheinlich ist das denn überhaupt? Am selben Nachmittag saß ich in einem Taxi und telefonierte während der Fahrt mit einem deutschen Kollegen. Als ich aussteigen wollte, sagte der Fahrer vor mir: ›Danke‹. Auf Deutsch. Und er fügte hinzu: ›Schön, Sie zu treffen. Ich habe lange Zeit in Leipzig studiert.‹

An dieser Stelle fielen mir zwei Dinge auf. Erstens: Man darf seinen eigenen Eindrücken vertrauen, auch wenn sie lange zurückliegen. Zweitens: Der Grund, warum drei Jahre lang kein vietnamesischer Taxifahrer mit mir Deutsch gesprochen hatte, lag schlicht daran, dass ich selbst mittlerweile mehr Vietnamesisch spreche. Da fällt man als Ausländer weniger auf. Und das wiederum berührt einen ganz anderen Kern: Wie sehr kann man sich eigentlich nach sieben Jahren in Vietnam noch in die Probleme eines Neuankömmlings hineinversetzen? Lebe ich nicht längst in einer ganz eigenen Welt mit meinen ganz eigenen Problemen?

Ich habe als Vorbereitung auf dieses Buch nicht nur mit vietnamesischen Freunden und Familienmitgliedern gesprochen, sondern auch gezielt mit deutschen Praktikanten, Touristen und anderen Gästen. Dabei sind mir einige merkwürdige Kleinigkeiten, Kuriositäten und Aufreger aus meinen ersten Monaten im Land überhaupt erst wieder eingefallen. Andererseits habe ich gemerkt: Vieles ist noch immer präsent. Natürlich bleibt man trotzdem in manchen eigenen ›ausländischen‹ Gewohnheiten verwurzelt. Auch nach sieben, vermutlich auch noch nach 20 Jahren.

Ich weiß, dass ich in Vietnam riskiere, mein Gesicht zu verlieren, wenn ich mich aufrege. Hilft das in Momenten größten Ärgers? Natürlich nicht. Natürlich schimpfe ich ganz klassisch vor mich hin. Ich liebe *phở* und *bún bò Nam Bộ,* ich koche mir mindestens einmal die Woche gebratenen Reis, und ich finde die Welt der Garküchen faszinierend. Habe ich trotzdem regelmäßig Appetit auf Vollkornbrot und Schnitzel? Natürlich. Ich bewege mich im vietnamesischen Verkehr wie ein Fisch im Schwarm, und es wundert mich überhaupt gar nichts mehr. Keine auf der Straße wendenden Lastwagen, keine Büffel auf den Landstraßen und keine Kinder, die bei Rot über die Ampel fahren. Bin ich deswegen immer gelassen auf der Straße? Natürlich nicht. Ich fühle mich in all diesen Situationen immer noch hilflos deutsch, ach was, ich genieße es in solchen Situationen manchmal sogar geradezu, Ausländer zu sein und kein Einheimischer.

Das ist die eine Seite. Die andere Seite lautet, dass mir Deutsche plötzlich erklären, ich würde mich sehr merkwürdig benehmen, hätte sehr seltsame Herangehensweisen und Essgewohnheiten. Wie ich nur morgens Nudelsuppe essen könne und warum ich so gelassen auf dem Motorroller fahre ... Vietnam hat mich mehr verändert, als ich ahne.

Und genauso wie Nina und Florian ist auch mir Vietnam manchmal einfach zu viel. Wie an dem Tag, als der Motorradreifen platzte und ein mürrischer Mechaniker mit ›Bordstein-Werkstatt‹ (ein Kasten mit Flickzeug und einer Luftpumpe) einen unverschämten Preis forderte, vermutlich, weil ich eine lange, weiße Nase habe, und ich schließlich bei feuchtschwüler Hitze den Roller stattdessen nach Hause schob. Bis ich an dem älteren Mann vorbeikam. Mit dünnen Armen, sanfter Stimme, fröhlichen Augen, so sorgfältig, so gewissenhaft, dass selbst deutsche Mechaniker erröten würden, und mit warnendem Blick, dass er das jetzt nur notdürftig machen könne und ich so schnell wie möglich eine echte Werkstatt aufsuchen sollte.

Da ist mir wieder eingefallen, warum ich das Land liebe: wegen seiner Menschen.«

Das Schöne an Vietnam ist: Manche Dinge lassen sich nicht erklären. Und auch wenn wir uns um die Perspektive unserer vietnamesischen Freunde bemühten, ohne die der Großteil der Einsichten in dieses Land nur schwer vorstellbar gewesen wäre, bleibt es im Kern eine von Ausländern geschriebene Betrachtung. Wir freuen uns auf Rückmeldungen, auch kritische. Und wir hoffen, dass ganz viele junge Vietnamesinnen und Vietnamesen bessere Bücher schreiben, Filme drehen, Geschichten erzählen werden, die uns frische, neue Einblicke gewähren – in ihr Vietnam.

»*Hẹn gặp lại*«, das bedeutet »Auf Wiedersehen«.

Glossar

Ahnenverehrung	die am weitesten verbreitete Glaubensform in Vietnam. In fast jedem Haus befindet sich ein Altar, an dem der Vorfahren gedacht wird (ab Seite 29)
bia hơi	sehr leichtes, frisches Bier im Offenausschank, zu bekommen in den ebenfalls *bia hơi* genannten Straßenkneipen und Biergärten (Seite 87)
Boatpeople	Begriff für Flüchtlinge aus der damaligen Republik Südvietnam, die in überfüllten Booten aus Furcht vor den kommunistischen Siegern aus dem Land flohen. Die Bundesrepublik Deutschland nahm etwa 35.000 von ihnen auf (ab Seite 119)
bún chả	Reisnudelsuppe mit gegrilltem Schweinefleisch. Spezialität in Nordvietnam (ab Seite 52)
cà phê sữa	»Milchkaffee«. Kaffee mit klebrig süßer Kondensmilch, in verglasten Kaffeehausketten auch Milchkaffee mit Vollmilch (Seite 209)
Chợ Đồng Xuân	mehrstöckiges Markthallengebäude in der Altstadt von Hanoi, in dem es alles gibt. Man muss es nur finden (Seite 146)
cô	wörtlich »Tante«. Anredepronomen für Frauen, die etwa das Alter der eigenen Mutter haben (ab Seite 124)
Đắt quá!	»Zu teuer!« Wichtiger Ausspruch beim Feilschen (Seite 41)
Dong *(đồng)*	vietnamesische Währung mit sehr vielen Nullen. Im Alltag gebräuchlich in Notierungen zwischen 1.000 und 500.000 (Seite 178)

Eigenkulturschock	die Schwierigkeit, wieder in die Normalität des einst vertrauten Alltags zu Hause einzutauchen, der einem nach langer Zeit im Ausland fremd geworden ist. Gilt als weitaus hinterhältiger als der eigentliche Kulturschock bei der Reise in ein fremdes Land (ab Seite 250)
Em ơi!	»Hallo, kleiner Bruder/kleine Schwester!« Entscheidender Ruf, um jüngere Menschen (zum Beispiel die Bedienung im Restaurant) auf sich aufmerksam zu machen (Seite 66)
Facebook	Das soziale Netzwerk hat im Januar 2014 die Marke von 20 Millionen Nutzern in Vietnam erreicht und weltweit in Vietnam die schnellste Wachstumsrate (2009: eine Million Nutzer). War zwischen 2009 und 2012 von einigen Internetserviceprovidern innerhalb Vietnams schwer zu erreichen, die Blockade wurde aber nie offiziell bestätigt (Seite 133)
Hände schütteln	eine aus dem Westen importierte Begrüßungsweise, die außerhalb von Geschäftsbeziehungen auf viele Vietnamesen immer noch befremdlich wirkt (Seite 17)
Helmpflicht	2007 hat Vietnam die Helmpflicht für motorisierte Zweiradfahrer eingeführt. Damit sollte die Zahl von jährlich je nach Statistik zwischen 10.000 und 21.000 Verkehrstoten gesenkt werden (Seiten 27, 80)
H'mong	eines der mehr als 50 verschiedenen Minderheitsvölker Vietnams, das etwa eine Million Personen umfasst und überwiegend in der nordvietnamesischen Grenzregion lebt (ab Seite 131)
Hồ Chí Minh	sozialistischer Revolutionär und erster Landespräsident, der maßgeblich den antikolonialen Unabhängigkeitskampf gegen die Franzosen vorbereitete. Rief am 2. September 1945 die Unabhängigkeit aus. Verstarb 1969 und ist seitdem im Hồ-Chí-Minh-Mausoleum in Hanoi beigesetzt (Seite 242)

Kommunistische Partei (KPV)	einzige legale Partei Vietnams, regiert seit der Revolution von 1945 in Hanoi und stellt aktuell nach der Wahl 2011 etwa 450 der 500 Abgeordneten im Parlament (Rest: »Unabhängige«). Der Posten des Parteigeneralsekretärs ist eine Position mit erheblichem politischen Einfluss (Seite 235)
Konfuzianismus	philosophisch-moralische Glaubensrichtung, die Familienzusammenhalt und Hierarchie in der Gesellschaft fordert (Seite 31)
mắm tôm	Sauce aus fermentierten Garnelen, oft als Dip gereicht. Gewöhnungsbedürftig (Seite 114)
Meins & Deins	ein Konzept, das im Land der Familie und des Kollektivs eher dehnbar ausgelegt wird. Zu beobachten zum Beispiel beim Essen oder bei der Definition von Privatsphäre in Wohnungen (Seiten 60, 65)
Mondkalender	Kalender, der sich nach dem 29,5 Tage dauernden Mondmonat richtet und das Datum für die wichtigsten Feiertage des Landes festlegt (ab Seite 139); siehe auch ► *Tết*
Motorroller	motorisiertes Zweirad und Herzstück des vietnamesischen Straßenverkehrs. 2012 fuhren auf Vietnams Straßen 35 Millionen Motorroller und 2 Millionen »andere Fahrzeuge«. Der vietnamesisch-anglisierte Begriff lautet *motobye,* der vietnamesische *xe máy.*
Nashorn	gilt seit 2010 mit dem Fund eines toten Java-Nashorns in Vietnam als ausgestorben. Dem zu Pulver verarbeiteten Horn werden potenzsteigernde Kräfte nachgesagt (ab Seite 111)
Nguyễn	häufigster vietnamesischer Familienname (40 Prozent der Bevölkerung). Außerdem der Name eines von 1802 bis 1945 regierenden Königshauses (ab Seite 172)
Ối giời ơi!/Trời ơi!	»Oh mein Gott!« oder »Ohjemine!« Einer der wichtigsten vietnamesischen Ausrufe für wirklich absolut jede Lebenslage (Seite 42)

phở	Reisnudeln, die Hauptbestandteil der gleichnamigen Nudelsuppe sind. Nationalgericht mit Ursprung in Nordvietnam (ab Seite 52)
Pyjama	Allzweckkleidungsstück für den abendlichen Straßenspaziergang oder den morgendlichen Sport (Seite 198)
quẩy	frittiertes, trockenes Gebäckstück, das in die Suppe oder den Reisbrei getunkt wird (Seite 51)
Reis	Grundnahrungsmittel in Vietnam. Vietnam produziert rund 40 Millionen Tonnen Reis pro Jahr und exportiert davon 7 Millionen Tonnen. Wichtigstes Anbaugebiet ist das Mekongdelta (ab Seite 19)
Schwellenland	Vietnam ist laut Weltbankdefinition seit 2011 kein Entwicklungsland mehr, weil Wirtschaftswachstum und Pro-Kopf-Einkommen seit den 80er-Jahren rapide angestiegen sind (ab Seite 19)
tây	wörtlich die Himmelsrichtung Westen. Saloppe Sammelbegriff (»Westler«) für sämtliche hellhäutigen Ausländer (Seite 72)
Tết	Neujahrsfest und wichtigster vietnamesischer Feiertag. Offiziell drei Feiertage, die zwischen den 21. Januar und den 21. Februar fallen (ab Seite 140)
Tonzeichen	Fünf verschiedene Tonzeichen bestimmen, ob ein Vokal zum Beispiel steigend oder fallend ausgesprochen wird, was zu komplett unterschiedlichen Wörtern führen kann. Nicht zu verwechseln mit den auf den Vokalen stehenden Akzentzeichen (ab Seite 169)
Trinkgeld	generell in vietnamesischen Restaurants, Hotels oder Massagesalons nicht üblich. In teureren Etablissements zumindest möglich, manchmal aber auch bereits in der Rechnung inbegriffen (ab Seite 128)
ư **und** ***ơ***	exzentrische Buchstaben, die auch als »Stöhnlaute« bezeichnet werden und so klingen, als würde man »ü« und »ö« mit herunterhängenden Mundwinkeln sprechen (Seite 171)

Vang Đà Lạt	Traubenwein aus der mittelvietnamesischen Stadt Dalat. Günstige Weinmarke, deren Geschmack Ausländer möglicherweise als »unorthodox« empfinden (Seite 87)
Vertragsarbeiter	60.000 Vietnamesen arbeiteten in den 80er-Jahren in der damaligen DDR, um den Mangel an Arbeitskräften zu decken. Im Gegenzug leistete die DDR Wirtschaftshilfe (ab Seite 118)
Vietnamkrieg	bezeichnet den Militäreingriff der Amerikaner in Vietnam von 1964 bis 1975, teilweise auch »zweiter Indochinakrieg« genannt (als Abgrenzung zum vorangegangenen Krieg gegen die Franzosen). Endete 1975 mit dem Einmarsch nordvietnamesischer Truppen in Saigon und der Machtübernahme der ▶ Kommunistischen Partei im gesamten Land (ab Seite 242)
whitening	Aufschrift auf Kosmetikartikeln, mit der dafür geworben wird, dass das entsprechende Produkt durch chemische Zusatzstoffe für eine hellere Haut sorgt, die in Vietnam als Schönheitsideal gilt (Seite 75)
xe ôm	Motorradtaxi. Wörtlich übersetzt »Umarm-Fahrzeug«, weil man als Passagier direkt hinter dem Fahrer auf dem Motorroller sitzt (Seite 80)
XL	Kleidergröße, in die in Vietnam nur eher schmächtig gebaute Europäer passen. Von Vietnamesen manchmal als *fat size* oder *King Kong size* bezeichnet (Seite 70)

Literaturverzeichnis

Kapitel 1

World Bank (2012): *Vietnam Development Report*

Secrétariat d'Etat à l'économie SECO, Confédération suisse (2013): *Vietnam, Information par pays*

Central Intelligence Agency: *The World Factbook*

Neubert, Axel (2011): *Vietnam – Zurück in die Zukunft.* Politischer Sonderbericht, Hanns Seidel Stiftung

Bundesministerium für wirtschaftliche Zusammenarbeit und Entwicklung: *Vietnam,* www.bmz.de/de/was_wir_machen/laender_regionen/asien/vietnam

Kapitel 2

Fuller, Thomas: *Why Did the Tourist Cross the Road? The Real Riddle Is ›How‹,* New York Times, 28. September 2012

World Health Organization Representative Office Viet Nam (2013): *WHO launches the 2nd global status report on road safety 2013*

World Health Organization (2013): *WHO Road traffic injuries fact sheet N°358*

Kapitel 3

The World Bank (2011): *Viet Nam Gender Assessment*

The World Bank; LHPN Viet Nam; UN Women (2013): *Women's Economic Empowerment,* Women's Innovation Day

United Nations Viet Nam (2010): *National Study on Domestic Violence against Women in Viet Nam*

United Nations Population Fund (2010): *When Girls Don't Count as Much as Boys: Pre-natal Sex Selection in Viet Nam*, www.unfpa.org

Kapitel 5

New Agriculturist (www.new-ag.info; 2013): *Protecting Vietnamese street food*

VietNamNet: *Street food hygiene targeted*, 7. Februar 2013

Travelfish.org (2012): *Street food safety*

London School of Hygiene and Tropical Medicine (2005): *Hygiene and Santitation in Vietnam. Report of a mission*

AFP: *Toxic soy sauce, chemical veggies – food scares hit Vietnam*, 11. September 2007

Kapitel 7

Lê, Thu Hương: *Humble housemaids can make top money*, Viet Nam News online, 13. Juli 2012

Thanh Nien News online: *Vietnam average monthly wage rises to $185*, 25. Januar 2012

Kapitel 14

Viet Nam News online: *Why Vietnamese hate joining queues*, 29. April 2009

Kapitel 16

WWF.de (2013): *Wilderei: Die Rangliste des Versagens*

Kapitel 18

Tatarski, Michael: *Vietnam's ›Big‹ Problem,* Asia Life Magazine Ho Chi Minh City, 2. Dezember 2012

Sài Gòn Giải Phóng: *Obesity on the rise in children, adults in Vietnam,* 9. Oktober 2012

Viet Nam News: *HCM City looks to combat rising child obesity,* 6. April 2013

Thanh Nien News: *Vietnamese children either underweight or obese, many lack vitamins,* 3. März 2013

Brummitt, Chris: *Vietnam PM's Son-in-Law Gets McDonald's Franchise,* ABC News Online, 16. Juli 2013

Grant, Jeremy: *McDonald's to bring Big Mac to Vietnam,* Financial Times, 16. Juli 2013

Kapitel 19

The World Bank: *Poverty Reduction in Vietnam: Remarkable Progress, Emerging Challenges,* News, 24. Januar 2013

Lonely Planet, Vietnam (2012): *Building a stronger H'mong future,* S. 126

VietNamNet Bridge: *Raising Vietnamese's height: over-target?,* 5. Dezember 2011

We Are Social: *We Are Social's Guide to Social, Digital and Mobile in Vietnam,* 2nd Edition, Oktober 2012

Kapitel 21

American Psychological Association: *People Are Poor at Cross-Race Facial Recognition Because They Concentrate on Racial Features Rather than Individual Features, According to New Study,* Pressemitteilung, 3. Dezember 2000

Kapitel 24

Zumbroich, Thomas (2009): *Teeth as black as a bumble bee's wings. The ethnobotany of teeth blackening in Southeast Asia.* In: Ethnobotany Research & Applications 7, S. 381–398

Jamieson, Neil L. (1993): *Understanding Vietnam,* University of California Press

Kapitel 25

Sueddeutsche.de: *Warum Menschen riechen,* 17. Mai 2010

Lê, Trung Hoa (2005): *Họ và tên người Việt Nam,* Nxb KHXH

Kapitel 27

Ashwill, Mark A. und Diep, Thai Ngoc (2005): *Vietnam Today – A Guide to a Nation at a Crossroads,* Intercultural Press

Raitza, Kathrin; Lương Văn Kế (2002): *Vietnamesisch für Anfänger,* Buske

Kapitel 31

Pham, Andrew X: www.thingsasian.com/stories-photos/1140

Kapitel 33

Thanh Nien News online: *Vietnam's new law on prostitution leaves too many loose ends: officials,* 11. Oktober 2012

National Committee for Aids, Drugs and Prostitution Prevention and Control: *Viet Nam Aids Response Progress Report 2012* [die im Report aufgeführten Zahlen zur HIV-Verbreitung unter weiblichen Sexarbeiterinnen beruhen auf der Sentinel Surveillance 2011 des Gesundheitsministeriums aus 39 Provinzen]

Tuoi Tre News online: *Inside massage parlors: Prisons in hell,* 6. Juli 2011

Hoang, Kimberly Kay (2011): *»She's Not a Low-Class Dirty Girl«: Sex Work in Ho Chi Minh City,* Journal of Contemporary Ethnography 40, S. 367

Kapitel 34

British-Chinese.blogspot.com: *Why do we make V signs in photographs?* (2009)

Ostasieninstitut Ludwigshafen: www.oai.de; *Ostasienlexikon - Peace-Zeichen.*

Kapitel 35

Thanh Nien News online: *No drinking during lunch, Tra Vinh civil servants told,* 4. April 2013

World Health Organization (2004): *WHO Global Status Report on Alcohol*

Kapitel 36

Papin, Philippe; Passicousset, Laurent (2010): *Vivre avec les Vietnamiens,* L'Archipel

Hayton, Bill (2010): *Rising Dragon,* Yale

Fforde, Adam (2009): *Coping with Facts. A Skeptic's Guide to the Problem of Development,* Kumarin Press

Templer, Robert (1999): *Shadows and Wind,* Abacus

GOV.UK, Foreign & Commonwealth Office: *Vietnam - Country of Concern,* 10. April 2014

Human Rights Watch: *World Report 2014*

Amnesty International: *The State of the World's Human Rights, Report 2013*

United States Department of State, Bureau of Democracy, Human Rights and Labor: *Vietnam 2012 Human Rights Report*

Europäisches Parlament: *Entschließung des Europäischen Parlaments vom 18. April 2013 zu Vietnam und insbesondere zur Meinungsfreiheit (2013/2599(RSP))*

Tuoi Tre News online: *Locally-made poison to be used for execution*, 15. Mai 2013

Thanh Nien News online: *Vietnam executes first prisoner with lethal injection*, 6. August 2013

Großheim, Martin (2011): *Ho Chi Minh. Der geheimnisvolle Revolutionär.*

Duiker, William J. (2000): *Ho Chi Minh. A Life.*

Kapitel 37

Woesler, Martin (2009): *A new model of cross-cultural communication – critically reviewing, combining and further developing the basic models of Permutter, Yoshikawa, Hall, Hofstede, Thomas, Hallpike, and the social-constructivism*, Berlin et al.: Europäischer Univ.verlag, Reihe Comparative Cultural Science, Vol. 1

Die Fettnäpfchenführer: Unsere Buchreihe, die sich auf vergnügliche Art dem Minenfeld der kulturellen Eigenheiten widmet.

www.fettnaepfchenfuehrer.de

NEU

London ist die Stadt, die einmal der Nabel der Welt war – und deren Bewohner sich bis heute so fühlen, als wäre dies noch so. Eine Stadt, in der man 24 Stunden am Tag einkaufen kann, in der in vielen Badezimmern aber nach wie vor die Mischbatterie fehlt; in der die Kunst- und Modeszene ein Zuhause hat, einem aber mit der falschen Anzugfarbe mancherorts der Einlass verwehrt wird. Es ist die Stadt, die für Fish & Chips bekannt ist wie keine andere – und die zugleich über die feinsten Restaurants Europas verfügt.

Tauchen Sie ein in das größte Dorf Englands, das in vielen Punkten ganz anders ist als der Rest der Insel – und manchmal doch so gleich.

Michael Pohl
Fettnäpfchenführer
London (Stadt-Edition)
ISBN 978-3-943176-73-5

ISBN 978-3-943176-88-9

ISBN 978-3-934918-92-4

ISBN 978-3-943176-26-1

ISBN 978-3-943176-66-7

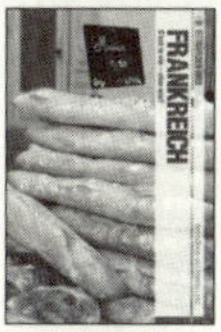

ISBN 978-3-934918-74-0

ISBN 978-3-934918-82-5

ISBN 978-3-943176-31-5

ISBN 978-3-934918-85-6

ISBN 978-3-934918-47-4

ISBN 978-3-943176-41-4

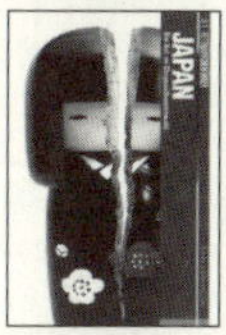

ISBN 978-3-943176-24-7

ISBN 978-3-934918-77-1

ISBN 978-3-943176-38-4

ISBN 978-3-943176-03-2

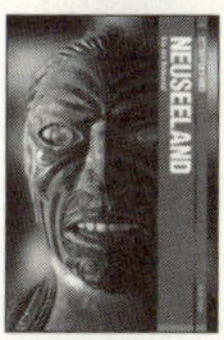

ISBN 978-3-943176-89-6

ISBN 978-3-943176-11-7

ISBN 978-3-934918-56-6

ISBN 978-3-934918-76-4

ISBN 978-3-934918-48-1

ISBN 978-3-934918-43-6

ISBN 978-3-934918-75-7

ISBN 978-3-943176-54-4

ISBN 978-3-943176-20-9

ISBN 978-3-943176-50-6

CONBOOK
www.conbook-verlag.de